在北大讲易经

殷旵 著

殷旵国学讲堂

珍藏版

陕西师范大学出版总社有限公司

图书代号　SK13N0467

图书在版编目（CIP）数据

在北大讲易经/殷旵著.—西安：陕西师范大学出版总社有限公司，2013.3
ISBN 978-7-5613-6909-8

Ⅰ.①在… Ⅱ.①殷… Ⅲ.①道家 ②《周易》—研究 Ⅳ.①B221.5

中国版本图书馆CIP数据核字(2012)第306301号

殷旵国学讲堂·在北大讲易经

著　　者 /	殷　旵
策划编辑 /	郭永新
责任编辑 /	郝宇变
责任校对 /	王丽敏
封面设计 /	易为堂设计
版式设计 /	田　丹
出版发行 /	陕西师范大学出版总社有限公司
	西安市长安南路199号（邮政编码710062）
网　　址 /	http://www.snupg.com
印　　刷 /	陕西金德佳印务有限公司
开　　本 /	787mm×1092mm　1/16
印　　张 /	17.75
插　　页 /	2
字　　数 /	300千
版　　次 /	2013年3月第1版
印　　次 /	2013年3月第1次印刷
书　　号 /	ISBN 978-7-5613-6909-8
定　　价 /	34.00元

读者购书、书店添货或发现印刷装订问题，请与本社营销部联系、调换。
电话：（029）85307864　85303879（传真）

再版序言

自 2002 年登台演讲《易经》以来，一直受邀在北大、清华、复旦等高校，及移动、上气、美国埃森哲等企业专题演讲《易经》。录音整理成书稿后，又先后在甘肃文化出版社和当代世界出版社出版了《易经的智慧·经部》、《易经的智慧·传部》（初出版名《易经大传新解》）、《在北大讲易经》和《老子为道》等。每次发行都是由畅销转常销，近年来又一度脱销。今年陕西师范大学出版社经过市场调研，决定再版。再版之际，又是一次与读者直接对话的机会。说些什么呢？还是说说老生常谈的《易经》预测吧。

《易经》，以原创的符号（爻）和图形（卦）为正本，以文字（卦辞、爻辞和传辞）为副本，是一套完整的符号系统，承载了中华民族原创的思维体系。预测，则是这一思维体系的特色。

如何预测？是运用《易经》原理进行多维度立体预测，还是借用一些占、卜、筮等技法做些平面预测？

其实，世俗流传的占卜技法，都源于《易经》原创思维体系，原本也是多维度、立体的。但是，一旦偏离了《易经》原理，就只剩下扁窄的平面维度了。这里，我想以"奇门遁甲"为例，谈谈我对《易经》预测思维体系的初步理解。

"奇门遁甲"初创时的理论依据，或曰原创的灵感，显然是源于乾卦"用九，见群龙无首"。

何谓群龙？乾卦的"六爻之动"显示的是"六龙"：潜龙、见龙（或曰田龙）、乾龙（或曰勤龙）、或龙、飞龙（或曰天龙，与田龙对应）、亢龙等。奇门遁甲则以十天干为群龙，甲、乙、丙、丁、戊、己、庚、辛、壬、癸十条龙。然而十条龙只设计了九个龙宫：乙、丙、丁三宫为"三奇"，戊、己、庚、辛、壬、癸六宫为"六仪"。甲，本为十天干之首，却无固定的宫，只能借助于九宫隐遁其形。《说文解字》曰："龙，鳞虫之长能幽能明，能细能巨，能短能长。春分而登天，秋分而潜渊。"——或跃或渊，故无固定之宫。

更巧的是，九个龙宫只有八个门，这八门即代表人事的开门、休门、生门、伤门、杜门、景门、死门、惊门等。这叫十龙、九宫、八门。"甲"在九宫中遁来遁去，时遇奇门，也常遇无门。这种"无门"，又像禅宗中的"无门关"，找不到门时，像铜墙铁壁；找到门时，悄然进了门，过了关，却全然不觉。比如学生解一道数学难题，无解时茫然无门；突然间恍然大悟，有解了，难题解开了。思路入了门，进了关，回头再看，又似乎仍是无门、无关。门在哪里？在悟中，在恍然大悟之间，故曰"奇门"。

"见群龙无首。"见，有可见之义，又有显示之义。恍然大悟之间即为一"见"之间。善遁者能悟，能悟者才能"见"。用目见吗？用主观之"目"，观察客观之"木"，木、目为"相"。这只是事物表象、外部形象、初步印象——此时见木只是木，见相只是相；再观、多观，便能从复杂的"相"中抽象出某种理来。此时见木不是木，见相不是相；如果再给"相"装一个"心"字软件呢？奇了，心中有相便能"想"。于是可以想象、思辨、推理——此时，见木还是木，见相还是相。恍然大悟了，"见群龙无首"了。

哦！原来要用"心"观。《心经》开篇曰"观自在"——观照自己的心在不在。自主的心在，清净自然；自主的心不在，茫然了，浮躁了，甚至失落、失望了。失掉的是什么？是自主的我。能在日常生活"观自在"者是菩萨，菩萨是觉者，名觉有情（菩提萨埵）。觉者时时都在预中，不用测。因为世俗之人畏果，而菩萨畏因。

《说文解字》曰："觉，寤也。从见，学省声。一曰发也。"寤，悟也。一觉醒寤，眼睛睁开便能见，见而能发现、发觉。门在哪里？找到首了吗？《易》曰："百姓日用而不知。"日常生活中，瞑目而睡叫睡觉，醒时叫觉寤、觉醒，睁眼发觉了才能觉悟。觉从何处来？从遁中来。人睡时在遁，醒来也在遁。机遇良缘时，得一奇门——左右逢缘，人生得意；遇到困惑、困难时，又觉无门——处处碰壁，甚至失望、绝望。殊不知，无门之处有奇门，只要人生信念中时时主动，积极地"遁"，就能"觉"和"寤"；只要自主、自尊、自信的"我"在做主，人生处处有"奇门"。有门、无门、奇门，都在日常生活中，只是"百姓日用而不知"而已。

《易经》预测的目的就是变"不知"为能知、可知、已知。知，才能明白。人生要明明白白，不要糊里糊涂。明白人是命的主人，叫慧命。孔子曰："不知命，无以为君子。"又说自己"五十而知天命"。何为天命？孔子为乾卦写的象辞曰："天行健，君子以自强不息。"这一句又是诠释"九三"爻的"君子终日乾乾，夕惕若厉，无咎"。

　　何谓君子？"自强不息"者为君子。如何做到自强不息？效法"天行健"。何谓天行健？上古歌谣《击壤歌》云："日出而作，日入而息。凿井而饮，耕田而食。"换一个角度来读："日日凿耕，出入井田，作息饮食。"每天日出日入，这叫"天行健"；"日日凿耕，出入井田"，这叫"君子以自强不息"，也叫"君子终日乾乾"。"天行健"是天命，"自强不息"是人命。不知天命，无以知人命；不知人命，无以为君子。为君子，则能自强不息。自强不息者，醒时能发觉、觉悟，睡时也叫睡觉，也能觉寤、觉醒。时时在觉中，时时在遁中，时时居龙宫，时时有奇门。在哪一宫、哪一门，其实并不重要。"见群龙无首"者吉，何为吉？"时乘六龙，以御天"，何为"时乘"？"君子终日乾乾，与时偕行。"

　　时者，时候——根据物候判断时机，时事——根据事态把握时机。机者，几也。"几"的本义为几案。古人坐与卧都在床榻之上，榻上摆一几案。长者凭几而坐，谨慎议事。晚辈远远地立于榻下，总觉得长辈们神神秘秘，一定有很多机密。《系辞传》曰："唯几也，故能成天下之务。""知几其神乎！……几者，动之微，吉之先见（现）者也。君子见几而作，……"几在时中，时在日出日入中。根据日出日入适时作息，生生不息之谓易，息息相关，息息都有几，几几都是门，门门见群龙，自己就是群龙中的一条龙。"奇门遁甲"的九宫格局中，宫宫有龙。龙是谁？龙是自己，又是众人。占卜、预测，不能做局外人，而要做局内的龙，要随时定位，明白自己此时此刻是哪条龙。

　　《系辞传》开篇曰："天尊地卑，乾坤定矣。卑高以陈，贵贱位矣。"此十六字讲的是"定位"二字。天地，是自然中的天地；乾坤，喻意人之天地。以人身而言，首为天，腹为地。故乾卦以首为象，坤卦以腹为象。从人伦上讲，父为天，母为地。故乾卦代表父，坤卦代表母。知天命者，就能找到天地间的人生定位。知几者，就能找到群龙中"自我"这条龙，并能明白自己何时为何龙——这叫"时乘六龙，以御天"。天，指天地。天地为时空，人生各个阶段的时空定位就是知几、知命。既知己命，又知天命。何为奇门？如何遁甲？"见群龙无首"，"时乘六龙"。"天行健，君子以自强不息。"

读到这里，如有所感悟，请再读《易经的智慧》，《经部》讲的是原始符号的思维原理，《传部》讲的是孔子"知几"、"知命"的哲学思辨。《在北大讲易经》描述了"自强不息"之几，自主管理之几。《老子为道》，则围绕"日益"、"日损"和"无为而无不为"讲述"百姓日用"的几。

"奇门遁甲"的玩法易学，可预测却是智者见智，仁者见仁。预测的依据是《易经》的原理。《易经》的原理还告诉我们一件事——阴阳平衡（奇门遁甲分阳遁和阴遁）。阳是对生活、对社会、对家人、对众人的满腔热情（热情即热能），阴是理性、理智和谨慎。这也是预测的基本素质。《易》为道德者预，为君子预。这也是我几十年来最刻骨铭心的体验。

谨以此序言，与广大热心于《易经》的读者，共同体验，共同讨论，恳望指正！借此，再次向这几本书的老读者敬致谢忱！

殷　昶

2012年9月于北京中轴线的后花园循礼府云本书屋

目录

太易自主管理

第一讲 钥匙、鞭子、规则

什么是"软着陆"/2
三种龙的境界/3
何为"太易"?/4
野性与规则/5
自主与创新/5
人的野性/6
规则/7
社会中人的境界/8
"管"的本义/9
传统文化中的管理学/10
圣人的母亲/11
关于孔子的三个问题/14
青年孔子的仕途/14
孔子管理经验三部曲/16
孔子管理理念三部曲/16
中国特色的管理/18
反看《三国演义》/19
延长你的生命/20
情感管理法/21
长城管理体系/22

中国为什么落后了？/23

第二讲　无名公、鼻子、小心翼翼

悟性思维 /25
小水泡的故事 /27
彩陶中的太极思维 /27
无名公 /29
阳精与阴灵 /29
八卦的演绎 /32
元点与元典 /33
玄和素 /34
八卦的形成 /34
八卦与自然现象 /36
八卦与人伦关系 /36
合适与合十 /37
用孝心读《易经》/39
认识你"自己"/41
赤子之心 /42
呼、吸、息 /43
"小心翼翼"的来历 /44
"大心"与"小心"/45
顶天立地的"自己"/46
伸与屈 /48

第三讲　天地生人作息时间表

怎么做与怎么想 /51
学易是为了占卦吗？/52
"自主管理"从何处入手？/53
"君子"是什么样的人？/53

诵出经中的韵味 /55
作息与消息 /55
十二消息卦的启示 /57
占卜的规则 /61
乾卦的规则 /62
坤卦的规则 /64
守住自己的胎息 /66
调息 /67
"文化"的基因 /68
观息与生息 /70
坚冰与薄冰 /71

第四讲　生活的节律

八卦是怎么形成的？/73
羑里的囚犯 /74
"三易"的取名 /75
无"心"的感应 /76
"氣"和"炁" /78
永葆青春的"秘密" /78
重浊之气与吃素 /80
"和事佬" /81
文化"风水" /82
做到一个"常"字 /84
神通与"傻瓜" /85
上帝是什么？/86
常态与反常态 /87
八卦与中医 /88
六十四卦的结构美 /90
作息与节制 /92
如何应对妄念 /92

历与律 /93
无序的稳态 /95
乐（yuè）与乐（lè）/96
旅游的"任务" /97

第五讲 乾龙的野性与规则

野性的另类释放 /99
"太和"与"大和" /100
自然万物的五重造化 /101
彼与比 /102
如何才能知"己"？ /103
占卦与悟性 /104
"破蒙"与悟性 /105
呜—呼—哇 /107
什么是"拜"？ /108
寻找生活中的崇拜 /110
义与利 /111
"潜龙"的修炼 /112
"勿用"是不用吗？ /113
"当下"是"现在"吗？ /114
"不三不四" /116
"补过"与改过 /116
乾卦里面的"吉"哪里去了？ /118
野性的释放 /119

第六讲 安身立命与明心见性

"朝"与"晚" /121
结构与协作 /122

牝马的忠贞 /123
是同类还是朋友？/124
什么是"直方大"？/124
"无可"与"无不可"/126
"非法"与"非非法"/127
爻位的颜色对比 /128
先安身还是先立命？/129
古人造字的微妙 /131
命是从哪里来的？/132
"返老还童"是什么意思？/133
好人命不长？/135
唱午之鸡与报晓之鸡 /137
阴元石与阳元石 /138
自然造化的"八卦"图 /139

第七讲 安身立命与自主状态

找回自己的童心 /140
日月为"明"与日月为"易"/141
性与命的区别 /143
寻找"自己"/144
立命与立志 /145
定位与安身 /146
无为法与有为法 /148
谁犯戒了？/149
正气的力量有多大？/150
步步都是"金砖"/151
知识越多越好吗？/153
放弃，还是不放弃？/155
自主与自负 /156

1 + 1 = 0：中国的信念 /157
开泰与开窍 /158
和谐从"心"开始 /159
心里结祥云 /161

第八讲　明心见性与创新境界

点悟与思考 /163
太易的思维方式 /164
先天父母之性 /165
日月为"明" /168
神奇的坎卦 /169
石猴与美猴 /172
无门关 /173
真阳之"炁"与五谷之"氣" /175
"耻"为什么是"耻"？ /176
"听"花 /178
从作息入手 /178
你会呼吸吗？ /180
小道理与大道理 /181
你"靠岸"了吗？ /182

第九讲　厚德载物与自强不息

"寻找"游戏 /184
"牧人"人——母亲 /186
寻找"母亲"的踪迹 /187
圣人是怎样教育出来的？ /189
《论语》与算盘的关系 /190
体验中国母亲 /191
学习母亲的厚德 /193

如何延长我们的寿命？/194
谁是"大人"？/195

弘扬中国特色，构建和谐社会

第十讲 以"中"为用，坚持科学发展观

"和谐"与"中和"/208
"中"与"中用"/210
"中庸"与"中用"/211
人生最高境界——见群龙无首/214
"中正"与"中行"/215
中行之卦/216
"中行"与发展观/218
"中孚"与"和悦"/220
"规"定形，"律"定音/222

第十一讲 以"和"为体，构建和谐社会

《易经》是个"百宝囊"/225
用音乐讲"和"/226
"定音"与"定心"/227
和谐思维/228
"中行"得"人和"/229
"和谐"的愉悦/230
体验禅的愉悦/231
用平和的心体验禅/232
声音是生活中的乐章/233
自然的大协作/234
古人有和谐心态吗？/237
"用九"和"用六"/240
奇门遁甲灵不灵？/241

坚冰与薄冰 /243
女人与"不习无不利" /244
完成任务要漂亮 /245
少说话，多做事 /246
"黄裳"——保持本色 /247
改过与补过 /247

第十二讲　以人为本，齐家治国平天下

和谐是文化的大背景 /250
报本反始 /251
自然崇拜 /252
金丝猴的"父母心" /254
野林关的"落后" /255
生长在大自然中是一种福分 /256
以什么样的人为本 /258
重赏之下必有勇夫 /260
龙墨神韵 /260
守住自己的本分 /262
天时、地利、人和 /263
天道、地道、人道 /264
生活中多一些默契 /265
流泪也是心灵的和谐 /266
入处、出处、用处 /267

太易自主管理

第一讲　钥匙、鞭子、规则

我主讲的是"太易自主管理",我的主要目的是,想对我们中华传统文化里面的管理理念、管理模式、管理体系做一些深层次的挖掘、整理。有人说这是一种功德,我认为,做成功是功德,但是这个功德要我们大家共同来做。所以,这是一种缘分,也是一种缘起。我希望今天就是一个缘起,这个缘起、缘分也是一种火候。

今天是"太易自主管理"首次开课,是不是到了一种火候?这个火候是老了,还是嫩了?当然还是嫩了,不到火候,那就要请大家共同来帮助我,一起看好这个火候,特别是在场的。刚才见面的有专家,有企业管理者,还有一些是官方领导人,这对我是一个很大的鞭策。我希望我今天的演讲能得到大家各个方面的指导,哪怕是指着鼻子骂,都是好的。为什么?为了我们中华民族的传统文化,为了我们自己的管理理念在当今也能有一席之地,有我们真正的自主创新,无论是什么我都能接受,所以,请大家一起帮助我看好这个火候。

什么是"软着陆"

第一讲的主题是"钥匙、鞭子、规则"。

今天我主要是讲三个问题,第一个问题是:"你是哪条龙?"

我们中国人是龙的传人,是不是每一个人都是龙呢?到底是哪一条龙呢?《易经》乾卦为龙的象征,它里面有潜龙、田龙、勤龙、或龙、飞龙、亢龙,那我到底是哪条龙?

再讲"软着陆"。我为什么要讲软着陆?大家知道,《易经》有六十四卦三百八十四爻，再加上易图——太极图、《河图》、《洛书》、先天八卦图、后天八卦图等等，这些要讲起来，实实在在不是一件容易的事。大家都非常忙碌，时间非常紧张，学习、生活担子非常重，要一卦一卦去学，一爻一爻去学的话，条件有限。

```
上九 ━━━  亢龙
九五 ━━━  飞龙
九四 ━━━  或龙
九三 ━━━  乾龙
九二 ━━━  田龙
初九 ━━━  潜龙
     乾卦
```

实际上，我们只需要掌握其中的精髓，掌握它真正的东西，你掌握其中的一点也就行了。俄国大作家托尔斯泰，大家知道他写了很多著名的著作，你们知道托尔斯泰最著名的是什么？《战争与和平》，对。

有一位出版商问托尔斯泰先生："你写了这么多著作，对你影响最大的是哪一位？"他讲："中国的孔子、孟子对我影响很大，中国的老子对我影响巨大。"

竟然三位都是中国的圣人。但是，我们从托尔斯泰的著作里面，没有看到"老子曰"、"孔子云"。他把老子的思想、孔子的思想真正吃透了，真正贯穿到他的小说里面，贯穿到人物的心理活动、故事情节里面去了。

我认为，这就是"软着陆"。不要讲了"太极"还是"太极"，讲了《易经》还是《易经》，讲了老子最后还是老子。还是什么老子？是书本上的老子。是什么易经？是理论上的易经。这就是"硬着陆"。

不是落到软处就是软着陆，落到实处才能算是软着陆，落到一个空处、虚地方，那就是叫硬着陆。我讲《易经》，历来扣住孔子的一句话："百姓日用，使民宜之。"老百姓都很适宜，这才是软着陆。今天，我把它落实到管理上。所以，我们不必逐卦逐爻学习，我通过我的劳动对它做了一些归纳。

三种龙的境界

今天我请大家做出一个选择：飞龙、六龙、群龙这三种境界，你们理想中的境界是哪一种？你们选择哪一种？飞龙是九五爻，乾卦的九五爻是九五之尊呐，"九五，飞龙在天，利见大人"。群龙是用九，也是乾卦里面的，"用九，见群龙无首，吉"。另外，在乾卦的象辞里面有一句"时乘六龙，以御天"。

选择第一种"飞龙在天"的请举手。好，祝贺大家"飞龙在天"。选择第二种"见群龙无首"的请举手。好，祝贺大家。选择第三种"时乘六龙"的请举手。好，谢谢！

我相信，大家对这三种境界有一些理解了。现在，我再把我对这三种境界

| 飞龙 |
| 六龙 | → 境界 →
| 群龙 |

飞龙在天，利见大人。
见群龙无首，吉。
时乘六龙，以御天。

三种龙的境界

的理解奉献给大家。

"飞龙在天"，这是一种境界吗？它不算是人生最高的境界。如果按地位来说，它是最高；如果按人生的辉煌、顶峰时期，得意或成功来说，它算是最高。但是，从真正的境界来说，人生的最高境界还是"见群龙无首"，也就是老子讲的"无为而无不为"的境界。

那么，"时乘六龙"呢？这个"时"很关键，是时代、时机、机会，你能不能抓住这个机会？《论语》里有这样一个突出的句式，是什么呢？"邦有道，……邦无道，……"邦有道，是指国家治理得很好；邦无道，是指国家治理得很乱。邦有道的时候应该怎么做？邦无道的时候应该怎么做？这在《论语》里面反复出现十次，单独说的还有几处。

孔子反复讲了这个问题。弟子提了一个问题，孔子就讲：邦有道的时候你应该这样做，邦无道的时候你应该那样做。所以，"时乘六龙"是过程，没有过程就没有人生的辉煌，也就没有人生的最高境界。因此，过程、人生成功和人生境界这三个阶段，我都要贯彻到这个系列讲座里面去。

何为"太易"？

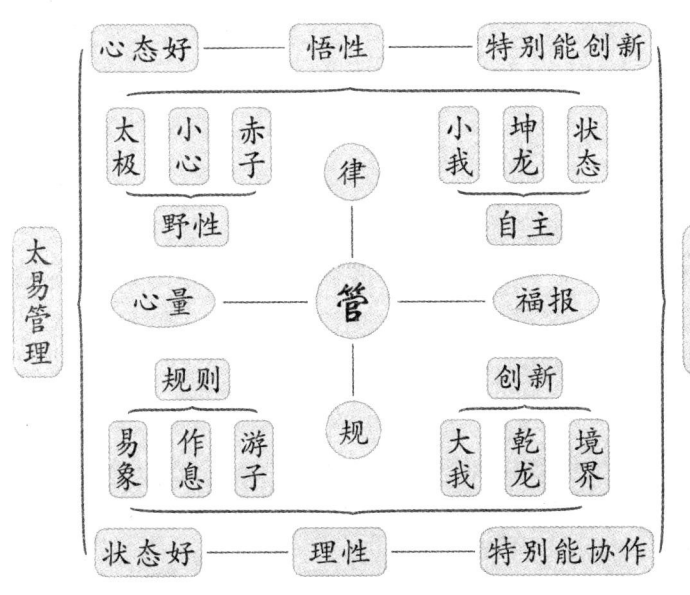

我给"太易自主管理"这个系列讲座列了一个示意图，这个示意图主要是讲"太易管理"，实际上是"自主管理"。我没有把它叫作"自我管理"，我的想法是，不仅仅是要管好一个"小

我"，更要管好一个"大我"。

何为"太"？"太"是太极。大家都知道，上一次易学社已经邀请国际易学联合会的郭彧老师，他是研究太极、《河图》、《洛书》的专家，专门讲了太极。但是明天下午，我还要对太极做一个补充。补充什么？太极不是两个阴阳鱼吗？阴阳鱼里面有两个鱼眼睛，一个黑眼睛，一个白眼睛，这两个鱼眼睛代表什么？象征着什么？有什么来历？明天我要专门来讲太极。

"易"是什么？易象。易有易象、易理，还有易数。《易经》里面有"象"，这个"象"可以说是现象，也可以讲是图像；还有"数"，即数字；另外还有"理"，就是原理。我们这里主要讲原理，八卦要讲原理。有人把八卦拿去占卜，说实话，他连八卦的原理都不懂。到一些旅游景点去，有人拉着我，要我占一卦。我就问他：八卦的原理你懂不懂？他不知道八卦还有一个原理。只有懂得原理，才能懂得"善易者不占"——不需要占。

野性与规则

我讲"太极"、"软着陆"，就是讲野性。为什么要讲野性？人有自己的自然本性，是自然的、天性的。我们都想自由自在、无拘无束，还要民主、自由、人权，这些都是野性里面散发出来的东西。特别是一个小孩，他天真活泼，你要是对他压抑过多，那也不行。现在讲自主创新，你要是把人的野性压抑得过多，也谈不上创新。但是又要讲规则，没有规则，那就会无法无天，为所欲为，那也会坏事。

所以说，现在随便给人一个民主、自由、人权，可能也会坏事。为什么？这个要时机成熟，每个人对这个都有理解。所以，这二者如何平衡、统一是关键。

大家知道，草原狼之所以成为成吉思汗他们民族的图腾，是因为草原狼的野性是相当的大；但是，它又有它生存的规则。狼的生存规则与它的野性达到了一种平衡和统一，所以它显得相当的厉害。这里我只是做了这么一个借鉴。

自主与创新

我再讲"自主与创新"。我们现在讲创新，但是如果没有自主做前提，这种创新是虚的。为什么提出自主创新？因为我们的自主出了问题。如何做到自主？我们自己能做主吗？

要做到自主，首先要明白"自己"是怎么回事。我们从小就叫"自己"，一直叫到大，但是我们对"自己"的来历还不知道，我们应该去探究一下。这个里面还有"小我"和"大我"，还有"小心"和"大心"，还有"作息"。小心在哪个地方？为什么要讲小心谨慎？为什么还有粗心大意？是怎么回事？最后又落实到状态和境界了。

工作和学习，没有好的状态不行，没有好的心态不行；有了好的心态，就有好的状态；有了好的状态，才能达到一种新的境界；有了新的境界，才能做到创新。

律、管、规，"管"就是管规律，同时又是按照规律在管。按照规律管，就是共修心量；按照规律管好了，就是一种福报。

人的野性

再讲"野性"。野性分为三种：一种是自然野性，一种是衍生野性，还有一种是嬗变野性。

自然野性，是天性、天真、本善。天真，是讲一个小孩子天真活泼；本善，是"人之初，性本善"。

衍生野性，是率性。《中庸》开篇是怎么说的？"天命之谓性，率性之谓道，修道之谓教。"还包含坦诚，这也是一种野性的东西，是衍生过来的；还有人追求散淡、逍遥、浪漫；还有人喜欢隐逸，道家就喜欢一种超脱、隐逸的东西。

野性 → 自然野性 → 天性 天真 本善
　　　衍生野性 → 率性 坦诚 散淡 隐逸
　　　嬗变野性 → 无法无天 为所欲为 恐怖 战争

嬗变野性，"嬗变"就是变化，变成了无法无天，为所欲为。还有恐怖和战争。

这里，我想特别提一下"人权、民主、自由"。这里讲的人权，不是讲一个人的人权，而是以十三亿中国人"大我"为本的人权。如果不讲这种人权，只讲"小我"的人权，这就比较狭隘。民主，是具有中国特色、自主创新的民主。自由，是全人类和平、平等、协调发展的自由。

人权 → 以十三亿中国人"大我"为本的人权
民主 → 具有中国特色、自主创新的民主
自由 → 全人类和平、平等、协调发展的自由

这些看起来好像是一些空洞的东西，

但大家对这些必须有一个认识。在座的无论是学生、老师,还是官员、企业家,在我们这个社会上,你所处的位置就是管理的位置,你的管理向哪个方向倾斜,这个是很关键的。你的管理理念、管理对象是什么,要达到什么管理效果,应该与我们这个社会达到一种协调、统一、同步,否则,你的管理就没有意义了。

最后,我们要以这个来衡量,我们心里想着,我们这个社会应该建立一种什么样的民主呢?我们不是不要民主,我们要的是西方的民主吗?还是台湾式的选举民主呢?我们必须有一个认识。

民主也好,自由也好,我们应该记住《礼记》里的一句话:"事君者,可贵可贱,可富可贫,可生可杀,而不可使为乱。""事君",我们这里把它改一下,改为"事国"。我们要服务于社会,服务于国家,我们一定要围绕这个。国家乱了,老百姓遭殃。

规 则

再讲一讲"规则"。

规则有自然规则和人为规则。自然规则是天道、地道、人道,这是《易经》里面的东西,第三讲就要讲到这个。

人为规则,我这里做一个简单的说明。"规"宁与"圭"字对比,"圭"是两个"土"字加在一起,开始是测量日影的"圭",再加上一个"卜"字,那是一个什么字?"卦"字。"丨"是什么意思?直立起来的人就是"丨","、"就是人的影子。古代用什么来测量日影的长短呢?用圭。圭是一种尺,有五寸长,它是专门测量日影长短的。

规则 → 自然规则 { 天道 地道 人道 }
　　　 人为规则 { 规矩 准绳 权衡 度律 }

这个"规"是量圆的,"矩"是量方的——圆和方。有人讲,我左手画圆,右手画方。到山上去练功,就要练这种功。有一本书叫《可方可圆》,我为这本书写了个序,里面就谈到这个问题。我认为,邓小平先生就是左手画圆、右手画方的高手。为什么?"一国",就是右手画方,"方"就是方方正正,就是原则,一国是原则——不能变;"两制",就是左手画圆,就是圆通、变通。

我们常说"以法律为准绳,以道德为圭臬"。臬是一个靶子,是射箭的靶子。今天的靶子分十环,射中十环的核心那就是中的(dì)。古代的靶子不是画多少环,而是画一个大鼻子,它的十环就是人的鼻尖,叫"准头"。

"准"为什么是鼻尖?"准"和"绳"实际上是瓦工、木工用的工具。"准"就是平衡仪,古代是用一根竹筒,里面盛上水,有一个水泡。平衡不平衡呢?水泡在中间为平衡。准不准呢?以水泡为准。绳,就是用一根绳子吊着一个锤,检验墙体是不是垂直的,这就是准绳。

那么,"权衡"呢?权衡是秤。你们现在可能没有看到过。古代的秤有秤杆,有两个耳和一个钩,中间还有一个用线吊着的锤,权就是秤锤。人用手拿着这个秤锤移来移去,掌权的人就是移秤锤的人。衡就是秤杆,秤杆为平衡——权衡。

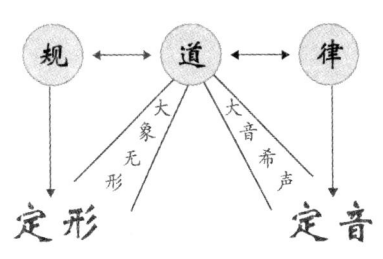

"度",《黄帝内经》里面讲到"圣度"。"律",规律。律是定音的。前面讲的那么多,实际上都是讲定形的,只有律是定音的。也就是说,规是定形的,也就是老子讲的"大象无形";律是定音的,也就是老子说的"大音希声"。

社会中人的境界

我们再讲"社会中人的境界",有贪、嗔、痴、愚、知、智、悟、觉这些境界。贪婪的人生活在物欲中,嗔恨的人生活在怨恨中,痴迷的人生活在迷茫中。贪、嗔、痴这三种人是不是聪明人?是聪明人。

除了聪明人外,还有一种真正比较愚昧的人,但他这种愚昧又守本分,所以生活在混沌中。还有一种知者,他生活在知识中,也就是说,他生活在概念、定义里面,他的知识暂时还不能致用。智者生活在智慧中,到了学以致用、经世之用的程度了,而且得心应手,左右逢源。

悟者生活在悟性中。社科院王树人教授,去年在他们哲学所开了一个会,专门讲到西方的思维与东方的思维,进行了对比。他本人是研究德国哲学的,现在又回过头来研究中国的传统哲学,发现了东西方思维的区别。西方的思维往往是概念思维、逻辑思维、理性思维。而东方的、我们中国的思维侧重于什么?是悟性思维、象思维和原创思维。现在讲创新,没有原创思维是不行的,原创是根。

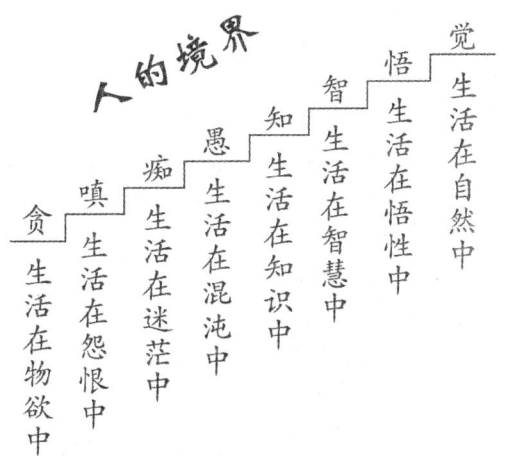

人的境界
- 觉 生活在自然中
- 悟 生活在悟性中
- 智 生活在智慧中
- 知 生活在知识中
- 愚 生活在混沌中
- 痴 生活在迷茫中
- 嗔 生活在怨恨中
- 贪 生活在物欲中

再讲觉者。正好这里有一幅画面,是"西方三圣"像,他们三位都是觉者,他们是人吗?他们是人,不是神。无论是佛也好,还是菩萨也好,他们不是神,都是人。是什么样的人?是觉悟了的人。这个一定要严格区分,一定要分清楚。如果连这个都分不清楚的话,就会经常闹出一些笑话。"佛"的本义就是"觉者"。所以,一定不要将求神、拜佛联系起来,这是不可以的。这不是宗教的问题,而是民族文化的交流和融合。

"管"的本义

我们要探索中国特色的管理体系,那么,中国特色的管理是什么?我们从"管"字开始讲起。

"管"的本义是什么?要讲"管",先要讲"关"和"键"。"关"是什么?古代人称之为闩,进门以后要插上闩。这个闩还非常复杂,你们看繁体的"關"字,古代门内的闩是多么复杂,还用丝把它绕着。我小的时候,家里也有类似

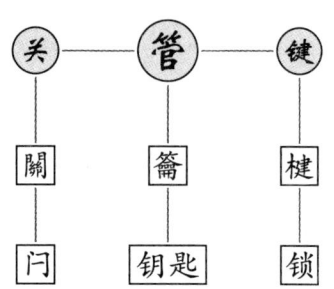

这样的门，有暗闩。一般人上我家想开那个门，是打不开的。为什么？有暗闩。你用小指头点一下，门就开了。如果不知道暗闩，你是打不开的。出门呢，必须上锁，键为锁。古代的"键"是"木"字旁的"楗"，也就是说，开始的锁是用木做的。

那么，钥匙呢？钥匙是竹子做的，所以"管"的本义是钥匙。同时它还有另外一个用途，吹的乐器有一种叫籥，与笛子相似，与笙相似。管为钥匙，所以以后用铜做的锁、用铁做的锁，锁的钥匙还是像管子。

为什么管为钥匙？大家在电视剧里能看到，管家、管事、管库，他们管什么？管钥匙。在电视剧里还有这样的情节：一个大家族的家长，他要将家交给另外一个人，怎么交呢？不是把一个家往这个人身上一放，而是交给他一串钥匙。中国的东西都是有来历的。

传统文化中的管理学

这里有这样的问题：中国传统文化中有没有管理学？有没有我们自身的管理学呢？在座有很多是学管理的，但是我们现在学的管理学，包括心理学、教育学，大多数是西方的，有的纯粹是西方的。我们要不要学习西方先进的东西？要学。但是，在学习西方东西的同时，我们能不能丢掉自己的东西呢？这里我举三个例子。

其一，改革开放刚刚开始的时候，香港人非常聪明，他们背着包，里面装着很多电子手表，干什么呢？到乡下去兑换银元。哎呀！乡下人从来没有见过电子手表。想当初，电子手表可真是了不起呀，那是很神奇的，简直比现在的手机还要有吸引力。人家愿意和你兑换银元，你得便宜了。我这个银元放在箱子底下，一点事也管不着，没有用了——一块银元换一只手表，如果碰上心狠一些的，一只手表就要你几块银元。很多乡下人还认为自己占便宜了，回过头，谁贬值了，谁增值了？是电子手表增值了，还是银元增值了？这个大家都知道，就不用我讲了。

其二，改革开放以后，大家都富裕起来了，特别是城里人，原来的房子换了，家具也要换了，那么，老古董呢？怎么样？都要"损之又损"，全部当废品卖掉了。卖掉以后又怎么样？现在再到潘家园古玩市场一看，哎呀！明代的这么一个盘子，当初是一块钱卖出去的，现在是一万两万了。回过头来，家里除了小三件、大三件以外，还要去买一些假古董来给自己做装饰。是不是这么个现象？

其三，在南方，特别是在江南，在那个年代，有很多独具风格的民居，像周庄，被大批地拆，拆了以后，建新楼房，修高速公路。现在怎么样？在专家大声疾呼以后，才保住了几个像周庄这样有特色的民居群。现在呢，又在大量地修建仿古的民居。天水市伏羲庙前面，有一条明代建筑的街道，在"文化大革命"中拆掉了，他们现在又要去修明代一条仿古街。

从这些例子大家都能明白，是不是要想一想，我们应不应该有我们自己的管理学？能不能把我们的管理学，像换人家的电子手表一样换掉？能不能把它当废品处理掉？能不能像拆房子一样拆掉？我们要有思考，我们自己有没有这样类似的想法或行为？

圣人的母亲

我接着要问：孔子实际做过什么呢？大家都知道，孔子生活于公元前551年至前479年。上个月我和我女儿一起，到孔子的故里山东曲阜去了，这里肯定有很多山东的同学。

我们一下火车，就直奔曲阜师范大学的孔子研究院，有几位教授在那里等着我们，我们在一起座谈了一个上午。下午，我们就直奔哪个地方？是去孔府、孔庙、孔林吗？没有，我们直奔尼山。为什么？我这个人历来喜欢去看源头的。我知道，在非常热闹的景点里面，想看一点真实的东西可能不太容易，我专门

去人家不去的地方。

尼山是什么地方？尼山是当年孔子的母亲求子许愿的地方。因为，他父亲六十六岁了，还没有儿子。为什么？他的大太太生了九个女儿，不是七仙姑，而是九仙姑。那就再娶一房太太。第二个太太生了一个儿子，可惜是瘸腿的。在那个时代，残疾人也能继承父业，但因为他的父亲是一位食邑的大夫，需要一位像样的继承人，所以六十六岁了还要到颜府去求婚。

颜府有三位女儿待闺，但是大女儿和二女儿都不愿意出嫁给一个老头子。小女儿就跟她的父亲说：我在家听从父亲的，我愿意嫁。小女儿叫颜征在，那时候年方十六岁。

结婚一年后，两人还没有生子，在这种情况下，他们只好上尼山去求子，许愿回来后有孕了。当地有个规矩，要许愿必须连去三次。第三次到尼山还愿的时候，分娩的时间到了，怎么办？正好山底下有一个山洞，那个洞现在还在，叫"夫子洞"。

我们到夫子洞里面去看了看，现在还很少有人去，还是保持得很原朴的。大家如果有机会可以去看一看，去感受一下，是不一样的。

夫子洞上面有一个亭子，叫"观川亭"。《论语》里面有一句话："子在川上曰，逝者如斯夫。"下面是沂水河。孔子站在那里面对潺潺流过的河水就想到，时间、人的生命和万物的生命，就像流水一样。

然后，我们又到了哪个地方？颜母庄。颜母庄离尼山还有一段路，但是我们执意要去看。为什么要去颜母庄？我想到这么一位伟大的母亲。你们都知道，中国有三母，一位是孟母，孟母三迁，还有一位是岳母，岳母刺字，这两位母亲已经是家喻户晓，但是颜母（孔子的母亲）却鲜为人知，其实她有很多故事。

孔子三岁的时候，父亲去世了。孔子之所以成为圣人，难道离得开家教吗？

他的家教靠谁？应该是他的母亲。孟母为了教育孟子，三迁才到位，但是颜母一迁就到位了。孔子的父亲去世后，她就将家从农村迁到了鲁国的国都曲阜，不仅仅是住在城里，而且是住在阙里，阙里就是皇宫门楼外面的那条街，孔子就住在那里。那里可是文化、政治的中心，鲁国当时是周朝在东边的文化中心。

为什么？山东是齐鲁大地，当时的齐国等诸侯国要想举行大的仪式的话，他们的舞蹈只能是六佾，但是鲁国有八佾的规格。在诸侯国中，当时鲁国的规格是很高的。

《易经》的爻辞是谁写的？是周公写的，卦辞是他的父亲周文王写的。孔子要克己复礼，"复"的就是周公之礼。曲阜当时是周公的封地，现在曲阜还有周公庙，所以曲阜是文化中心，它的文化与其他地方的还不一样。当初，如果不是颜母一迁就到位，如果孔子还住在乡下的话，可以想象到他的生活环境和发展前途。

孔子从小就经常到太庙去，每次到太庙必问礼。孔子经常去看一些祭祀活动，他都感到好奇。围观祭祀活动的时候，大人们都走了，都看不下去了，唯他如痴如醉。回到家里，他把一些家具搬到院子里摆起来，做什么？演绎那个祭祀仪式。他的母亲竟然不责备他，而且还支持他，从大街上买了一些小玩具给孔子，让孔子在家里演绎。

孔子六岁的时候，颜母就开始教他识字。到孔子九岁的时候，她就将他送到外公家里——他外公也是教书的。向他外公学什么呢？学礼、乐、书、数。数就是易，他九岁多就开始学《易经》了。为什么孔子说他到五十岁才学《易经》呢？后面再讲。

息陬村是孔子小时候生活过的地方，这次我们也去了。孔子作《春秋》就是在那里作的。

想到这位伟大的母亲，所以我要去颜母庄，去感受颜母祠。哎呀！颜母祠被用大铁锁锁着，我们从旁边的墙洞里钻进去，里面狼狈不堪，"文化大革命"中被破坏了。但是，我在

那里感受这位母亲，感受相当不一样。第九讲我要专题讲颜母。

关于孔子的三个问题

我提出三个问题，这三个问题也是我这次去曲阜采访前提出的问题：孔子被称为思想家，他到底想了些什么？孔子被称为教育家，他究竟教了些什么？孔子被称为政治家，他实际做了些什么？

思想家——到底想了些什么？

教育家——究竟教了些什么？

政治家——实际做了些什么？

三个问题

如果孔子没有做过什么事，算什么政治家？为什么苏格拉底、柏拉图和亚里士多德不被称为政治家，只是思想家、哲学家？

这三个问题，首先从哪里寻根觅源呢？作为思想家，他的思想是从哪来的？《易经》是群经之首，孔子学没学《易经》？上次在中央电视台《百家讲坛》办公室，魏主任问我："你什么时候开始研究孔子的？"我就拿起我那本书《易经大传新解》，我说，这本书就是专门解读孔子为解读《易经》所作的《系辞传》的。

孔子解读《易经》，在《论语》里面讲到了，他讲："加我数年，五十以学易，可以无大过矣。"对这句话有很多解读，特别是钱穆先生，对这句话的解释很多，他有很详细的考证，这里我就不一一讲了。"五十"，有人把"五"和"十"拆开："加我五年我就……加我十年我就又……"还有一句"假我数年，若是，我于易则彬彬矣"，"孔子晚而喜易……韦编三绝"。"假"和"加"是什么意思？通不通用？这两个字是通用的。

孔子的思想和先秦时期诸子百家的思想，应该都源于《易经》。这不是我说的，是从各方面的考证中得出的这么一个结论。《易经》是群经之首，从古至今，专家、学者都认可的。

青年孔子的仕途

我再提一个问题：孔子只有思想，只有言论，难道没有实践经验吗？他的人生中仅仅是周游列国，说说理论，讲讲空道理，仅仅是说教吗？孔子曾经做过六次官，六次官正好是六爻啊。

今天我简单讲讲孔子前三次做官。孔子二十多岁做了三次官，到了五十多岁又做了三次官，每一次做官大概只一年左右。

孔子的第一次做官，是做委吏，是管仓库的。委吏不是公职，不是鲁国国家的职务，而是在一位大夫家里当差。当然，在大夫家里也可以说是公职吧。应该说，委吏这个管仓库的官是很小的，

按现在的官职来说，相当于村长。村长算不算国家正式干部呢？不算，要到乡长、镇长才算正式干部。到他做乘田吏时，算是正式干部了。他管仓库，这是个很小的官，但却是个肥差，很多人舍不得放手，为什么？因为仓库里有物资。仓库一直很乱，账目不清，大夫很是忧心，一直找不到合适的人，最后他找到了孔子。因为孔子懂礼乐，为人处世得到了邻里和曲阜城里人的一致认可。

在这种情况下，大夫找到了孔子，要孔子来做委吏，给他管仓库。孔子一上任，就做了些调查，制定了些制度，进行了整顿，半年以后就做到了账目清楚，仓库盈满，叫"账清库满"。

孔子管得很好，很有起色。正因为有起色，所以他二十岁的时候管仓库，二十一岁就被调去管牛羊，叫乘田吏，正式成为国家干部了，转户口了，评上职称了，有文凭了。于是，步入了进入仕途的第一关了，是一个起步阶段。

牛羊为什么要专人管？那时候牛羊可是国家的一大财富。他一上任，看见那么多的牛羊，看见那么多肥沃的水草，牛羊怎么就那么瘦？他很奇怪，就做调查，发现是那些管牛羊的人玩忽职守，整天就只知道玩，将牛羊往那一圈，不想跑路，这样牛羊吃不饱。他又通过一番整顿，一年以后就牛羊成群，管好了，显示出他的政绩了。

这个时候，鲁国国君面临一个大的问题——人口问题。那个时候，诸侯国之间经常争霸，经常有战争，国家强大的基础就是人口。人口不多的话，这个国家就谈不上强大。在这种情况下，他们找到孔子来管人口。管理人口的官叫司职吏，这个官就要大一些了。

孔子一到任，就制定了五项人口政策：第一条是轻赋税，减轻赋税。第二条是轻徭役，减轻徭役，不要今天搞一个大工程，明天又搞一个大工程。第三条是慎刑戮，刑罚不要乱用。第四条是倡节俭，提倡节俭，我们现在不也提倡节约型社会吗？第五条是定婚嫁，当时的婚嫁很乱，他通过颁布政策，整顿婚嫁。这五项人口政策一实施，一年以后鲁国的人口就兴旺起来了。

~ 轻赋税
~ 轻徭役
~ 慎刑戮
~ 倡节俭
~ 定婚嫁

孔子的五项人口政策

孔子管理经验三部曲

通过以上的三次做官，我们再来看一看孔子是不是一个只说不做的人。我们看看"孔子管理经验三部曲"。

委吏是管仓库的，管仓库就是管钥匙；乘田吏是管牛羊的，管牛羊就是管鞭子。你们看，从管钥匙到管鞭子。再看看司职吏，是管人口的，这个时候就上升到用规则来管了。

我们要思考一下这么一个层次，这么一个递进。你们做过管理的人都知道，都能看出，这里面能够显示出孔子的几个特点：

首先，孔子不因为做一个小小的委吏而感到委屈，不认为这是大材小用，也不认为是小菜一碟，就随随便便。他把小事当作大事做，也正如老子所说的"天下大事必作于细"。从小事做起，这很重要，因为，能做好小事就能做大事。

第二，孔子每次当官、做事，都是从调查入手。毛泽东年轻的时候，才刚刚从学校毕业，真正说还是一位书生，他参加革命后，做的第一件事是什么？到湖南做农民运动调查，写了一篇《湖南农民运动考察报告》，送给上海的党中央。你们看，毛主席也是从调查入手。以后毛泽东一再强调，没有调查就没有发言权。

今天，我们很多同学想做些课题。如果要做课题，仅仅只是在书本上做，在课堂上做，在图书馆里面做，我认为，效果可能并不是那么好。真正要做，就要走到社会上去做调查。只有做了调查，将调查报告拿出来，你才能够真正了解社会，融入社会。

孔子管理理念三部曲

我们再来看孔子管理理念三部曲能不能给我们一个启发性的东西。管钥匙是管家、管事、管库——管事物；管鞭子是管牛、管羊、管马——管动物；管规则是管人，是用策略、理念、思想体系。

钥匙怎么开启锁？管钥匙是管物、管钱、管事、管人、管心这么一个层次，最难管的是人心。一个人能管物，不一定能管钱。你挑选人来管仓库还不是那么难；你要挑选一个人来管钱，那就比管物更重要。再一个，管事就比管钱更重要，管人又要比管事重要，要管人心那就更重要了，那就是钥匙。你的这把钥匙，能开哪一把锁？

看看鞭子有哪些方法？鞭笞、鞭策、甩鞭、扬鞭、鞭影。"啪"、"啪"、"啪"……挥鞭子很有讲究。有什么讲究？

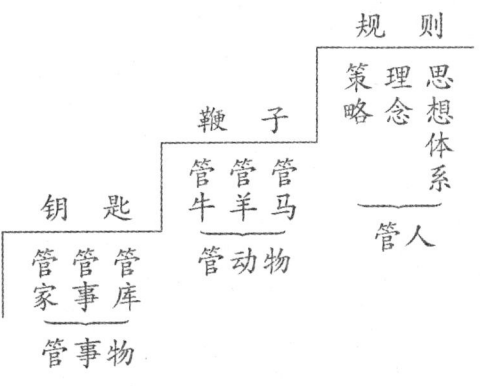

孔子管理理念三部曲

第一种是鞭笞，拿起鞭子照着马的屁股就打，用鞭子抽马屁股，打得马遍体鳞伤，但还不起作用，还是跑不动。

第二种是鞭策，不打马屁股，而是打一个穴位，马耳朵背后有一个穴位，鞭子上有一个球，一甩，"啪——"，一下子打下去。不是打得那个地方痛，而是那个地方有一个穴，就像给我们注入一个东西提神，是激励。鞭子这么一甩，一下子打到它的兴奋点上，马的精神立马就来了，就看你打得准不准了。

第三种，人与马达到某种默契了，鞭子甩响了，"啪——"这马不需要鞭子上身，就起到鞭策的作用，同样是精神来了。

第四种，鞭子扬一下，意思是说："伙计，加把劲吧。"马与主人已经心照不宣了。

还有一种，看见鞭子的影子，马就来劲了，就感受到激励了，精神就来了。这就是不同的层次了。

我们的管理，特别是管理一个企业，管理一个单位，管理一件事，你手上的这个鞭子怎么样甩，怎么样扬，怎么样执，你打在哪个地方，你的目的是惩罚他，还是鼓励他，是鞭策他，还是与他交心，这个层次就有很大的不同了，这个鞭子也要看你怎么用。

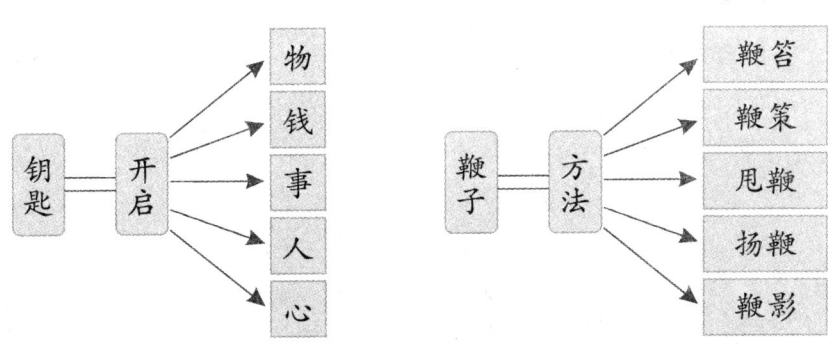

所以，真正会管理的人，不是用制度去约束人，束缚人，而是用制度去鼓励人，鼓励人的自主创新精神。

中国特色的管理

我刚才讲到了钥匙、鞭子、规则，后面的很多东西我都要联系六十四卦和三百八十四爻来讲，这里只是给大家提供一个纲领性的东西。"太易自主管理"作为我个人的一个研究，大家是不是认可？我们来探讨一下。

中国管理特色之一——从自我管起。从前有一个人，他屋子里面很乱，朋友问他："你这个房子怎么不打扫一下？"他讲："我是办大事的人，是管理天下的人，我怎么能做这个小事呢？"朋友就问他："一屋不扫，何以扫天下？"

那么，自我管理从何做起？从作息做起，从"黎明即起，洒扫庭除"开始做起，这是《朱子治家格言》里面的一句话。作息的过程，就是如何守息，如何养息，如何调息。这个"息"是什么呢？明天就要讲这个。作息的目的，是要做到自强不息、生生不息。

中国管理特色之二——既有怎么做，更有怎么想。只讲怎么做的话，就会束缚人的手脚；如果注重怎么想的话，就能启迪人的创新思维。想得好，一定能做得好，就能做到"自我管理"。

从自我管起
　　一屋不扫，何以扫天下？
从作息做起
　　黎明即起，洒扫庭除。
作息的过程
　　守息、养息、调息……
作息的目的
　　自强不息、生生不息。

中国管理特色之一

既讲怎么做，更讲怎么想。

怎么想比怎么做更重要。
只讲怎么做，
就会束缚人的手脚。
注重怎么想，
就能启迪人的创新思维。
想得好，一定做得好。

中国管理特色之二

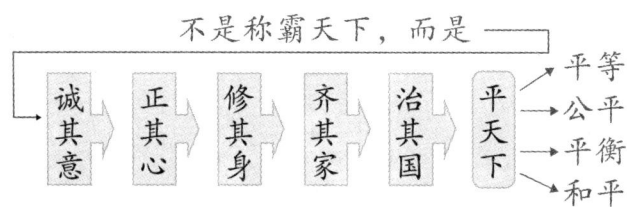

自我管理的目的

管理要从"自我管理"做起，国家管理、地域管理、企业管理、经营管理、财务管理、市场管理、学校管理、家庭管理……无论是哪一种管理，都要从"自我管理"做起。自我管理的目的，不是称霸天下，而是"诚其意，正其心，修其身，齐其家，治其国，平天下"。

反看《三国演义》

为什么孔子最后投身于教育？他教的是什么？他教的是不是一门管理学？为什么说"半部《论语》治天下"？张良、范蠡、刘伯温功成身退，其结果如何？大家都知道，这三位在中国历史上是非常著名的谋略家、军师，但是他们功成身退。功成身退是哪一家的思想？是老子的功成身退。哎！他们三位的结果留下遗憾了吗？是以失败而告终的吗？看不到他们有什么败绩。

再比较诸葛亮的"鞠躬尽瘁，死而后已"，其结果又怎么样呢？他为什么说"鞠躬尽瘁，死而后已"？那就是信誓旦旦地起誓了。大家都把他奉为什么？神机妙算。

《三国演义》演的是什么？《三国演义》与《三国志》是不一样的，《三国志》是真正反映历史的，《三国演义》是民间话本拼凑起来的。民间话本是哪些人写的呢？基本上是一些落榜的文人墨客写的，他们没事干，可能自己还有一些情绪性的东西，编写这些东西好像才能显示出他们的才华。

《三国演义》里面给我们树立了三个榜样人物，哪三个榜样人物？第一个是刘备，他最讲仁，但是他开始老是跳槽，今天是这样，明天又是那样，老是在背叛。借了荆州不还，当初诸葛亮借荆州的时候，明明是立了字据的，即使历史上有不公平，你立了字据就该还。他不还，这是仁吗？关羽战死了以后，他要报仇，但是这个时候，不能为了报私仇而丢了大义，诸葛亮怎么劝也不成功，他就是不听，他只顾桃园三结义的三兄弟小义，而不顾匡扶汉室的大义，说明当初他的义是假的。他这是不是仁？我们为什么要把他作为榜样？

第二个榜样人物是关羽，他被奉为财神。2005年我们在曼谷开"第八回世界易经大会"，会后组织我们到缅甸地下赌城去参观。进第一道门，是财神关公；再进第二道门，还是财神关公。我当时真想问问关公："你为什么还保佑他们发财呀？"这真是很奇怪的一件事。我们发财，讲究"取之有道"，讲义，他那个义是什么义？借了荆州不还，你还要打人家，哪有这样的义呢？借了人家的钱不还，你还要打人，这是说不过去的。这是什么义？而且从《三国志》里面大家能看出来，他是一个刚愎自用的人，非常轻敌。这么一个人物，为什么要树立为榜样呢？

第三个人物是诸葛亮，是神机妙算的榜样。但是，你们知道吗？在《三国演义》的开头，他的好友司马徽与刘备一席谈话以后，就知道刘备是什么人。谈完话，走出门以后，他说了一句话，他讲："卧龙先生虽得其主，未得其时。"说完后就飘然而去，以后再也看不到司马徽了。因为，天下没有他的主子，刘备也好，孙权也好，曹操也好，都不配做他的主子。与诸葛亮相比，司马徽是高还是不高？

诸葛亮最后开始了"三借"，草船借箭为一借，借东风为二借，借荆州为三借，还加一个空城计。这些看起来好像很神奇，特别是借东风。军师应该是一个突出的人，是一个谦谦君子，怎么会设坛作法，搞得神乎其神的？这个作法与他突出的身份好像不配。

到最后，刘备走了，桃园三结义三兄弟都走了，只留下他，他竟然还认为要鞠躬尽瘁，事必躬亲，还要样样都做好，还想匡扶汉室，还要扶阿斗。这个都算不到，不知道阿斗扶不起来。五丈原一仗，他被司马懿算得死死的：我就是要耗死你，我就是不出战，你怎么骂我，你怎么羞辱我，我就是不出战。最后，以诸葛亮战败而告终。诸葛亮死了，他是怎么死的？是气死的。

从《三国演义》中看到，周瑜是被诸葛亮气死的，诸葛亮又是被司马懿气死的。为什么是这么个现象？凡是这种人，他们是以什么为生命？做人真正是做到一定程度，这一件事就是他的生命。所以，周瑜认为，谋略是他的生命。诸葛亮也认为，谋略是他的生命，他把谋略视为自己的生命，一旦他的谋略在这个社会上已经没有价值了，他的生命也就崩溃了。所以，他气死是正常的。

延长你的生命

现在讲"三国"也好，讲其他的也好，我认为，对我们这个社会要负责。应该说，是把我们的事业，特别是为人民服务的事业，为社会、为人类的事业，作为我们的生命，生命相系。即使牺牲了，死得其所，重于泰山。但是，我们不能随便宣传死。

昨天，我在中央电视台看到一则消息，是什么消息呢？东北一个小女孩，叫新月。小新月得了白血病，但是她有一个愿望，想到天安门来看升国旗。很多热心的志愿者精心策划，促成这件事，接她到天安门看升国旗。我们在电视上看见，小新月在看升国旗的时候，躺在大人的怀抱里，苍白的脸上露出那么灿烂的笑容，举起一只小手向国旗致敬，我激动得流泪了。当时我就说，如果我的寿命、我的生命能够转让，我愿转让一年、二年、三年，我愿转给她。我们在座的人，将寿命给那些生命将尽的人，你们认为行不行呢？我认为这不是非理性的。

有人跳楼，说他是为奉献。这不是奉献，这是迷信，这是无知。我刚才讲的是理性的。为什么说是理性的？

曾经有这么一对夫妻，丈夫得了白血病，妻子就将家庭重担挑起来，将老父老母、公公婆婆养老的担子，孩子上学的担子挑起来。为了给丈夫治病，她到处凑款，将这些担子一肩挑起来了。丈夫一次一次提出离婚，她不同意；丈夫一次一次寻短见，她不同意。她一直认为，她要坚强地活着，特别是在丈夫面前，要活得很快乐、很自在，不要活得很疲惫。为什么？她要为丈夫活着。她凭着这么坚强的信念，竟然将她丈夫的病治好了。病治好了以后，他们两人又去为社会做了很多善事，到处凑款去救助其他的白血病人。这不就是我救自己的生命，就是为了延长他人的生命？这难道就是不理性吗？这难道仅仅是空想吗？

情感管理法

我们讲管理，不能不带感情。像电视剧《热带风暴》，里面那个参谋长，带了那么多的犯人执行转移任务，他是用什么去管理他们的？是用枪去管理，还是用鞭子去管理？都不是，用感情。当犯人大口大口地将水喝干了的时候，战士很克制地喝，最后，他将战士的水连同自己的水，全部拿出去给犯人喝；到中秋节那一天，他将部队发给他们的月饼，全都拿出来给犯人吃。他用的是这种管理方式。

在这种情况下，如果用暴力去管理，那就会引起暴力。战士人数很少，犯人则有几百个，一旦暴动起来，那就不得了。所以，这位参谋长温情的管理、感情的管理、人情的管理起到作用了。最后，犯人主动将月饼送回来，还主动组织防范措施，防止少数几个人想逃走。这个管理功夫不得了。

所以，我们讲管理，不能不讲感情。感情从哪里来？从你的愿心中来。你心里没有国家，没有民族，没有他人，谈什么管理他人呢？你心里只有自己，没有他人，还想去管理他人，他就不服。"哎，我怎么管不好？"怨天尤人，就是不知道怨自己。我这里讲的绝对不是空话。

长城管理体系

西方从工业革命以后，有集约型的经营，有劳动密集型的大生产，所以他们产生了现代管理。那么，在我们中国古代，有没有劳动密集型的生产、生活活动？有，修建万里长城就是。三十万民工，再加上二十万俘虏和奴隶，一共五十万人呐。大家想一想，吃、喝、拉、睡好不好管？难道说，他们是乌合之众，用鞭子就能管好？

其实，每一块条石、每一块砖，要求都是那样的严谨，讲究质量。越是乌合之众，越是难管理，不只是管理他们吃饭，而且管理他们做事。做这样大的一项工程，如果没有一套完整的管理体系，是绝对不行的。

设计人员、组织施工的人员等等，这些工程师不是一个两个。我年轻的时候，学大寨、修大坝，我跟着水利局的勘测员扛着标尺，管什么？每一个渠道都要有一个技术员在那盯着，不然就不行。那么，万里长城需要多少个工程师？那时候应该是人才济济，不仅仅是三十万民工，那些管理人才也是不得了——采购、运输、施工，那是一个庞大的管理体系。

讲到万里长城，我们似乎没有看到这个里面有一个管理体系，为什么？被孟姜女哭长城"哭"掉了。大家一讲到万里长城，就想到孟姜女哭长城。哎呀，太残酷了！太可怜了！我们今天办一件事，能没有付出，能没有牺牲吗？无谓的牺牲不必要，我们不需要那么残酷的管理，但是，我们要办一件事，难道就没有艰难？现在很多人，明明不苦他叫苦，明明不难他叫难。也许是孟姜女哭长城，一直哭到现在，把我们的心哭软了，把我们的骨头也哭软了，是不是这么回事？

乐山大佛、龙门石窟、敦煌莫高窟等大型艺术雕刻、绘画，除了艺术人才外，要不要严密的管理体系？郑和七次下西洋，每次几百条船、上千人，走过了那么多的国家，既没有留下任何外交争端，也没有大的安全事故，这个管理体系算不算先进？你们看这幅地图，看他们当时走了多少路。

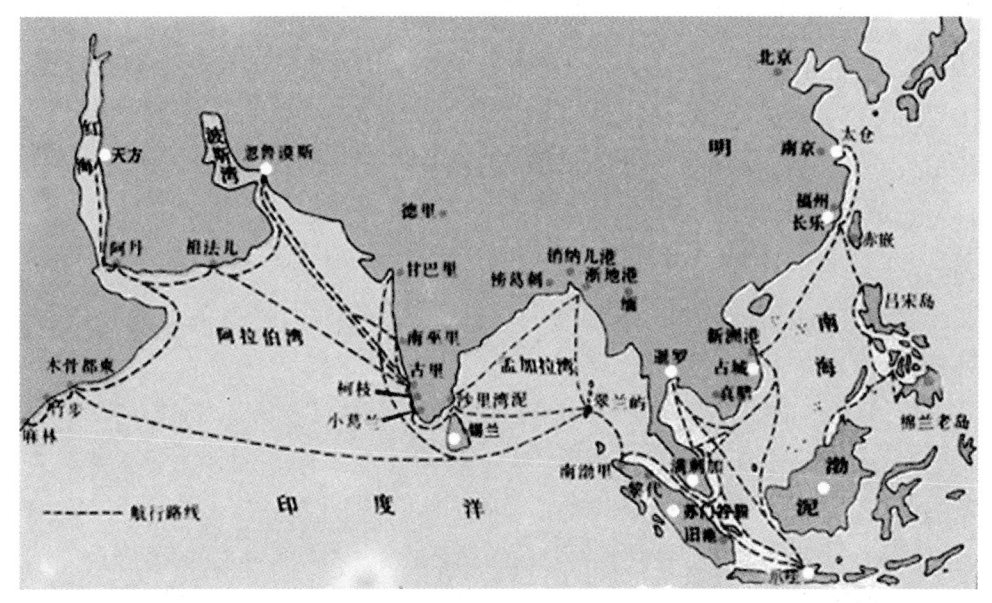

中国为什么落后了？

  为什么明清以后中国落后了？这个账到底应该记在谁的头上？社科院有一位老专家，是研究哲学的，现在退休了，他研究这个。他认为，这个账应该记在朱熹身上，还有二程身上——程朱理学呐。这个值得商榷，不过我是同意他的看法的。

  如果我们生在那个挨打的年代，我们会怎么样？会不会做汉奸？

  今天，中国正在崛起，中华民族正在复兴，但环保、资源、科技、教育等一系列问题，仍然是发展的阻力，阻力的最大摩擦点在什么地方？为什么说是阻力？

  2004年9月3日，在人民大会堂小礼堂，"2004文化高峰论坛"开幕了。在开幕式上，杨振宁先生作了一篇演说，讲了"《易经》与中华传统文化的关系"。后来报纸上说："杨振宁说，《易经》阻碍了近代科学的启蒙。"这是一个炒作，实际上杨振宁教授的本意不是这个。我在现场聆听，没有这种感觉。但是，到底是什么阻碍了近代科学的启蒙？这个问题值得大家深思。

  中国是十三亿人口的大国，但在世界上，十三亿人口却不能形成一个"大我"，这难道仅仅是因为经济、科技和军事落后吗？为什么说日本人三个人是一条龙，我们中国人一个人是一条龙？中国人三个人就不整齐，就会打架，就会扯腿。因为其中一个人是最优秀的，一个人是一般的，一个人是吊儿郎当的，做事当然做不好，就像两只腿不一样长一样。我这两只脚有一只是伤的，是痛的，两只脚都走不好路。所以，这个里面有一个"小我"的基本素质问题。

"国家兴亡，匹夫有责"，中国的"匹夫"，这个"小我"怎么样？是不是每个"匹夫"都是一个自然数？

国家以人为本，以什么样的人为本？人以什么为本？

有人说，中国的科学管理滞后于科学技术。那么，要加强科学管理，是盲目学习西方，还是走"自主创新"之路？你们认为呢？西方的东西要不要学？要学。

建设"自主创新"的国家，什么叫"自主"？丢弃自己民族的传统和特色，丢弃自己民族的母语、母文化，丢弃中华五千年文化的优势，能做到"自主"吗？

中国有没有自己的管理学？中国能不能构建"自主创新"的管理体系？

今天是第一讲，讲得比较抽象一点。我记得，去年讲"弘扬中国特色，构建和谐社会"时，第一讲也是讲得抽象些，后面每一讲大家都听得很好，而且听课的人一讲比一讲多。为什么？我后面就要结合一些实际进行讲解了。

今天就讲到这里，谢谢大家！祝大家晚安！

第二讲　无名公、鼻子、小心翼翼

悟性思维

　　我这个讲座里有一个逻辑，这个逻辑不仅仅是一次讲座的，也不仅仅是一个系列的，它是一个大系列的逻辑。昨天讲了一个框架，这个框架总体上是围绕"自主管理"，以"管"为核心，特别讲到中国特色的这个"管"的来历。这个来历是与"关"和"键"、"门闩"和"门锁"相关联的。

　　我在研究《易经》的同时，对中国的文字也下了一定的功夫，我始终能感受到中国文字的魅力。魅力在何处？中国的文字是多少万？几万字。但是，在我的脑海里，它是一个字，它是互相牵连的。如果讲某一个字，就要牵连到很多很多字，这样形成一个大的网络。实际上，中国汉字也是一个太极。

　　中国的思维是一种悟性的思维，它给你的是一个悟性思维的空间。如果告诉你一个东西是什么，你所得到的虽然很清晰、很明确，但是你的悟性没有得到充分的开发和利用，在这种情况下，你得到的只是山，只是水，"见山只是山，见水只是水"。

　　昨天有位同学提出的问题是有点尖刻。对，你见到的不是山，不是水，非常好，这是你的高度。同时，再过几天，也许十年、二十年你回过头来，哦，老师讲的还是那个山，还是那个水。如果告诉你，一就是一，一加一等于二，这就不是东方的文化了，东方的文化给你很大的空间。以后，你可以在这个里面得到一种举一反三、触类旁通的悟性，希望大家的思维能跟上。

　　你看，中国的文字就是这么微妙。"仁者乐山，智者乐水"——喜欢山，喜欢水。又说："仁者寿，智者乐。"这个"寿"是什么意思？仁者为什么乐于山？山是仁者见之谓之仁，知者见之谓之智。

⬇

仁者见仁，智者见智。

⬇

见仁，见智。

静态的，这个"静"是颐养，是对生命的一种保养和颐养。那么，"乐"又是什么？"乐"是对生命的一种释放。

年轻人应该多一些对生命的释放，但是也要兼顾颐养；老年人要注重对生命的颐养，但是也要兼顾释放。如果不释放，生命也会过早地老化。年轻人如果只是释放、张扬，不去开发自己的悟性，容易耗掉自己的生命，而不是叫释放了，释放是有度的。

举个例子，就像我在回答问题时，有人说我幽默。我幽默的时候，根本就没有动脑子，是即兴而来的。平时你们在幽默的时候，往往一句脱口而出，没有动脑子，这就是在悟性中来的。动脑子的东西，往往是干巴巴的，很枯燥，很单调，甚至很尴尬。我们多去开发自己的悟性，因为悟性能保养自己的生命。你用脑子，费尽脑汁，转来转去，耗尽脑力，又耗神，又耗气，又耗精，就是耗精气神。从悟性中随手得来的东西，从悟性中释放出来的东西，就能保养生命，也能给他人带来愉悦。悟性中出来的东西，往往不会伤害人，而是给人一种愉悦。动脑子的东西，用自己先入为主的东西，用主观思维出来的东西，不是伤害他人，就是伤害自己，总会伤害一方。

也许我说的有些偏颇，大家还是共同体验吧。

我讲课有自己的体系，也有自己的结构，没有结构是不行的。学《易经》的人不讲究结构，就不是真学《易经》。《易经》有很严谨的结构，有严谨的程序，但是这个程序是从悟性中来的。

以上讲的是我对旧课的温习，讲仁和智是为了导入新课。这个来历，一个是我们中国八股文里面的起承转合，也是苏联教育家凯洛夫的那种教学法——每节课开头要温习旧课，然后导入新课。我教书十七年，开始学的是凯洛夫的教学法,以后把它当是修正主义的东西批判,但是我认为,有用的东西还是要用。

小水泡的故事

今天开始第二讲"无名公、鼻子、小心翼翼"。

第一个问题是"小水泡有影子吗?"这是我曾经给一位小同学讲的一个童话故事,是我自编的。那天她在那里玩水泡,我就问:"你从水泡里看到自己的影子,水泡有影子吗?"她看看水泡,说:"水泡没有影子。""那水泡的影子哪去了?""是不是太阳拿走了?太阳照着它就没有影子了?"

"太阳公公,你为什么把小水泡的影子照没了?"太阳公公会说:"哎呀,我也没有影子。你看,我有影子吗?我也没有影子。你们人类和万物都有昼夜交替,我没有;你们有寒暑往来,我没有。我没有影子,但是,我抱怨过谁吗?我有一分一秒的情绪吗?没有。为什么?这是我的责任,这是我的义务。如果我不履行我的责任和义务,那么,第五个冰川期就要到了。"

彩陶中的太极思维

其实,水泡也是一个太极。老子说:"万物负阴而抱阳,冲气以为和。""冲气",有的书上是"中气"。那么,是先有老子的这个思维,还是先有这幅太极图呢?这一幅图是宋代陈抟老祖从一位四川人手上得到的,它到底出自什么时间,无从考察。

我这里给大家看几幅彩陶图(见下页),这是我拍下来的马家窑彩陶。马家窑在兰州的东南方向,虽然我没到马家窑文化遗址去,但是我到甘肃大地湾文化遗址去过三次。大地湾文化遗址的第二期、第三期,也有马家窑文化类型的彩陶,是属于新石器时期前期和中期的,也有人把它划为仰韶文化。

我研究《易经》,同时参考大

量的考古杂志和书籍,甚至对南方的河姆渡文化遗址也去考察过。为什么?我必须去找一些源头。你们看看这些图,这是我简单地找的一些彩陶图,主要是

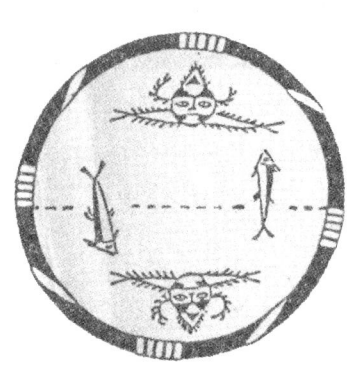

一个感受而已,能说明什么?说不出来。说不出来的才是无限的,才是真的;说出来的,仅此而已。

这一幅是半坡人面鱼纹盆图,上面绘有人面鱼。人是猿猴来的,还是鱼进化来的,现在还在争论。

这幅图里有一个什么东西?你们有没有注意到?对,有个曲线,这个曲线是"S"形,像太极图。你们要是到伏羲画卦的卦台山(位于甘肃省天水市),往那个卦台山上一站,向东一望,是一个六十平方公里的大盆地。大盆地中间是什么?渭河从西向东,绕了一个大写的"S"形。你们看电视里的那个"S"形的图,是从那里航拍而演化来的,是重新制作而成的,因为它中间被一条高速公路给穿断了。从这幅图里我们能体会到一些东西。

无名公

邵雍说:"太极者,立乎天地之先,超乎阴阳之上。"他称太极为"无名公"。邵雍是宋代最著名的易学专家,据说他占卜百分之百灵验。这位邵雍先生是怎么说的?他把"太极"比作"无名公"。他著有一本书,就叫《无名公传》。

太极是什么?是位老翁,这位老翁是没有名字的,现在我们给他一个名字,这个名字是什么?"无名万物之始,有名万物之母。"这是老子说的。这里不多解释,但是大家能体会到"有名"和"无名"的妙用。

借用《金刚经》上一个句式:太极,即非太极,是名太极。《金刚经》上的这个句式,连毛泽东主席都非常感兴趣。这一种句式是否定之否定,还是肯定之肯定?毛泽东主席曾经请教佛教领袖赵朴初大德,朴老马上回答:是同时否定,又同时肯定。这么理解只有悟,如果你要将它的意思写出来,不是一本书能写完的,所以叫"无名公"。

同时,在生活中,邵雍先生把他自己平生的事业和生活当作一种"弄丸",把太极当作"丸"。现在有人健身,将两个圆球放在手里转,当作两个太极,实际上不是两个太极,还是一个太极,也就是阴鱼和阳鱼。

从这个来看,我们古人很潇洒,相当潇洒。就像孔子所说的三个"玩"字:"所乐而玩者,爻之辞也。""观其象,而玩其辞。""观其变,而玩其占。"原来古人是玩的心态。

阳精与阴灵

回到太极图,我们要问一个问题:阴阳鱼的鱼眼代表着什么?有故事吗?有来历吗?

今天,在这里我想和大家做一个分享。我的研究不一定是唯一的、正确的,

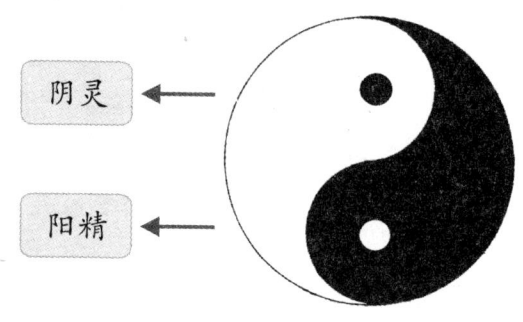

问题：阴阳鱼的鱼眼代表什么？
　　　有故事吗？有来历吗？

我只能说与大家来共同分享，让大家共同来感受、体验这个东西。我们中国的传统文化中有很多东西都有来历。

鱼眼的白眼是阳精，黑眼是阴灵，所以叫精灵。也就是说，阳中有阴，阴中有阳，大家能够体会到。阳精与阴灵也有来历。

在《淮南子·精神训》中有一句话，叫"日中有踆乌，而月中有蟾蜍"。蟾蜍是蛤蟆。蛤蟆是什么东西？传说是嫦娥变化而来的。踆乌是一种鸟，这种鸟有三足，是三足鸟。我们看一看彩陶，彩陶应该能说明问题。

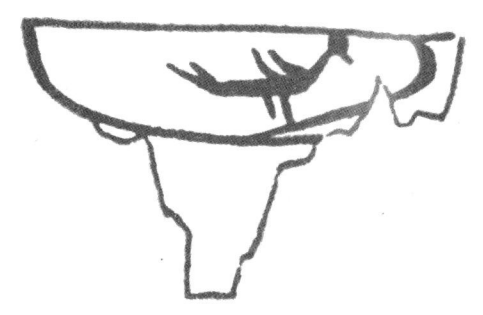

今天我们分了很多层次，全人类六十亿人口，从高层次的科学家、哲学家，到低层次的文盲，这个中间的跨度是相当的大，距离拉得相当的开。但是，在上古的时候，在五千年以前，像大地湾文化遗址，用碳-14测定，它的第一期文化是公元前6220年，从这个看得出来，那个时候人与人之间的跨度没有这么大。那个时期的彩陶大多数是妇女在家里描绘而成的，这些基本上代表着我们原始先民的原始思维。

"日中有金乌，月中有蟾蜍。"这是《周易参同契》中说的，有一些学者认为有这样一种说法。金乌又叫金鸡。金鸡为什么啼晓？雄鸡不仅仅是晚上啼叫，中午它也啼叫，它是子、午啼叫。为什么？因为金鸡对阴阳之气非常敏感，子时阳气动，它马上感受到了，然后就啼叫。啼叫之前，它先吸一口气，然后在啼叫声中呼出去。

金鸡————吸————呼出声音

玉兔————呼————吸入月精

玉兔是什么？不知道你们对兔子了解不了解？兔子出生时是不分雌雄的。后来它对着月亮呼气，在呼中又倒吸，吸取月精。金鸡是吸阳而呼阴，或吸阴而呼阳；玉兔是先呼然后吸入月精，吸入月精以后而身有孕。

明代有位易学家曾经做过一个实验，他把南、北做了一个对比，南方的雄鸡大多数是丑时啼叫，北方的鸡是在子时啼叫，北方的鸡要比南方的鸡提前一个时辰啼叫。说明阳气从哪里先动？从北方先动。《易经》里有一种说法，叫"天一生水"，坎卦为水。为什么天一生水？为什么不是天一生火，不是天一生金，也不是天一生木，而是天一生水呢？北方壬癸水，北方为水。"天一"，就是说，阳气从北方先动。一天之间也是阳气最先动，从子时开始动。一年四季阳气动，也是在冬天动，这些都有它的来历。

再看看彩陶，这是河姆渡的文化。河姆渡的文化与大地湾文化是南与北的区别。

大地湾文化遗址，有一个原始村落。门一打开，大院里面都是草棚子。草棚子是现代人搭建的，但是走到地下、半地下都是原始的。为什么？考古发掘出来后，还是原来的地面，地面还是很光滑的。

当时，考古学家戴着手套，扫除表面一层的灰土后，就显现出当初的地面——原始地面，地面光滑得能照见人影。考古学家将地面样品带回北京，通过鉴定，相当于现代的一百号水泥的硬度。

在大地湾文化遗址的原始村落，地下有火塘。但是河姆渡呢，它是栏杆式，从地下架了一个楼，全部是楼。南方潮湿，北方干燥，南北方是有区别的。

再看看这幅彩陶，很有意义了。这只金乌背负一个太阳，说明古代人对它的崇拜，以及对天地观测后形成的一种独有的思维。

我们刚才感受到这些彩陶，能用一句话说古人愚昧、古人迷信吗？我们都不要轻易下结论，我们不能说古人愚昧。

按照美国人类社会学家摩根的分类说，原始人有早期的野蛮和早期的愚昧，有中期的野蛮和中期的愚昧，还有晚期的野蛮和晚期的愚昧。我认为，我们今天也有现代的野蛮和现代的愚昧，战争和恐怖是现代的野蛮，对环境的污染和破坏是现代的愚昧。不知道这样说是不是有些偏激？

八卦的演绎

大家知道,在《易经·系辞传》里面有一句话:"太极生二仪,二仪生四象,四象生八卦。"

二仪,是阳仪——和阴仪--。仪是一种符号,是一个代表性的东西;仪是一种仪器,就像现在讲的是一种工具。用这个代表阴和阳,它能代表很多东西。

然后,又生出四象,纯阴称为太阴==,纯阳称为太阳══,阴在上为少阴==,阳在上为少阳==,下面为老,上面为少。如果用刚和柔来讲,太阳为太刚,太阴为太柔,少阳为少刚,少阴为少柔,也就是比较柔、比较刚。

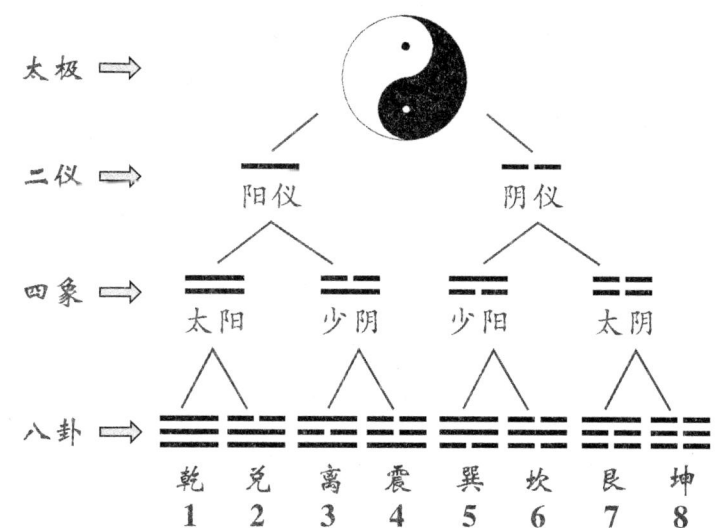

然后,又演绎出八卦:乾☰、兑☱、离☲、震☳、巽☴、坎☵、艮☶、坤☷。就是这么一个演绎过程。

有人曾经问过我这个问题:太极生二仪,二仪生四象,四象生八卦,这是怎么样的过程?是不是昨天太极生了二仪,过几天让它再休息休息,再准备准备,然后让它再来生四象,生完四象以后再过几年生成八卦,是不是这个过程?

我认为,它们是同时具备,同时产生。生和成是不一样的,在《河图》里,是"天生之","地成之",生出来的是体,成的是用,它们有很大区别。我们中国文化为什么源远流长?因为它是非常严谨、非常讲究逻辑的,很多东西分得很细。

为什么说生成是同时的?人的精子和卵子在开始结合的时候,就会成为人胎。人从胎儿到婴儿,一直到老年,都有这个规律。那么,这个东西是什么时候具备的呢?在它开始生的时候,遗传基因里就具备这个东西了。

过程还要不要?当然要,过程就是"成之"。以后,在过程中不断地去演绎,不断地去延伸,去开发它,去利用它。这就是一个元点的问题了。

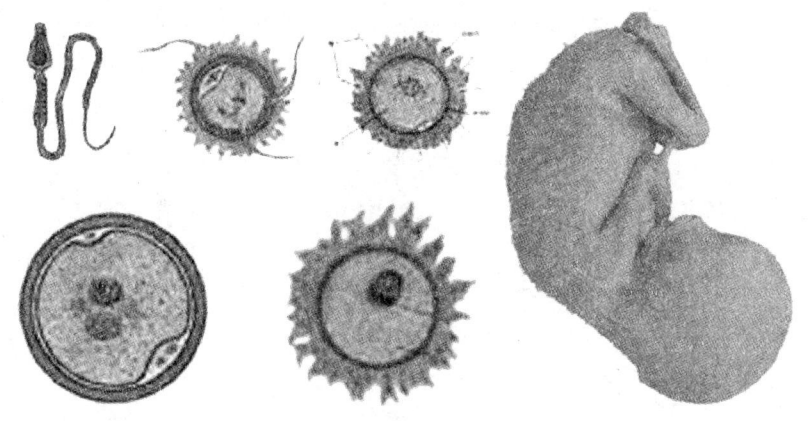

元点与元典

元点和元典。《易经》就是元典,是群经之首,是经典。元者,始也;元者,大也。元点是什么?这个里面有两个东西,太极到底有多大,你随便做多大,做得很小也行。中国名家有一句话:你无限延伸,去扩大、扩大……那叫"大而无外";再缩小、缩小……那叫"小而无内"。为什么大,大到大而无外?为什么小,小到小而无内?对于今天在座的各位,这个问题不是问题,叫宏观和微观。

在大自然中,在自然科学里,宇宙有没有边?物理学原来认为原子是最小的单位,后来又认为夸克是最小的单位,现在又发现了量子,那么,它是不是最基本的、最小的?这些东西还在随着人类科学的进步而不断地被发现。

在《易经大传新解》里,我讲过这么一句话,不知道是不是正确:科学家是一代一代地纠正前代的错误,但是,这种错误是伟大的错误。我们人类从来没有因为前人的科学发现是错误的而否定他们,而是一直在纪念他们,延续他们,没有这个错,就没有后面的发展。

历史证明,人类的文明从来没有人想去推翻。为什么?它是元点。元点的东西,就像原子一样,它的力量为什么那么大?因为它小。越小越简单,就像计算机里面,只能是二进制,而不是三进制、四进制——越多越复杂。就要简单,0和1就足矣。

这里我随便说一下0和1、阴和阳。为什么在莱布尼茨的眼里,阴和阳就是二进制,以后将它变成了0和1?这里值得我们思考的问题是,几千年来,我们还是一个阴爻、一个阳爻,为什么今天成了0和1?

我想,今天作为经世之用,有很多的课题可以去做,没有必要去研究秦可卿,我们要多研究一些对人类、对社会有贡献的东西。我这里不是偏激,要去批评某一个人。

我历来主张，学习一个东西，我们应该有一个正确的观点，首先不是自己讨饭吃。如果想要讨碗饭吃，我干脆到大街上，花费我这个精力去给人算命，我肯定能做好。说实话，那肯定比我现在要富得多，但是我不是这么做，为什么？有人把钱送到我手上，为什么我不收？原因是什么？我们必须服务于社会，服务于民族，服务于人类。你心里有多大的社会空间，社会就会给你多大的空间。

玄和素

这个里面讲到一个玄和素，也就是黑和白。大家都知道，黑和白好像是两种色，好像是本色，其实不是本色。物理学上，红、绿、蓝是基本色，那么黑、白呢？白，中国的绘画讲究留白。其他的颜色，有渴，有韵，有浓，有淡，还有白（空），也就是说它没有着色。看起来是这几种颜色，实际上还是两种，有人把它们当作玄和素。玄是黑色，素是白色，全身穿着白衣服就是素。

老子有一句话："玄之又玄，众妙之门。"这个"玄"到底是什么？甲骨文的"玄"是，是一团线，好像中间是很多线，一绕一绕，绕成个"8"字形，上面有一个东西，两边是水。水是什么？是染料液。把线团放进染缸，叫"玄之又玄"吗？你们想一想，吃火锅的时候是叫什么？涮之又涮。染色，是涮之又涮，老子便说成"玄之又玄"。无论染成什么色，它都不是原色，它都是有色，这里面就有一个"有"和"无"的关系。

有色为玄色，无呢？就是素——白的。这个区别就回到了0和1。《易经》里面有数——易数，只有两个数，就是0和1。为什么？0表示无，1表示有。万有都是从1开始的，一切都是从1开始的，由一个个1相加而成的。所以，《易经》里面的运算方法只有两种，西方是四种，是四则运算——加、减、乘、除，而中国只有加和减，认为事物只有增加和减少，所以，这就是简易。我们的管理也能由此得到一些启发。

八卦的形成

刚才我们看太极图的时候，黑色在右边，白色在左边。假设一开始把白边四个方位的卦都作为纯阳爻，纯阳爻表示白色的空间，黑边的四个方位的卦都作为纯阴爻。

然后，我们来把它变化一下。怎么变化？上为南，下为北，南北为天地——

天地定位，先把天地定好位。

为什么叫天地定位？南为天，南为向阳方向，阳边为天，阴边为地，这是中国人的思维。

天地定好位以后，我们再来把它变一变。假如将东北角的纯阴卦和西南角的纯阳卦的最下一爻对换，阴爻和阳爻一对换，就变成了震卦☳和巽卦☴。

东方和西方两卦的中间一爻一对换，就变成了离卦☲和坎卦☵；东南角和西北角两卦的最上一爻对换一下，就变成了兑卦☱和艮卦☶。

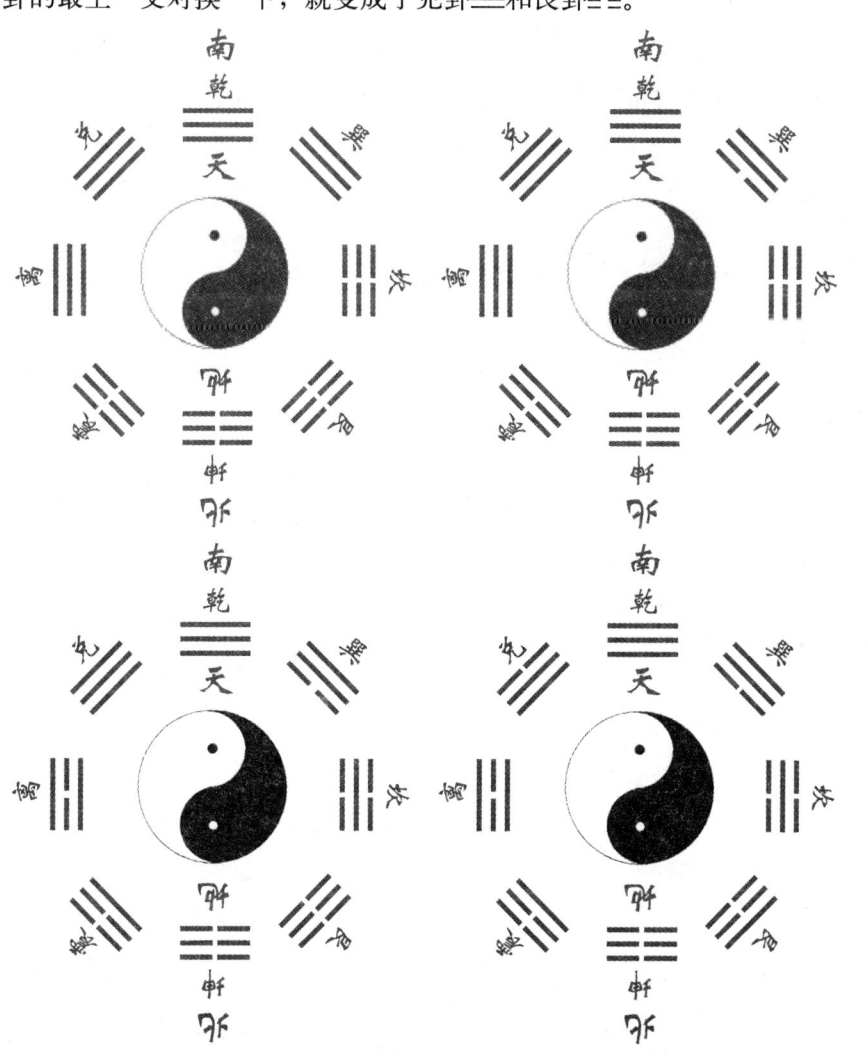

八卦与自然现象

这就是先天八卦图,先天八卦是很重要的。八卦表示八种自然现象。首先看卦画,看乾卦和坤卦这两卦。乾卦,卦名为乾,卦象为天,卦画是☰,是纯阳卦;坤卦,卦名为坤,卦象为地,卦画是☷,是纯阴卦。这是南北方向的。

有了南北,东西也就区分开了——左东右西。东方为离卦☲,为火。你们看这像不像火苗?外边的火苗是一样的,中间还有灯芯是空的。因为火苗中间温度低,是空的。西方为坎卦☵,为水。这是东、南、西、北,天、地、水、火四正位。

自然现象中还有雷、风,东北方向的☳,上面两个阴爻,下面一个阳爻,为震卦,为动,代表雷;西南方向的☴,上面两个阳爻,下面一个阴爻,为巽卦,为入,代表风。雷声震动以后就产生了气流。水、火、雷、风产生了。

东南方向☱,上边一个阴爻,下面两个阳爻,为兑卦,为悦,代表泽。江河湖海凹下去的地方,能盛水的低处为泽。西北方向☶,为艮卦,为止,代表山。有河流就有山脉,有山脉就有河流。

八卦与人伦关系

有人问八卦是怎么回事。八卦就是一家子:父母、三个男孩子、三个女孩子——八口之家。天为父,地为母,父母正位。也就是说,阳为男,阴为女。

我们首先要有一个概念:在《易经》里,凡是爻位,都是从下往上数的。你们看甲骨文,也要从下往上读,不像我们现在看文字,都是从上往下读,为什么?古代人的思维是,植物是从下往上长的。古人说,植物是头朝下,是倒生的。这个有道理,它是倒立的,头朝下。

震卦☳,为长男,从下往上看,一阳

爻带二阴爻，为阳卦。凡是一阳爻带二阴爻都为阳卦，一阴爻带二阳爻都为阴卦。那么，震卦就为长男，从下往上看，他是第一个出生的，阳爻在初爻；第二个出生的，是坎卦☵，阳爻在中间，为中男；第三个出生的，是艮卦☶，阳爻在最上一爻，为少男。这样，震卦为长男，坎卦为中男，艮卦为少男。再来看女孩子，巽卦☴，为长女；离卦☲，为中女；兑卦☱，为少女。

他们的席位是怎么坐的？首先看父亲和母亲的位置，父亲、母亲往那一坐，三个女孩子围着父亲坐，三个男孩子围着母亲坐。而且，坐的次序非常有规律，这就有规则了。长女和长男、少男和少女，他们围坐在父母的身边，唯独中男和中女靠边，但是中男和中女又是占正位的。他们的这个坐次是非常有规则的，非常有规矩的。为什么会这样？挺有意思。

合适与合十

我们再看一看卦序——次序。乾1、兑2、离3、震4、巽5、坎6、艮7、坤8。为什么从乾卦到震卦要向上绕一个"S"形？在刚才那幅八卦生成图上，由太极生二仪，二仪生四象，四象生八卦，生成的次序正好就是这个次序。

为什么这样排？仅仅是为了排男、排女吗？不是，还有一个数。你们看，男女之间（男孩、女孩）排得有次序，排得正好成群。再将对角数字相加，1＋8，2＋7，3＋6，4＋5，都等于几啊？等于九——九九归一，它们正好是吻合的。翻过来是吻合的，翻过去还是吻合的，怎么样都是吻合的。

现在我们企业做策划，经常搞一些运作，"五一"节马上就要到了，很多商家搞促销，老是采取一种手段。如果它是很好的举措，怎么做它都顺人心，怎么做它都得体。否则，怎么做都是伤害。所以，我们做计划，做项目，做策划，要借鉴一下先天八卦，翻过来翻过去，怎么做都是吻合的，怎么做都是合理的，所以中国人讲究一个合十。

合十是什么？行礼。合了十以后，问你：合适不合适？合不合理？合适吗？合理吗？合适。印度人的合十，只有到了中国的《易经》里，才能找着对话的知音。

为什么？它到其他任何一家文明里都找不着知音。怎么去合十？只有《易经》里面的"天一地二、天三地四、天五地六、天七地八、天九地十"。左手为阳，右手为阴。阳为天，阴为地。

怎么合呢？如果是左手的大拇指为一，食指为二，中指为三，无名指为四，小拇指为五，右手的大拇指为六，食指为七，中指为八，无名指为九，小拇指为十，这个就不合十。为什么？对不上。如果是左手的大拇指为一，右手的大拇指为二；左手的食指为三，右手的食指为四；左手的中指为五，右手的中指为六；左手的无名指为七，右手的无名指为八；左手的小拇指为九，右手的小拇指就为十。

你们看，天一对地二，天三对地四，天五对地六，天七对地八，天九对地十，双手这么一合就正好合上了：奇数对偶数，阳对阴，刚对柔，男对女，这么对就是合十。如果男的对男的，那就是同性恋了。（众笑）

称为文明的，就是千古不变的，它就没有错的，你想挑出它的毛病——难挑，你挑不出来。中国传统文化和古代文明，你要是挑出它的毛病了，那就是你有毛病。（众笑）

联系到我们的管理，我们不要注重于讲管理就是教你怎么做，只要这个东西给你一个启发，每一个人就能一把钥匙开万把锁。还要说我怎么去搞营销，怎么去敲他家的门？有人讲课，讲到他家只有一位老太太在家时，你怎么去说服她；他家是一位老头子在家时，你怎么去跟他说；他家有一位媳妇在家时，你又怎么去和她说……讲得这么细，你变成了什么？他的奴隶，他没有把你当成一个智慧者，你太笨了，你还要他手把手地教。

所以，我们中国的文化是什么？是悟性，给你一个悟性，让你受用终身，你就左右逢源，得心应手，何必要那么多一二三呢？不需要。悟性开发出来了，怎么做怎么有。用悟性踢足球，怎么踢就怎么进，是不是呀？(掌声)

我今天早上三点多就起床了,昨晚有点睡不着觉,(众笑)三点多就起床打坐。本想打一个小时,估计时间到了,结果才五十分钟。一打坐,力量来了,今天讲课好像比昨天劲头大一点。(掌声)因为"知止而后有定,定而后能静,静而后能安,安而后能虑,虑而后能得"。得到什么?得到一种悟性——我得到了,大家都得到了。

用孝心读《易经》

刚才看了先天八卦,我们再来看后天八卦,后天八卦的位置变了。先天八卦是伏羲八卦,后天八卦是文王八卦。好多人一讲八卦,就是文王八卦,实际上还有伏羲八卦。

这是文王八卦。要是占卜的话,你要是数卦序的话,要用先天八卦;你要是找方位,就要用后天八卦。这些都是有区别的,你怎么去用都有讲究的,但是这里我不教占卜,只是说明一下。

后天八卦的位置,乾、坤退居二线,由原来的正南、正北到西北和西南了,做督导员,做顾问了。乾、坤退居二线,处于无为之状态,因为他们的任务完成了,已经在家养老了。

先天八卦的离、坎占了东、西正位。为什么他们不能靠着父母?他们能自立,长女、少女、长男、少男靠在父母身边,中女、中男能独立,能自立。这个独立是什么?有人说:"父母在,不远游,游必有方。"他是远游了吗?是不亲近父母了吗?他远游了,但游必有方:一个是东方,一个是西方。不像现在的年轻人,读了研究生以后还要出走,出走以后家人还找不着,这是"游必有方"吗?还有人跳楼,那更不是"游必有方"了。有人讲,他们是升天了,到西方去了。西方想收他们,但是没法收,因为他们去不了,他们心里烦恼重了。真正想去西方,心里清净才去得了。(笑声)

后天八卦的离、坎为南、北正位,离为火,南边为阳,北方为水,为阴。

再看东、西,震卦占了东边,东边又为春天。你们看,春天才打雷。兑卦在西方,西边为泽,为什么?因为我们的三江(长江、黄河、雅鲁藏布江)都是从西边发源。有人讲，大西北缺水，地下水都缺乏。为什么？它是无私的奉献。

这里有很深的内涵，我们要用好的心态，我们要用孝的心态去学习它。我是用孝心读《易经》的。

2005年，我们在曼谷参加"第八回世界易经大会"。有一位年轻的读者，他在成都就买了我的《易经的智慧》，他听说"第八回世界易经大会"在曼谷召开，特地去找我。他问我一句话："你读《易经》有什么诀窍？""有，"我讲，"要用孝心读《易经》。"为什么？我说："无论是伏羲、文王、孔子，他们都是我们父母的父母、父母的父母……我们孝顺我们的父母，更要孝顺我们父母的父母、父母的父母……"我们的父母是这么的伟大。

我们现在落后了，我们为什么挨打？为什么近代科学启蒙没有在中国萌芽？这笔账全记在我们老祖宗身上，但是我们的老祖宗从来不计较我们。说实话，我们都是做子女的，你要想以后自己的子女有前途，千万不要忘记自己的祖先，孝心为大。如果你真是用孝心去读，一定会有悟性。

说实话，有人问我："你是不是开悟了？"我不能说我就是开悟了，但是每个人都有悟性，后面我要专门讲悟性。悟性怎么去开发？什么叫悟性？悟性

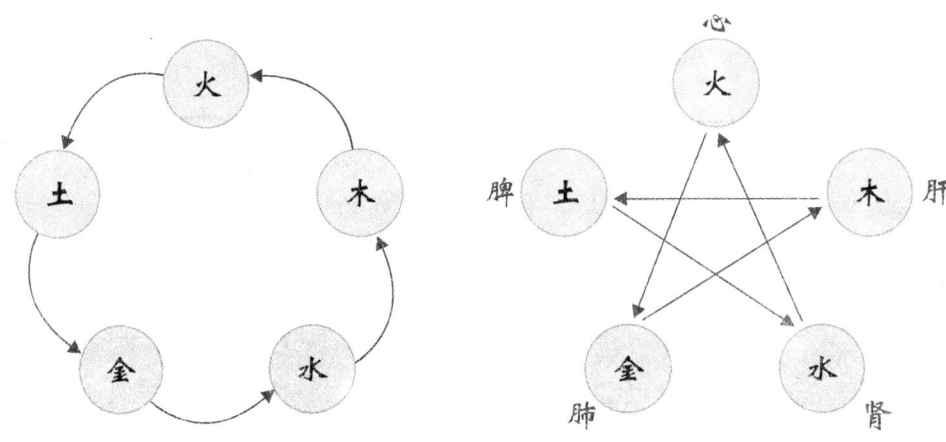

究竟是怎么回事？在生活中，哪些现象你们肯定要经历？哪些现象属哪一种悟？把它们都展开来说，我有多少体验我就说多少，我没有体验到的我不说。

有句大家都熟悉的话，叫"五行相生相克"。先看一下相生的关系图：火生土，土生金，金生水，水生木，木生火。

再看看相克的关系图：火克金，金克木，木克土，土克水，水克火。

这个里面有相应的东西。火为心，心属火。有人讲，哎呀，上火了！上火就是你心里的火太旺。一讲水，水为肾，肾水不足了。肺为金，肺里面钙化了，结晶了，起疙瘩了。肝为木，肝和胆都联起来了，都为木——肝胆相照。为什么叫胆？春天生木，春天有雷，你必须有胆，有胆才有识，有胆识才有略。脾和胃都属土。

认识你"自己"

"自己"是怎么回事？英语、德语、俄语还是法语，都是符号，但是传了几千年的汉字，随便哪一个字、哪一个词都有它的来历，这个来历是很形象的。

我们来看看"自己"的甲骨文。自，古代指鼻子，甲骨文为 ；己，是脾胃，甲骨文为 ，像肠道弯弯。仅仅是形象？脾和胃都属土，中间戊己土。十天干是甲、乙、丙、丁、戊、己、庚、辛、壬、癸。十天干配五行方位，东方甲乙木，南方丙丁火，西方庚辛金，北方壬癸水，中间戊己土。戊土为阳土，己土为阴土。鼻居五官之中，为山头土，有人说鼻子像山；脾居五脏之中，为大地土。

为什么要把"自"和"己"连起来？这里要讲一下先天八卦的位置。乾卦象征首，坤卦象征腹部。自为鼻子，鼻子为乾之土；己为脾，脾为坤之土。自和己，乾和坤，天和地，阴和阳，上下呼应。

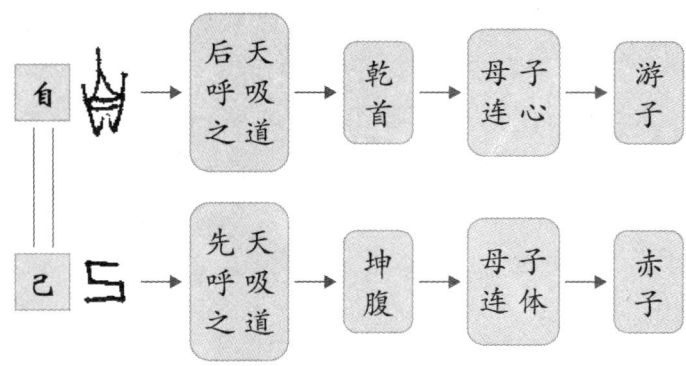

还有,"自"为后天呼吸之道,"己"为先天呼吸之道。为什么?胎儿肚脐连着母亲,为母子连体人。没有呼吸怎么能生存?你要明白你"自己"是什么?是呼吸,一呼一吸不能忘记自己的母亲。先天呼吸之道和后天呼吸之道都连起来了。

为什么要讲游子和赤子呢?赤子是婴儿,婴儿是母子连体,那么游子就要母子连心。我们现在已经是"父母在,也远游",都在远游。你们都上北大读书,但是游有方呀,你们的父母非常高兴:我孩子上北大了,有一种骄傲和自豪,在朋友和亲戚中扬眉吐气,非常骄傲。但是你们呢,要心连心,母子要连心,不要忘记母亲。

昨天有一位先生说:"我不是用钱来供养父母,我把自己的事业做好,用这份心来孝顺父母。"这是真正的孝顺。

赤子之心

"赤子",老子有句话:"含德之厚,比于赤子。""含德",你含的德厚重了,真正厚到一定程度,就像赤子一样。紧接着老子说:"毒虫不螫,猛兽不据,攫鸟不搏。"对于赤子啊,毒虫不咬,猛兽不伤害,恶鸟也不侵犯,这是什么原因呢?

现实生活中也有这种事:小婴儿掉到水里了,渔民将他打捞起来,他竟然还是活的;婴儿被扔弃到深山里面,狼竟然将他喂养大了;我家里有一个孩子,婴儿时代,还是打包睡,晚上有条很长的蜈蚣钻进他睡的包里了,早上他妈妈打开包,发现蜈蚣在他背上,但是没有咬他,因为他是赤子。"人之初,性本善",所以它不侵害你,就是这个道理。

那么,人到了老的时候,还是赤子吗?你只要有厚德,就有一颗赤子之心,也还是一样。

著名的经济学家孙冶方先生，晚年得了肝癌，到晚期了。这实际上是非常痛苦的，一天八九次的疼痛。他是著名经济学家，国家是非常重视的，他住院期间是受到优待的。但是他每天早上起来，赶在护士进房以前，先把被子叠好。说实话，在病中的老人，被子是叠不起来的。然后，他将马桶涮一遍，还要将浴池涮一遍，再慢慢下楼去散步。护士进来后没有事做，护士非常感动。这就是赤子之心。

一位管理者、一位领导，你真正有一颗赤子之心，你的下属、你的员工不为你卖命？你用什么去管理他？你用这种赤子之心去管理，我认为是无为而无不为，是上上管理，真正能屈人之兵。

所以，中国的东西与西方的东西不一样。西方的东西老是教你用什么样的武器，用什么样的手段，来遏制你，来围堵你。我们中国就不是这样，你来围堵？没有什么东西可围的。你来遏制？没东西可遏制，你找不到下手处。为什么？我们是赤子，你伤害不了。

如何发挥我们的东西？我们的长处、优势在哪里？我们的管理在哪里？在"自己"，在母子连心、母子连体，在先天呼吸之道、后天呼吸之道。

呼、吸、息

我记得在《老子为道》这本书里，专门有一章讲到"呼、吸、息"。当代有一位德高望重的大法师，他是全国政协常委、全国佛教协会副会长、《法音》的主编，也是"生活禅"的倡导者——净慧法师，净慧老和尚，他在上海做开示的时候讲到呼吸。他说，人在呼吸的时候，一呼一吸之间还有"息"，有一个停顿，有一个转折，有一个过程，这个转的过程叫"息"。你的身体越健康，你这个"息"的过程就越长，只是你自己感觉不到。但是，没有这一"息"是不行的。

有人认为呼吸是靠肺，实际上不是。《黄帝内经》里面讲得很清楚，吸气是靠肾，呼气是靠肺，是这么一个流程。为什么呼吸的时候，腹部要做收腹这个动作？收腹是什么意思？发挥肾的作用，把这个关窍打开，打开以后，轻清之气下来，阳气吸入，然后把肺里面的混浊之气呼出去。一呼一吸之间要产生气流，气流推动心火，火本来是向上的，但是在人体里面，火是向下运行的，在吸的过程中吸到肾里面去了。吸到肾里面做什么？化元精，元精、元气、元神都在肾里面，元精一化就产生元气。真正是气吗？它是有雾状的气水，运行到其他的器官里面就成了津液，滋润各个器官。

有人问，肺结核是怎么回事？那是元精里面的东西已经亏损了，所以，治肺病不用治肺，要补肾，会吃就行了，吃补品补肾，因此又称肺病是福贵病，是好吃的病，通过吃，把肾补起来。因为肾一亏，这个气上来没有营养，肺里面得不到营养，它就会衰枯，就会结疤，就成了结核，就会产生细菌，就会溃烂。一滋补，就像有奶水一样，原汁原味的东西又上来了，滋养肺。这是一个循环的过程，这个循环的过程在《黄帝内经》里描写得非常的清楚。

"小心翼翼"的来历

"息"字，上面是"自"字，指鼻子；下面的"心"字呢？是指大心吗？不是，是另外一个心，是小心，是命门，命门在人身的后面。《黄帝内经》里有一句话："七节之傍，中有小心。""小心"就是命门。人的生命之门在人的脊椎骨，从下往上数，在第七节之傍，这个命门是一个穴位。

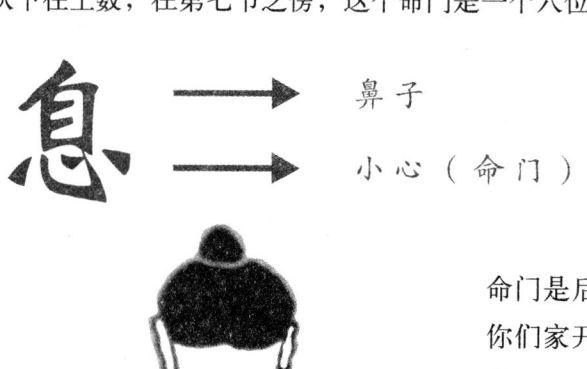

人的腹部这个地方很关键，为什么？前有肚脐，是先天呼吸之道，后有命门，是生命之门，是前门和后门，是呼吸之门和命门。实际上，命门是后门，呼吸之门是前门。如果你们家开了后门，你不要老是走后门进。从后门进出的话，就会像《聊斋》的作者蒲松龄，他为什么一生潦倒？因为他家的门是以后门为主，进出是后门。（笑声）

有人在风水书上这么说，不知道是实在的还是搞笑：除了晾衣服外，后门一般还是少开为好，因为后门阴冷，朝北。

从另一个角度来看，为什么叫"小心"？有来历。《诗经·大雅》

里有诗曰："唯此文王,小心翼翼。""小心翼翼",这就有来历了。这个来历是什么?"小心"是命门,两侧是肾。人有两个肾,一边是阴肾,一边是阳肾。还有两个小窍,一边是相火,一边是真水,又叫真阴。相火与大心的火不一样,相火为真火,而大心的火是后天生的火。"翼"是两翼,有两个翅膀——小心翼翼,你们看,中国的词都有来历。

我们可以想象到,在周朝的时候,起码是在公元前一千年左右,人类就有这种思维,人类就有这个发现——小心翼翼(老师指着幻灯片上的"小心"和两翼的肾与小窍),那个时候就有这个词了。

我们平时从来没有想过"小心翼翼"是什么意思,它有来历,如果说我说错了,你们可以去考证,考证回来以后我们可以交流。如果你真正下功夫去考证,你绝对有收获。即使我讲错了,你也是有收获的,因为你比我更有收获。

"大心"与"小心"

我再讲讲"大心"与"小心"的区别。"大心"是心脏的心,这个"心"是妄心,是粗心。为什么会粗心大意?你不是用"小心",你用这个心(心脏)。你想、想、想……,你绞尽脑汁,用大脑去考虑问题,那就是概念、定义、逻辑。你推理,大前提在哪里?小前提又在哪里?结论又怎么得?这个概念来,那个概念去。现在讲哲学,离开了概念,离开了定义,就不是哲学。忙了半天,耗费精力。用这个妄心不行,用"小心"那就省事了,而且还能颐养天年。

佛教说,一念觉就是佛,一念迷就是魔。一念之间觉悟了你就是佛,一念之间迷了你就是魔。妄念、妄想、执着就会生贪。为什么我昨晚睡不好觉?就是被这个"念"和"妄"害的。为什么?很兴奋。很多朋友打电话给予鼓励,一被鼓励就扬扬得意了,睡不着觉。我发现这个妄心在作怪,就马上打坐,一打坐就守住了"小心",就像牧童将牛拉回来了。还好,没生贪心,如果再发展下去,就会生贪心了。(笑声)

再看"小心"。人的胆也在腹部,但是胆是从"小心"里面来,胆必须有识。人胆大不错,但仅仅胆子大,

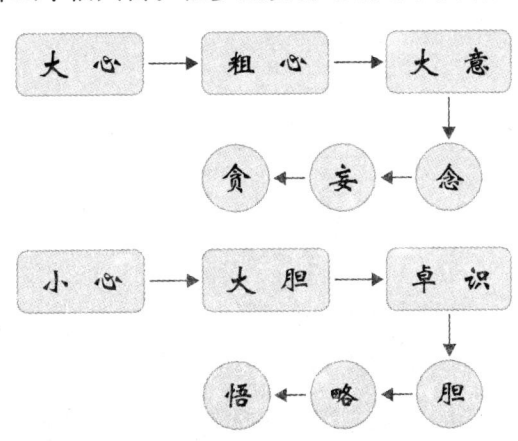

没有识，那这个胆就是鲁莽；如果这个胆有识，那就是勇，是真正的勇者。加上远见卓识，那这个胆就能生谋略。姜太公六韬三略，略里面是谋，谋里面是术，术后面那就是小聪明了。略再到悟，悟就到觉了。这是我昨天列了这么个阶梯式的层次，你们可以对照一下。

"小心"为什么是这个作用？管理者、领导者都要用"小心"。为什么？一件很重要的事，或者在一个紧要关头，往往都要互相提醒一句：小心，小心，你一定要小心谨慎。这个小心谨慎是非常好的一种状态，但是我们日常往往不能将这个小心保持下来，经常粗心大意。粗心的时候多，小心的时候少，而且还要人去提醒。用大心时，心里扑通扑通直跳；用小心则是收腹吸气，面不变色，心不跳。

管理者和领导者能保守住这个小心，大家就能放心。你作为管理者、领导者，时时做到小心翼翼、小心谨慎，用小心，不用妄心，那么，受你领导的人，被你管理的人，对你一千个放心。为什么？相信你。你怎么做，他怎么信，怎么听，怎么服从，因为你是用小心，而不是用妄心。

有时候别看你是管理者、领导者，你真的比下属明白吗？不见得，有时候下属比你明智得多，你的一言一行他都看得很清楚，你这个人肚子里有什么东西，你是怀着公心还是私心，他都看得很清楚。你用小心了，他也能折服，真正地心悦诚服，为你卖命。

顶天立地的"自己"

这个"鼻"字非常有意思。上面是一个"自"字，因为古代"自己"的"自"和"鼻"是通用的。再看中间的"田"字，丹田气海，"中有小心"。下面是"丌"（jī）字，丌者基也，《说文解字》里有。

为什么又叫"双足尊"呢？大家都喜欢南怀瑾先生的书，2005年我们到上海去拜见南先生，他正在办一所学校。他讲，收学员要有标准：第一个标准，拿出两条腿的功夫，打双盘，两个脚心是向上的；第二个标准，一上坐就要坐三个小时以上。你如果能达到这两个标准，就有了作为学生的基本条件。为什么叫"双足尊"呢？双足指两条腿，你能做到足心向上就为尊者。

企业的"企"是什么意思？"企"的甲骨文是 ，是一个人踮起脚尖向远处望。《史记》里讲汉高祖刘邦，有一句话是"企而望之"，他为什么踮起脚尖望？能望多远？为什么要踮起脚尖？踮起脚尖叫"举踵"。《山海经·山海北经》

里面有一个跂踵国，这个"跂"和企业的"企"在古代是通用的，在《史记》和《汉书》里都是交替用的，在其他很多书里都是同一个字。"跂踵国"的文字说明是这样的：在北方有这么一个少数民族，这个国家的人走路，是把脚跟举起来——跂。《说文解字》解释："跂，举踵也。"把踵举起来，跖起来，还画了一幅图。你们知道，《山海经》是配有图的，图上是一个人，像跳芭蕾舞那样，跖起脚尖走路。这又有什么道理呢？

《庄子·大宗师》里面有一句话，讲到古代的真人。什么叫"真人"？古代的真人是真正的圣人，是得道高人。"真人之息以踵"，真人的呼吸靠什么？脚跟。"众人之息以喉"，是靠气管。一个是向下，一个是向上，这是什么意思？为什么是"双足尊"？你们可以去看一看《庄子·大宗师》。你们北大的王博教授是研究《庄子》的，还有社科院的王树人教授，他研究《庄子》好多年了。《庄子》里讲养生，专门有"养生篇"，里面有很多东西，你们读一读，很有意思，这里仅仅是举几个例子。

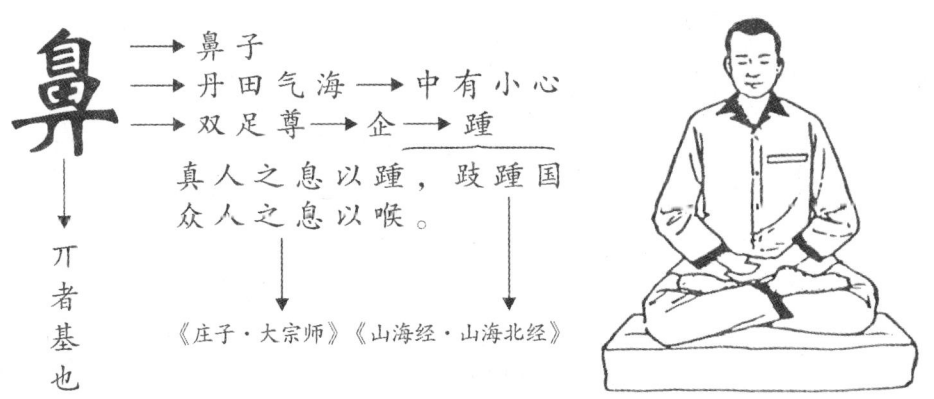

为什么会这样？为什么是"双足尊"？我们回忆一下，人类开始直立行走，你们想一想，难道是我们的双腿不能直立吗？不是。是哪个地方没有直立起来？就是"自"和"己"没有直立起来吗？人直立了，就是腹部和脊椎这个地方直立起来了。这个地方直立起来后，自和己就与天和地成一条线了——顶天立地。"天尊地卑，乾坤定矣"，孔子说得多有道理。

孔子在《系辞传》开篇就说："天尊地卑，乾坤定矣。"你们想，孔子那么大年纪了，还在那里像我们现代人作诗，"啊！……水流着水，风淡淡地也吹着风。啊！……"难道孔子是这样抒发感情吗？不是。他在做什么？他是真正在做学问呐，里面一个字都不能改。现在很多学者专家："哎呀，这个地方错了，这个地方要改……那个肯定也错了，那个地方是伪作。"说实话，半个字都改不动，这些都有来历的。

自——鼻子，我们造字的祖先多么的伟大。现在你们学的 A、B、C、D……能让鼻子有这么多来历？我们现在学英语是从娃娃抓起，我认为，这就是拿我们的银元去兑换人家的电子手表。（众笑）

伸与屈

孔子有一句话："谨而信（伸，音 shēn）。"也有人读"谨而信（xìn）"，也是可以的，朱熹就是这么读的。但是真正的读法，我认为是读"伸（shēn）"。为什么是"伸"？"谨"是小心谨慎，小心里有个"真"字，有两小窍（真阴、真阳）。"而"不是连词，而是转折词，"谨"和"伸"才能正好形成一个对比，也就是我讲的"野性与规则"，小心谨慎就是讲规则。当然，过分讲谨慎，过分讲守规则，就会束缚手脚，你就没有创新思维，这不行。但同时又要讲野性，野性就是"伸"。

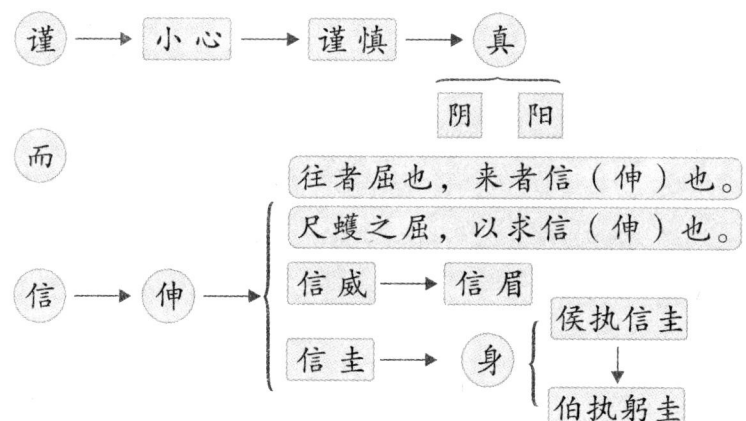

《易经·系辞传》里面有"往者屈也，来者信（伸，音 shēn）也"，"尺蠖之屈，以求信（伸，音 shēn）也"。就是说，虫爬一下子弯起来——屈，然后一下子又伸展，它这个"屈"是为了伸。当然，这个"屈"也可以用歌曲的"曲"，也是一样的，也就是大丈夫能屈能伸。

我们在座的，无论是男同学还是女同学，都是一样的，都是大丈夫。因为，你们是智者，是精英。如果有暂时的困难，有一点压抑，就说："我是大丈夫，我一定能承担。"不要有一点压力就趴下去了，千万不要。你们想一想，为什么要讲母子连心？为什么你们要承受压力？因为屈是为了伸。

经常有人问我，能不能为他占卜一下。我问他："为什么要占卜？"他讲："我很想把我前面路上遇到的风险化解掉。"我说："怕什么风险？不要怕风险。"

为什么？我只问你一句话：你母亲在十月怀胎时，在忍受那个痛苦的时候，她怕苦没有？母亲一朝分娩时，在那个生死关头，面对那个风险，她害怕没有？退缩没有？她是什么心态？我认为，我们的母亲，她们都是用一种喜悦的心态、期盼的心态去经受这个苦和风险的。那么，为什么我们在生活中，遇到一点点的压力，一点点的苦，一点点的风险，就怕了呢？就被压趴下了呢？就想着跳楼了呢？

我认为，我们要珍惜自己，也就是要珍惜父母，珍惜父母的多么不容易。仅仅是你的父母生养了你吗？是天地生养你，万物生养你，你对得起谁呢？你认为，你跳楼到了另外一个世界就好得很？你心里没有天地，对不住天地，哪个地方能容下你？如果有阳间和阴间的话，阴间也是天地呀，哪里能容你？所以，千万不要执迷，多一些理智和理性吧。（掌声）

战胜我们暂时的困难就是屈，我们的屈就是为了伸。《史记》里有一个词叫"信（伸，音 shēn）威"，就是扬威；《汉书》里有一个词叫"信（伸，音 shēn）眉"，就是扬眉吐气。有一位体操运动员叫杨威，你们以后要是看到杨威，你就讲："你是信威。""谁讲我是信威？""《史记》上讲的。"好多人喜欢叫我取名字，有位易学朋友，他的同事、亲戚生了孩子就叫我取名字。如果以后有姓信（伸）的，我就给他取名叫信（伸）威。

信圭，在过去是祥瑞之器，是玉做的，也是"伸"字的一个谐音。

"侯执信（伸）圭，伯执躬圭。""侯"是诸侯，执的圭是信圭。信圭和躬圭不一样，有规格的。为什么？就有一个伸和屈的问题。在古代，大臣见了国王

都要屈身，一转身走出大殿之外，他就伸了："我"又是一人之下，万人之上。是不是呀？这些都有来历，仔细想想很有道理的。

今天的课我可能有些偏颇的地方，现在我欢迎各位用十二分的尖刻，对我进行针锥，用针和锥子来刺我，或指着我的鼻子骂，都没有问题。"自己"是鼻子，你要骂我，肯定指着我的鼻子骂。为什么？自己就是鼻子。（笑声）谢谢大家。

第三讲　天地生人作息时间表

怎么做与怎么想

我想先讲两个问题。第一个问题：在讲管理的课程里，我们这个讲座只是其中之一。现在有很多人讲管理，你们都知道，好多企业家坐着飞机在天上飞来飞去，都是为了听讲座，听管理课。我这个讲座只是在夹缝中求得一个生存，作为一棵小草。很多人在讲，大家都在讲，但是我这个里面有一个什么东西呢？我在这里讲，信息量给得多一些，有时候讲得快一点。

上次就有一个非常好的朋友，给我提了一些建议：你应该像他们那样，讲得再浅显一点，把那个过程、生活中的事多讲一些，展开一些；再一个，多讲一些怎么做。

我非常感谢这位朋友，但我还是想我行我素。我认为，怎么做是每一个人的发展空间。我这里只讲，能不能从我们传统文化里得到一点怎么想。想得好，才能做得好。做并不重要，现在我们每一个人都会做，想不好就做不好。这里我不想从这些比较平淡的层面多讲，我们大家都要用一种悟性来听课，我想要有一个引导，往高处引导，讲课的人都是起引导作用。你不要往低俗的方面去引导，去迎合那些东西。要不要迎合？要迎合，但是我非常相信、尊重听众，你们比我高。你们听得懂，都有悟性，要给你们大一点的空间。

今天上午还有一个网站，是一个儿童诵经网站，打电话请我做顾问，让我给他们开一个栏目。他说："我从网站上看到你们这个'太易自主管理'，太好了，能不能为我们这里诵经的儿童家长讲一讲？因为这些家长非常想让自己的孩子诵经，但是他们自己却不懂，他们想多学一些传统文化。"我高兴地接受了这个任务，这就说明有市场。

传统文化的东西，它从元点出发，然后无限地伸展、展开……然后回来，再回到元点上,是这么一个框架。为了这个框架,我在家里不知列了多少方案,把六十四卦的东西列过来列过去,把这些管理的名词,贴贴商标、对对号,列了很多,不知道有多少,结果都被我推翻了。真的是功夫不负有心人,我终于找到这么一个框架。

无论什么东西,你必须找它的元点,找不着它的元点,你去延伸的话,最后会回不来,回不来就不行了。这些东西后面越学越多,最后你又要"损之又损",损到你不需要再损了,你就是无为而无不为了。开始你就要不断地延伸,延伸到"为学日益",天天学;展开了以后,"为道日损,损之又损",又回到一个元点上,守住我这一把锁,守住我这一个太极。

学易是为了占卦吗?

第二个问题:需不需要占卜?不需要,不需要用三个铜钱给人占卜。有的人讲课,先要用三个铜钱诱惑一下,我做不到。我刚才还给一位同学谈过这个问题。你为什么要学占卜呢?什么奇门遁甲、六壬、纳甲、紫微斗数……一大堆,这些我都玩过。说实话,你要玩得真正百分之百灵的话,三十年、四十年玩下来都很难做得到。邵雍先生终其一生,三四十年专门做这个事情,直到四十多岁才成家,还没房子住,为什么?他专注在这么一点上,最后能做到百分之百。但是几百年、上千年,有几个邵雍?

你们要想一想,为什么要做这事?既然要下那么多功夫,才能做到那个灵,才能把握它,而你平时最多是玩玩而已,你学占卜,是想去赚钱还是想怎么样?我今天要出门,是坐飞机还是坐火车?占卜一下。你要是把这个当作一回事的话,就会误事。为什么?你做不到嘛,你没有下那个功夫。如果我们这个社会,每一个人都来下这个功夫,谁去种田?谁去做工?你们吃什么?可以想一想,是不是这么一个道理?

这个话讲清楚以后,大家都明白,不是说《易经》没有占卜的功能,它只是其中之一。为什么我们孔圣人能够从哲学的原理上去解读它,而不是从占卜这个功能上去解读它?他是真正的圣人,为我们后代开太平。我这样讲是不是有道理?

"自主管理"从何处入手？

现在开始讲第三讲"天地生人作息时间表"。

我要问一个问题：自主管理应该从何处入手？找一个方便的下手处。今年春节，有很多年轻人到我家过春节，我就给他们不断地反复演绎过。为了"自主管理"，我还专门开了一个座谈会，有一位朋友特地给我提供了很好的条件，请了一些专家、官员和企业家，为我这个"自主管理"提供会诊。

所有管理中，最难管的是什么？大家都认为，自己最难管。那么，管好自己从哪里入手？最后得出的结论是，从作息入手。什么叫作息？为什么？我举一个例子。一个学校要有作息时间表，一个单位要有作息时间，一个企业也要有作息时间。假如你是一个管理者，不论你是部门管理者还是总裁，你自己能不能遵守作息时间？如果你的起居、饮食、上班、下班都没有规律，那么我们说，你的威信起码要丧失一半。如果你非常严谨，做到了起居有时，你的威信自然就上升了，榜样的力量是无穷的。这个里面我就讲了"起居有时，作息有常，饮食有节，管理有度"。

所以，作息是关键的。一个人不会作息，就不会学习，就不会工作，也就得不到健康。为什么作息这么重要？回到《易经》上，《易经》有一个"随卦"。"随"，随其自然，很随和，那我们就让它随和一点吧，怎么样？

以前有个专门教围棋的高段棋手，他要我给他买一部电扇。我问："买落地电扇还是买台扇？""随便。"他一边下棋一边回答。"买多少钱的？""随便。"再问："要什么款式的？""随便。"连问三句，三句都是"随便"。但是，"随卦"里没有讲这种"随"，卦里往往讲得都很容易，它讲了怎么叫"随"。

"君子"是什么样的人？

"君子以向晦入宴息"，这是《随卦》象辞里面的。"晦"，是天黑了，太阳已经下山了。"向晦"，是随着太阳下山而天暗下来了。"宴息"就是休息，就寝。"入宴息"，这当然好理解：天黑了，大家都准备吃晚饭，开始去洗澡，去休息了，这是很自然的一件事。

大家可能认为，《易经》六十四卦讲的都是一些闲事，晚上睡觉的事也管，这六十四卦管的事也太宽了，管闲事。但是它前面有一个"君子"，这个有意思，我在讲这段的时候就笑了，这个事太可笑了，是个大玩笑。"君子以向晦入宴息"，难道小人是白天睡觉，晚上干活？（笑声）是不是呀？它前面加了一个"君子",这个就很奇怪,是不是很奇怪的一件事?《易经》竟然讲这么一个东西,这是怎么回事?小人就不知道这一回事?哪个是小人?哪个是君子?今天我们都知道晚上就要休息,我们都是君子。那我们打一晚上的牌呢?玩一个通宵的游戏呢?哎呀!可真成小人了,晚上回家老婆就要计较了。为什么?你是小人呀。

但是,"君子以向晦入宴息",讲的是一个什么东西呢?自然规律。你能够遵守自然的作息时间表,能够遵守天地的作息时间表,你就是君子。除非有特殊情况,你是上夜班,没办法,除此以外,你应该好好遵守大自然的这个作息时间表。

《乐府诗集》里有很多诗,其中著名的一首叙事诗是《陌上桑》,说的是一个官员,他去调戏一个采桑的女子,却被这个女子反过来讽刺,把他损了一顿,损得痛快淋漓。另一首是《孔雀东南飞》。《孔雀东南飞》是中国文学史上的一个里程碑,故事发生在安徽安庆的潜山县,我们家是太湖县,就是我们老家旁边的县,张恨水就是潜山县人。

有一首上古歌谣叫《击壤歌》。《击壤歌》是怎么一回事呢?尧的时代,有一位八十多岁的老者,他在大路上玩一种游戏,叫击壤。他一边玩,一边唱,像孩子似的唱这个自来腔:"日出而作——,日入而息——。凿井而饮——,耕田而食——。"路人就问:"哎呀,老先生,现在尧管理得这样好,这是尧的德啊。"他讲:"不是,我做我的事,我吃我的饭,管他什么德?与他没关系。"

这句话里面有很大的含义,他不是贬低尧,而是赞颂尧。为什么?无为而治。为什么我们这么太平?这个德在哪里?尧也不需要这个德,尧不是为了追求这个德来的,但他已经得到了——天下百姓得到了太平,尧就得到了。

看看我们今天的太平盛世,与我们周边的国家比较一下,与我们的历史比较一下,特别是在座有一些年龄大的,经历过"文化大革命",特别是经历过新中国成立前那些坎坎坷坷的就知道,有历史以来,我们这个时代真正是盛世。

孔子为什么讲"邦有道,……邦无道,……",专门讲这些?这个里面有很多的学问。我们平时生活中有很多事,怎么做?你们要占卜吗?占卜很容易,孔子就给我们占卜了,他在《论语》里有十处讲:邦有道,应该怎么做;邦无道,应该怎么做;太平盛世,应该怎么做;国家混乱、治理混乱,应该怎么做……他都有方法,都有处事的哲学。

诵出经中的韵味

这首歌啊，你们别看我刚才唱的那个自来腔，那不是我的自来腔，是老先生这样教我们的。说实话，他教的时候，头和身子都要摇。我讲一下儿童诵经，我们年轻人也要诵经，早上起来诵一诵有好处。诵经不要让孩子懂得这一句什么意思，那一句什么意思，不必要，关键的是要他诵读出其中的韵味，这个韵味是最主要的东西。如果诵读不出其中的韵味，那只是识字、背诗而已。这个韵味是很关键的，只有韵味里才有意境，意境里才有人的悟性。

我举个例子，孔子"学而时习之，不亦说乎"，"有朋自远方来，不亦乐乎"，你这样读出来，好像是这么回事，现在好多孩子诵经都是这么诵，当然比我诵得好。我看到好多孩子，我就跟他们讲，要用古韵来诵。

台湾的周鼎珩老先生，他是给蒋介石讲过《易经》的，他讲："读《离骚》不用古韵，那就不是《离骚》。"用古韵来读《离骚》，我早就想学，一直没有找到老师。说实话，如果找到老师，我真要拜，倒头就拜，但是我没找到，我真想能找到，把它传承下去。

为什么？像"学而时习之，不亦说乎"，"有朋自远方来，不亦乐乎"（带韵味、感情地诵读），如果这样读"不亦乐乎"（不带韵味、感情地诵读），那就坏了，那就是喝酒、打牌那种"不亦乐乎"。（笑声）"有朋自远方来，不亦乐乎"，有朋友从远方来，高兴啊，乐在其中，乐在心里。

用古韵读，这样才有味，你要时常这样去读的话，那古人的、圣人的意境全在你的思维里面了，丝丝相扣，融合在一起，你就越来越聪明，真正得大智慧了。你不要说"老师，今天讲的这一句是什么意思，那一句是什么意思？讲了半天，我还不知道是什么意思"，是不是？教书应该怎么教？我教过十七年书，我叫学生读书，我不讲；我也讲过，以后发现不对，错了。

再一个，学生到我这里来背书时，我说，我不要你背，你到我这里背书，你一紧张，背不出了。得其韵味，得其真谛，得其智慧，这个是真东西。你教了半天，讲了一、二、三，还有1、2、3，你这样教了，比不上这个。我们必须知道，我们的传统文化的真谛在哪个地方。

作息与消息

我们看看这段话："起居有时，作息有常，饮食有节，管理有度。"我故意把最后四个字区别一下。作息、饮食是从哪来的？是从这首诗里来的。但是，这首诗是哪来的？是这个老者创造了"作息"这个词？不是，古人已经创造好了，口口相传。在日常生活中创造的这些词，说习惯了，随口就来。所以，我们的传统文化，不是写在书上的，而是记录在我们生活中的。

如何做到"起居有时，作息有常，饮食有节，管理有度"，这是很关键的。起居怎么样做到有时？为什么作息是个"常"字？不错，我今天是这样，到明天就改了，到后天又改了，老是做不到一个"常"字，这是不行的。这里我就不多展开了，例子一讲一大堆。

我这里有一则信息，读给你们听一听，我天天看《参考消息》。今天早上，《参考消息》上有一个好东西，瑞士一份研究报告说："世界人口中，只有25%的人口的长寿健康，是由遗传因素决定的。对其他人来说，长寿健康则取决于他们的生活方式。"这项研究指出，有规律的工作和就寝时间，以及保持生活有序，将有助于延长你的寿命和健康。这样的研究案例应该不止这一个，还有很多，我现在只是举一个简单例子，正好看《参考消息》，又看到这样一段话。

我们现在就来给一个时间表，这个时间表是从乾卦和坤卦两卦里演绎出来的十二消息卦，讲作息。现在看看消息是怎么来的。你不给我消息，我怎么知道作息？我要根据你的消息来作息。从古到今，大家都知道这个消息卦，学易的人不可能不懂消息卦，十二消息卦都得懂。

什么叫消息卦？什么叫消息？消，就是消失、消失、消失……息，是增长、增长、增长……也叫消长——阴消阳长，阳消阴长，或者叫阴消阳息，阳消阴息，是这么两个过程，也就是呼吸。

台湾周鼎珩老先生讲《易经》，他怎么说呢？春生夏长，秋收冬藏。这就好像是人类活动，其实不是，是大地在呼吸，春夏是呼，秋冬是吸。地球一年只有一呼一吸。我们人是怎么呼吸的？明天我还要讲这个呼吸，是《黄帝内经》里说的。我们今天的人呼吸次数是多少？古代的人呼吸次数是多少？为什么我们今天的人，比古代的人呼吸次数快了一倍？原因是什么？为什么现在的疾病多了？

十二消息卦的启示

我们现在看乾、坤两卦。

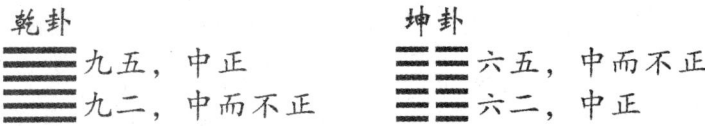

乾卦☰☰，是六个爻，第五爻和第二爻分别是上卦和下卦的中爻。本来乾卦是两个八卦——上面一个八卦和下面一个八卦，八卦只有三爻，两个八卦重叠起来就是一个大的乾卦，中间的爻位就为中。乾卦有一个"九二"，"九二"不正，"九五"中正。"九二"中而不正，为什么？从下往上数，它是第二位，第二个位置是偶数，偶数应该是阴爻的位置，所以它不正。"九五"是中，正好是上卦的中间；它是第五爻，第五爻是奇数，奇数应该是阳爻的位置，是正位，所以中正，是中正之位。什么叫"中正"？什么叫"九五之尊"？这个"九五之尊"有来历。

再看坤卦☷☷，"六二"是中正，第二爻正好是偶数，偶数位正好是阴位，它又正好是阴爻，所以它是中正。但是"六五"呢，中而不正。为什么阳爻叫九，阴爻叫六？九是奇数，在《河图》里奇数中最大的一个数，六是偶数，在《河图》里偶数中最小的数。这是指《河图》的外圈，不是指内圈，只取"九"代表阳爻，取"六"代表阴爻，中间这个"二"、"五"都是代表爻位。现在我们就来变化它的消息，看看它给我们哪些消息。

从坤卦开始变。坤卦☷☷，是十月卦，代表立冬、小雪。这个时候立冬了，它给我们的是立冬这个消息。

复卦☷☳，是十一月的时候，冬至到了。什么叫冬至？冬至这一天是一阳爻卧底，现在不是讲"卧底"嘛，它就卧底到下面去了。一阳爻，也就是一股阳气到了最下面，与阴相结合，结合的时候是冬至。冬至这一天，是日影最长的一天，夏至是日影最短的一天，这是用圭测量出来的，长期积累的。复卦叫一阳来复。刚才是坤卦，全部是阴爻。现在从下面开始，是一阳卧底，用现在的话叫"卧底"。

临卦☷☱，是十二月卦，代表小寒、大寒。为什么叫临卦？这个"临"是临界点。从十二月来看，这里有两个临界点，是什么临界点？从季节上看，是冬去春来，这是一个临界点。另外呢，十二月过去以后就是正月，是今年和明年两年之间的一

坤 ☷☷ 十月 立冬 小雪

复 ☷☳ 十一月 冬至 大雪

个临界点。临卦是两个阳爻，是不是？第二爻往上这个阳气又多一些了，到了地面了。

泰卦☷☰，立春的时间到了。你们知道"三阳开泰"这句话，这不是三个阳爻吗？但真正的"三阳"实际上是指什么？是指人身上的脉络，有太阳经、太阴经。"太阳"又叫"三阳"，太阳经是开泰吗？应该是叫开窍，应该是叫"三阳开窍"。

人身有九窍，哪九窍？泰卦上面是三个阴爻，阴爻为偶数；下面是三个阳爻，阳爻为奇数。现在就以我为教具，你们自己也可以把自己作为教具。面部有两个眼珠子，是两个窍，为偶数；两个耳朵孔是两个窍，又是逢偶数；鼻孔又是两个窍，又是偶数：三个阴爻。再看嘴巴这个口，是奇数，属于阳爻；再看前生殖器的口，这个口也是一个口，又是阳爻；再看肛门这个口，它也是一个口，又是一个阳爻。上面三个阴爻为坤卦，下面三个阳爻为乾卦，重合而为地天泰，泰卦。人身上就是一个泰卦，这个泰卦就是九窍。

"三阳"就是这个太阳经，也是一开一合。太阳经和太阴经就像那个红绿灯，红灯停，绿灯行，是一样的，它是一种调节、一种运作。这个泰就是通畅，如果相反，那就是阻塞，后面要讲到阻塞的那一卦。这就是泰卦，代表正月，立春。你们看，万物复苏、通畅了。

阳气又上升了，上升到二月，是大壮卦☰☳，到春分，也是惊蛰，惊蛰是雷声中生的。下面一卦是乾卦，代表天；上面是震卦，代表雷。春雷一声震天响，震动了什么？惊蛰，万物复苏，冬眠的动物全部苏醒过来了。

阳气继续上升，阳气息，阴气消，阴消了阳又息，到了这个程度叫夬卦☰☱。夬，怪不怪？既不叫"决"，也不叫"抉"，实际上它有决定的意思，也有抉择的意思。在这个时候，该消的也消了，该息的也息了，这个时候当机立断，做出抉择。清明、谷雨，就是这个季节。现在该决定的决定了，该抉择的抉择了，就是阳气全部回升了。

乾卦☰，回到乾卦了，四月卦，立夏、小满。乾卦是立夏，记住乾卦是立夏这个节气，每一个月记住一个主要的节气。

现在从乾卦回来，又倒过来了。倒什么？四月以前是阳在息，阴在消；现在倒过来，是阳在消，阴在息，阴气又开始卧底了，这是姤卦☰☴，姤卦代表夏至。到夏至这一天，日影最短。复卦，正好一个阳爻在阴气的下面卧底，阴和阳相交，所以冬至是日影最长的一天。到夏至，正好是阴气卧底，阴气与阳气正好相交，这是日影最短的一天，要记住这个夏至。春分、秋分、夏至、冬至，这个"分"和"至"要记住，这四个都很重要；立春、立夏、立秋、立冬，这四个"立"当然也很重要。

　　姤卦，我讲一下"姤"字。为什么是"女"字旁呢？邂逅的"逅"是"辶"字旁，邂逅是有约而会，还是没有约而会？是没有约会，双方没有约会而相遇了。"姤"是"女"字旁，你们交女朋友有约会，到哪个地方见面，哪个门口，哪个公园，这个事先肯定是有约的。姤，是相约而遇，无论是电影院门口还是公园相会，都是有约的。也就是说，阴和阳相遇也是有约的。为什么？是谁在消？谁在息？它都有分工，都是有约的，都不是无序的，是有序的，它们也是在认真地坚守岗位，负起自己的责任和义务，认真地作息，这个很重要。"姤"这个相遇，不是随便遇的，而是有约相会的，早一点也不行，晚一点也不行，准时相遇。

　　从这一点我们想到，我们的作息是不是准时？做到了准时，对我们的管理有什么作用？做不到准时，我们的管理会有哪些漏洞？我们的管理为什么总是力度不大？原因在哪？多在作息上找原因，这个"姤"对我们的启示很大。

　　遁卦。"遁"，就是隐遁，隐蔽起来；逃遁，逃之夭夭。遁卦是六月，小暑、大暑的季节。遁卦，两个阴爻展开了，这个时候为什么隐遁？后面我要讲这个遁。

　　否卦，不是否（fǒu），是否（pǐ）。泰否，泰极否来，否极泰来，我讲过很多次，这里还重复。你们知道，天坛公园有一个祈年殿，祈年殿上是三层宝盖。有一位老专家说："哎呀，这是乾卦。"但是又有人讲："如果上面是乾卦的话，那下面就是坤卦。"为什么？下面那个台阶是个圆盘，也是三层，但是中间还有台阶，正好切断了，就像坤卦。老专家讲，那不对，上面是乾卦，下面是坤卦，那就是否卦了，否卦是阻塞。他说，那就不对了，祈年是祈求这一年的风调雨顺，设计成一个否卦，那不是太丧气了吗？

　　实际上对不对？古人设计的就是否卦，不能是泰卦，设计成泰卦就错了。为什么？一年的开始，或者是一年辞旧迎新的时候，就成了祈年，是在新的一年即将到来的时候，这个时候你设计成一个泰卦，那么泰极否来，是不是？泰已经走了，那么否就来了。设计成否卦，否极泰来，那不正好吗？古人造的东西都有来历，都有深刻的内涵。你们都知道故宫，每一块砖都有来历，故宫里

面的门每一个都有来历。

另外,我讲一下"否"。这个"否"上面是一个"不",下面是一个"口",这个"否"是什么?立秋的时候,还不是秋风扫落叶,秋风扫落叶以前花就开始谢了,这个"不"是什么?这是甲骨文的""。

这幅照片上是我家的君子兰。那天我正在讲课,正好讲到"不"字,抬头一看,我跟我女儿说:"赶紧拍下来。"只可惜它没有花托,花上面有个花托,这个花托正好是一横;花谢了,掉下来了,就是一个"不",到甲骨文里去查,这就是"不",否定。花是向上长的,怎么还向下长呢?这个都有来历,古人观天、观地、观事物,观察得非常仔细,哪一点都不是随意去造的。

阴气又在上升,上升到观卦☷☴,八月、白露、秋分。这个时候秋风扫落叶,上面是巽卦,为风;下面是坤卦,为大地。上面那个巽卦为风,风吹落叶,便是观卦了。

阴气再上,剥卦☷☶,剥得干干净净,寒露、霜降。霜也来了,到了九月就是剥卦,把阳剥得最后只剩了一点点。你们看,树叶全部被吹落了,最后上面还留有一点点。

剥过以后又回到坤卦,坤卦是十月,那就是立冬了。乾卦是立夏,坤卦是立冬,从图上就能看出来。为什么坤卦是立冬?霜降就要来临了。

这个作息太严谨了。消息,阴消阳息,从坤卦到夬卦;阳消阴息,从乾卦到剥卦。这个消和息(消息)是什么意思?现在什么都讲信息,我们现在虽然把一个"消"字换成一个"信"字,但是我们现在的"信",已经有太多的诱惑,很多东西不信,把该信的东西当作迷信,不该信的东西当作正信,所以说颠倒。我们讲消息也好,讲信息也好,我们应该知道它们的来历,我们心里才有

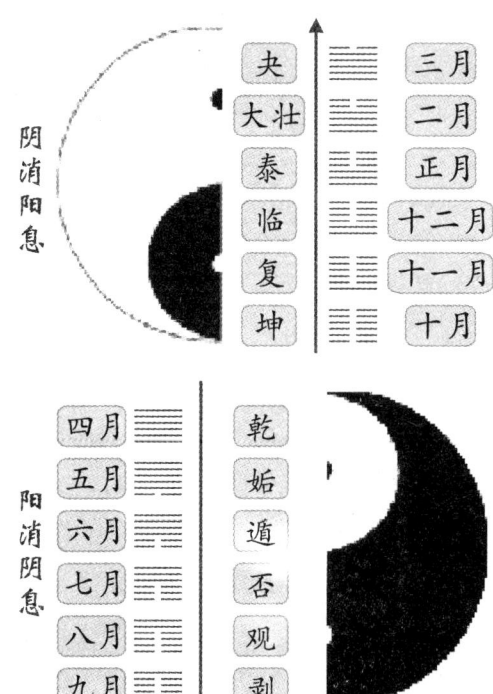

底气，知道我们中国人伟大在哪个地方。你不知道它们的来历，怎么知道我们中国人的伟大？

现在人家都在遏制我们，围堵我们，怕不怕？我们有底气，当然不会怕。为什么有人会做汉奸？为什么有人不做汉奸？底气。清朝有一位大官员，当时在马鞍山阅兵。阅兵的时候，突然听到日本的军舰在长江上一声啼鸣，他当即晕倒了，倒下了。为什么？他认为中国不行了，坏了，中国哪有这些玩意儿？他们这些大玩意我们怎么抵挡得住啊？现在看看，我们怕了吗？中国人的底气，就是八千年的文明，千万不要让这个香火断了。（大家热烈鼓掌）我相信，我们老祖宗也能听到大家的掌声。

占卜的规则

现在我讲一讲乾卦和坤卦。有些人要学占卜。我说，我不是不教占卜，也教，从现在起就开始教你们占卜，要教好几节课，但是我这个占卜不需要用铜钱，也不用发扑克牌，什么都不需要。

你们手里有一把什么东西？钥匙。开哪个锁？心锁。现在我来开你这个锁。你们给我多少钱？不需要。开好"自己"这把锁，为什么？管好了自己，就能管好他人；管好了自己的小太极，就能管好国家的大太极。

从乾卦和坤卦来说，你要学占卜，首先要把规则搞清楚。规则都不搞清楚，你怎么学占卜呢？有的人学占卜，他就按照别人教他的那个东西占。那个东西灵不灵？照书行。为什么有人相信他呢？我们有一个东西：为人处世你一定要讲规则，首先要讲自然的规则，讲事物发展的规则。你把这个规则搞清楚了，还要去崇拜什么大师吗？你自己就是大师。你记住，你自己就是圣人，这样你自己就有底气，是不是？我认为这个很关键。这个受用不受用？受用。

有人请我到武汉去开培训班，希望我一开场就演示一下。我能不能占卜？我能。能不能做到百分之百？能。有多大灵验？全灵。而且，子、丑、寅、卯……给他们讲得很清楚：你以前做过什么，你现在怎么样，以后你将怎么样……讲得清清楚楚。我认为，参加这个培训班，交了几千块钱以后，什么东西你都学不到，只是当时做了几天傻瓜而已。（笑声）你当时坐在那里，哎呀，好像你什么都会，但是一到生活中，你什么都不会了，是不是这么回事？

乾卦的规则

我们应该做明白人,做有底气的明白人,应该说,就是做龙,我们要做龙。那么,龙是什么意思?乾卦里面,初爻是潜龙——"潜龙勿用",二爻是田龙——"见龙在田",五爻是飞龙——"飞龙在天",上爻是亢龙——"亢龙有悔"。乾卦下面两爻是地道,上面两爻是天道,中间两爻是人道,人道是讲君子的。谁是龙?君子就是龙。

我们做君子,是不是以口袋里的钱有多少,官有多大为衡量标准?不是,以你的底气为标准。你知道晚上休息,你就是君子;你知道红灯停绿灯行,你就是君子;你懂得事物的发展规律,你就是君子。

乾卦的初九这一爻,叫"潜龙勿用"。什么叫"潜龙"?下面一爻叫潜龙,潜藏在最下面。"勿用",不是不用,而是为了大用,暂时修炼内功,你还没有到用的时候。你们现在发奋学习就是潜龙,这里要肯定一点,千万不要忽视一个"龙"字,虽然你是在勿用阶段,但是你别忘了:我暂时不用,是为了大用,因为我是龙,潜龙也是龙。

九二爻,"见龙在田,利见大人"。地道,开始潜于地下,现在阳气到地面上来了。"见龙在田",以前是井田制,就是到了田——到地面了。"利见大人","利见"什么样的"大人",后面我还要接着讲。

九三爻,"君子终日乾乾,夕惕若厉,无咎"。"君子终日乾乾",是讲人道,君子白天要勤勤恳恳。"乾乾",是勤勤恳恳。"夕",是夕阳西下。夕阳西下以后要警惕,"吾日三省吾身",要反省自己,而且还要非常严厉,对自己要严格要求,这样才能做到没有咎害。

九四爻,是上卦的初爻,"或跃在渊,无咎"。"或",是"困惑"的"惑",也可以当作"或者"的"或"。因为你到了现在这个位置，是上还是下，是进还是退？因为你将进到九五的尊位，如果你上不去——因为升官越往上难度越大，到了这个地方，如果你上不去，"在渊"。"渊"是什么？"利见大人"，还是回到群众中间。你如果上不上去的话，又把周围的群众，把自己的朋友得罪了，那么这个时候你就什么都没有了。

九五爻，"飞龙在天，利见大人"。九五爻是九五之尊位，在人生来说是顶峰阶段，是人生最辉煌的时期。这个"利见大人"与刚才的"利见大人"不一样，刚才的"利见大人"得到哪些人的拥护？一个地区的人。井田制是什么？周围是八个田，中间是一个田。中间一个田是公田，周围的八个田是私田，只是得到这些邻居的拥护，他们认可你，认为你不错。这个时候"飞龙在天，利见大人"，你飞得那么高，拥护你的人就更多了，所以是在九五尊位。

上九爻是"亢龙有悔"。"亢龙"是什么龙？如果要形容一下，你们记得刚才那朵花，那朵花要是描写一下，那就是"亢龙有悔"。"有悔"是什么样子？哪里"有悔"？这个里面没有讲"凶"，没有讲"咎"，也没有讲"吝"，只是"有悔"，这个"悔"的是坏事吗？也谈不上是坏事，也说不上是好事，它就是规律。什么规律？你看那朵花，开得正盛的时候，突然垂下来了，以后要结果子，就像一种悠悠晃晃有悔的样子。这是一种规律，谈不上吉，也谈不上凶，只是规律而已。

乾卦

上九 ——
九五 ——
九四 ——
九三 ——
九二 ——
初九 ——

君子终日乾乾，夕惕若厉，无咎。

乾卦

上九 ——
九五 ——
九四 ——
九三 ——
九二 ——
初九 ——   地道

或跃在渊，无咎。

乾卦

上九 ——
九五 ——
九四 ——
九三 ——
九二 ——
初九 ——

飞龙在天，利见大人。

乾卦

上九 ——
九五 ——
九四 ——
九三 ——
九二 ——
初九 ——

亢龙有悔。

坤卦的规则

我们再来看看坤卦☷☷，有六个爻，下面为"初"，上面为"上"。

初六爻，"履霜，坚冰至"。这个"履霜坚冰至"是讲什么的？从字面上看，我踏上这个霜，就知道马上要结冰了，有一个预见，是一个预测，也是一种见微知著。

六二爻，"直方大，不习无不利"。"不习无不利"，就是说，不需要学习，你就都行，什么事都能做。2004年3月6日，常昊拿了"应氏杯"世界冠军，这是中国第一次拿到"应氏杯"的世界冠军。围棋老泰斗吴清源，九十一岁了，从日本飞到北京来做总裁判，我有幸去采访了他。真的是了不起，他跟我谈了三十二分钟的《易经》。很多大记者都很难见到他，为什么？想见他的人太多了。当时，他的秘书牛力力只给我们三分钟，结果我一提到《易经》，他兴趣就来了，一谈就是三十二分钟，他连讲了两次"不习无不利"。

这位九十一岁的老人说，女人不需要学习，男人需要学习。为什么？他讲的就是这一爻。坤卦就是女人嘛，"不习无不利"，她需要学习什么？不学习而无不利，一学习就有利，是不是这个意思？老人的这句话含义非常深刻，这是很奇怪的事。

这位老人当时九十一岁了，我问他什么时候学《易经》的。他说，他快到八十的时候才开始学《易经》。但是，对《易经》里的辞"天垂象，圣人则之"、"退藏于密，以此洗心"，经文、传文倒背如流。我问："那你还是像小学生那样学背书？""是呀，当然我要背。"我认为这是不得了的地方。

讲到"直方大"，"直"是什么意思？"直"是指时间，时间是圆的。有人讲，你是不是根据爱因斯坦讲的时间转弯来的呀？不是，我是根据我们古人、圣人讲的时间概念。我们古人的时间概念，就是年、月、日三个时间。年年都是寒暑往来，四季分明；月月都是朔望盈亏，月圆月缺；天天是朝起暮落，昼夜交替。时间是不是圆的？时间是圆的，这是"直"。

"方"呢？空间是方的，无论你走到哪

个地方，都有东、南、西、北四方。

"大"呢？大到什么程度？我们小时候，太阳是这样朝起暮落；我们活到一百岁，太阳怎么还是这样朝起暮落呢？我走到东边，有东、南、西、北方；走到西边，走一千里一万里，还是这个东、南、西、北方，大得不得了。时间也好，空间也好，都是这么大，这是时空概念。为什么？这个不要按照我们今天的语言去表达，应该去设身处地地想一想我们老祖先当年的那一种生活情态，他们就是这么直接地观察自然，所以能得到的是这个东西。

六三爻，"含章可贞，或从王事，无成有终"。这个里面有一个"无成"，还有"有终"，没有成功就是没有成功，没有成功怎么还有一个"终"呢？或者是有始无终，虎头蛇尾。但是无成还有终，是什么原因？这一爻是指春天的，代表东方。这个时候万物已经苏醒了，已经萌芽了，"含章"呀。这个时候"可贞"，"贞"就是正在向上生长。"或"，是有迷惑的时候。"从王事"，是顺从了王。"王"，是指天道。就是说，需要顺从，地球要顺从太阳，太阳系要顺从银河系；小规律顺从大规律，小规则顺从大规则。许多人把这个"王"解释成"称王"，这是不对的。

六四爻，"括囊，无咎，无誉"。"囊"，是指袋子。"括"，是指大家拉紧袋口，把口子拉紧。这个"口"，许多人解释成我们说话的这个口，意思是说，说话要谨慎，要少说话，这样才能做到无咎，没有咎害，但也没有什么名誉、荣誉。实际上有时候，有咎就有誉，有誉就有咎，你要是硬去追求那个荣誉，结果带来的就是咎害。这个里面有哲理。

六五爻，"黄裳元吉"。"裳"是指什么？

为什么是"元吉"？这个"裳"是指短裙。"黄裳"，古人穿衣服不像现在，服装、衣服通称，古人穿衣，上身为衣，下身为裳。"裳"为什么是短裙，后面再讲。

上六爻，"龙战于野，其血玄黄"。为什么叫"龙战于野"？"玄黄"是什么意思？《千字文》里面有"天地玄黄，宇宙洪荒"，这是什么意思呢？我现在进一步结合刚才的十二消息卦来讲，这样讲起来就对上号了。

守住自己的胎息

乾卦初九，"潜龙勿用"。潜龙是复卦☷☳，一阳初复。复卦代表十一月，冬至到了，这个时候阳气向下去了，为什么？植物到冬天长根，因为春天开始时它不断地吸取营养，不断地向上输送营养，很疲惫，这个时候阳气要到下面去滋养植物的根。上面呢，树干也好，树叶也好，它也很疲惫，这个时候阴气就应该上来，来给它吹吹凉，这就是一种消息，也是一个运动，如何运动？就是乾卦六爻与坤卦六爻动起来。这也是一个太极图。你不能把乾、坤两卦的初爻和初爻相对，那就反了。

所以，对应乾卦初九爻的，是坤卦的上六爻，"龙战于野，其血玄黄"，你就看出来了。五月，是姤卦☰☴，一阴才开始，上面是阳，这个时候"龙战于野"，这个龙在哪里？龙在外面，阳气在外面，里面全是阴气。

看太极图就能看出，太极图开始就是一个圆圈，再以后，有的在中间画一点，就是说，这个太极中间全部是阴气，阳气在外，阳气就要向里面来，好像是二气相交，阳气和阴气相交为战。

为什么玄黄？玄黄是混沌，因为它还没分清楚，阴气和阳气刚刚相交，刚刚见面，还没有互相理解，还是混沌时期，我对你还是第一印象，你对我也还是第一印象，还得互相了解。这个时候是什么息？是胎息。禅宗里胎息为一种功夫，这是一种很深的功夫，那可不是一般人的胎息，这里不讲。胎息靠母

乾　初九，潜龙勿用。

复　十一月

坤　上六，龙战于野，其血玄黄。

姤　五月

胎息

体,母子连心,刚才那个锁里就有母子连心。但是,你用小心与母亲的心连起来,那个呼吸是胎息那个息。这个时候你是在潜龙阶段,你不要"龙战于野",无论他怎么战,你刚刚相交,这个时候你要守住自己的胎息。

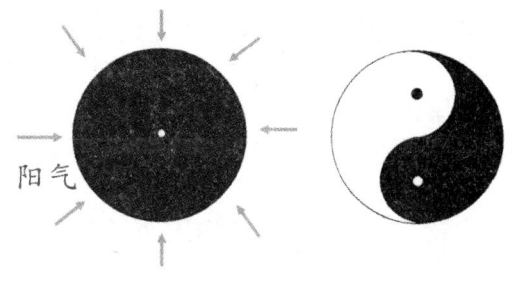

调　息

乾龙的第二爻,"见龙在田,利见大人"。临卦☷☱,二爻正好是"见龙在田",马上要春暖花开了,马上又要过新的一年了,"利见大人"了,临界点到了。再看坤卦,六五爻"黄裳元吉"。遁卦☰☶,遁是隐遁,就是藏。刚才讲了,"裳"是短裙。《说文解字》:"裳,短裙也。"古代人的衣服,开始是树叶子编的,或者是兽皮,再往后是用粗麻布做的短裙。这个短裙起什么作用?保暖?不是。好看?也不是。什么作用?遁是什么?遮。遮什么?藏。藏什么?羞。"裙"字,是一个"衤"字和一个"君"字。什么为君子?你能遮羞就是君子。"羞"是什么意思?"羞"字与"耻"字、"辱"字是不是同义词?不是。

"羞"字的甲骨文，是一个珍馐,珍馐就是佳肴,是羊羔。在古代,羊羔是最好的佳肴,那是最上等的供品,最上等的礼品。现在送的礼品是什么?脑白金。那个时候不是的。馐,我这里给它做广告,不知道它给广告费不?这个广告我确确实实在做,"羞"就是最好的礼品。

为什么藏?羞,是不好意思。你们给人送礼,在座的大家都送过礼,也收过礼,收礼的时候往往你不好意思。特别是一进门,拎着礼品的时候,你不好意思;进门以后,又觉得自己

乾
━━━
━━━
━━━
━━━
━━━
━━━
九二,
见龙在田,
利见大人。

临
━━━
━━━
━━━
━━━
━ ━
━ ━
十二月

坤
━ ━
━ ━
━ ━
━ ━
━ ━
━ ━
六五,
黄裳元吉。

遁
━━━
━━━
━━━
━━━
━ ━
━ ━
六月

调息

拎得少了，不好意思。少了也不好意思，多了也不好意思。收礼的人呢，我收不好意思，不收也不好意思。（众笑）正是因为有这种不好意思，才最有意思。如果连这一点不好意思都没有，那就真的没有意思了。（众笑伴随热烈掌声）这就是"羞"的含义。

　　藏的是什么？藏的就是道，道是说不出来的，这就是道，也就是禅，你说不出来。你说一说？哎呀，我送你这个礼品是最好的，我是怎么买来的，它起什么作用，我怎么样对你……你讲了一大堆，一讲就全假了，全没意思了。这个意思你就是不能说，它真正在你心里，说不出来的才是真的。

　　所以，解读古人的东西特有意思。我为什么这样讲？你们看出来了，这样讲就有意思了。要调息，怎么去调？调到什么状态？调到常态——平常心，有了平常心才能做到超常。有人要超常，你平常心都做不到，你不能做到平常，你不能做到经常，那么你就很难超常。所以，如何调？调到什么状态？调到常态，保持平常一点。我交朋友也是，很平常。哎呀，太好了，客气话太多了，就很别扭，还有点拘谨。说到这，大家都有这个体会。

"文化"的基因

乾

九三，君子
终日乾乾，
夕惕若厉，
无咎。

坤

六四，括囊，
无咎，无誉。

听息

泰

正月

否

七月

　　乾卦的九三爻，"君子终日乾乾，夕惕若厉，无咎"。它是泰卦☰☷，正月，立春了，新的一年开始了，大地回春，万物更新，一年之计在于春，忙忙碌碌。不但白天忙，晚上也忙，到了晚上还要检讨自己。为什么要检讨自己？我今天这个事做得怎么样？担心呀，春播是农耕文化，播种错了是不行的，所以必须真的要检讨。

　　坤卦的六四爻，"括囊"。你看，否卦☷☰。这个时候为什么括囊？括囊，我的理解是，把花捧在手里，哎呀，花现在掉下来了，太可惜了。古人是非常爱惜花的，一双手把它捧着，这个捧着是一个什么字？抔（póu）。

"抔",就是用一双手把花捧着,这是呵护的心态。"括囊"是什么意思?有誉吗?无誉。那个花已经谢了,你还把它捧着,不值得赞颂,但是你也没有过错,是这种呵护的心态。现在有人要"去中国化",我只问一问,讲一个例子:你给人家敬酒的时候,是用一双手敬酒,还是用一只手敬酒?是一双手捧杯,还是一只手捧杯?(众:双手)一双手,大多数人都是用一双手捧,这叫抔饮。

《礼记》里记载,子由问孔子:"先生,礼是从哪里来的?"孔子说:"礼是从饮食中来的,是从吃饭、喝水中来的。"他举了很多例子,其中有一个例子叫"污(wá)尊而抔饮"。"尊"是酒壶。"抔饮"是什么意思?就是把地上的泥挖成一个酒壶样,里面盛上清水,然后用一双手捧着水,就像捧这个花一样。捧起水后,怎么样?先敬天地,以后再捧起来互相致意:"大家都喝。"这就是礼仪,就像这样用一双手捧着。

今天,我们中国人喝酒还是这个习惯,还是这种遗传基因。"去中国化",去得了吗?去不了。会不会西化?中国人身上的东西,血液里的东西,是去不掉的,西化不了的。我们中华文明也不会断层,我们身上的东西,老祖宗传给我们的东西太多太多。"污尊而抔饮",这就说明了一个问题,所以无咎,无誉。

听息,为什么叫听息?息怎么能听?听是很高的一个过程,很高的一个境界。对不起,可能说在座的吧?(众笑)"听息",这个"听"字很重要,"听"是什么意思?听比观重要。《系辞传》里有一句话,是很重要的:"圣人南面而听天下。"这句话要反复讲。原来毛主席也讲过,要天天讲,月月讲,年年讲。可能有人还记得那句毛主席语录,我们也要多讲讲。

"圣人南面而听天下",是"听天下",而不说是"观天下"。"向明而治",向着阳面来治理国家。"听天下",为什么要听天下?耳朵为什么重要?"聪明"的"聪"字,是讲一个孩子很聪明,为什么?他眼睛伶俐。但古人不认这个账,造字的祖先不认这个账。耳朵为"聪",你眼睛伶俐还不行,要用耳朵去听。还有"圣"的繁体字"聖",还是耳朵当头,"口"字为字根,内圣而外王啊。

耳朵通什么?前面讲过,耳是通肾的。肾是什么?是小心,是命门,中间是小心,两边是肾,小心翼翼,两边都是肾水。耳朵是通小心的,所以只有耳朵灵。用什么心?用小心听而不是目,目是通大心的。用这个大心,你们看东西就看得眼花缭乱,就像上次我讲的,到泰国去看人妖表演,用这个大心去想,你要想入非非,那就坏事了。看起来都是一些变性的男人,变为女人在表演,我就看到他们是男人和女人的和谐的美。你不要去想其他的。不过,他们的服饰表演和舞台设计,比我们在很多电视上看到的要规矩得多,真的是一种美,他们没有那种露的美。

听息，如何去听？我们要好好地参究，讲悟的时候要讲听。

观息与生息

九四爻，"或跃在渊，无咎"，坤卦也有"或"，"六三，含章可贞，或从王事，无成有终"。这个地方就对上号了，到了乾卦的九四爻和坤卦的六三爻都有"或"——困惑。为什么会困惑？一个是大壮的时候困惑，一个是风吹落叶的时候困惑，所以这个时候要观息，有困惑就要观息。你有困惑的时候，叫你听？不行，这个有区别，你一定要搞清楚，这个时候不能听吗？不是，因为你在"终日乾乾"的时候，你晚上还知道夕惕，要警惕自己，那么样谨慎，说明你有平常心，你不浮躁。

刚才讲到坤卦的"括囊"，你知道括囊，这个时候你能听了。你有困惑的时候就不能听了，"小心"起不到作用了，浮躁了，浮上来了，浮到"大心"上来了，有困惑。正是因为浮躁，所以才有困惑，这个时候只能观了。你刚才用眼睛看清楚了，这个时候你用不到耳朵了。观息，要看看这个季节，要看看自然规律，看看事物发展规律。

乾卦九五，"飞龙在天，利见大人"。坤卦六二，"直方大，不习无不利"。

乾	大壮	乾	夬
九四，或跃在渊，无咎。	二月	九五，飞龙在天，利见大人。	三月

坤	观	坤	剥
六三，含章可贞，或从王事，无成有终。	八月	六二，直方大，不习无不利。	九月

观息　　　　　　　　　生息

这两个都是什么爻？都是中正之爻。中正之爻厉害，你看，阳消也消完了，阴消也消完了，这个时候生息，就像炒股一样，必须生息，你不生息不行。在什么时候生息？

卦象里面有信息。从炒股来讲，什么时候是生息的阶段？从卦象上你好好去推。股价涨到什么程度？涨到什么时候？不要等涨过了，涨过了就没有机会了。刚好涨到极点了，再涨一点点那就不行了，这个时候是生息的最佳时机。是不是这个道理？把握机会，把握这个分寸，从爻相上去判断它，这不就是占卜吗？不需要用铜钱，不需要用扑克牌……什么都不需要，从爻象上已经给了我们这些消息、这些信息。

坚冰与薄冰

最后，乾卦、坤卦已经全部归原了，上九"亢龙有悔"，"有悔"怎么样？回来，回到"履霜，坚冰至"。什么时候"履霜"？什么时候"坚冰至"？九月是什么节令？九月是寒露、霜降，你们看，"坚冰至"。到了十月，坤卦，结坚冰的时候到了，那正好对上号了，是不是正好就对上？

这个信息一路走来一点都不差，乾卦和坤卦就这样爻与爻对，很多解《易经》的书没有这样讲，我这样讲——你们可以提出批评——这是我的劳动成果，我不是人云亦云，人云亦云的东西你们可以看很多的书，我要教一点新的东西给你们，才能对得住你们对我的尊重。当然我也是得之不易，我也不是随便就把这个成果拿出来，是多少年慢慢地、一点一点地积累的。把这个劳动成果给了你们，你们不能说，哎呀，你这个人真是了不起！没有了不起，也是提出来供大家共同讨论，这个东西到底是不是有点道理。如果有一点道理，有一点启发，就足矣。我们不要追求什么了不起，你要是追求了不起，你就什么都没有。你只要

乾　　　　　　　　乾

　上九，
　亢龙有悔。
　　　　　　　　　　四月

坤　　　　　　　　坤

　　　　　　　　　　十月

　初六，
　履霜，坚冰至。

还息

在平常生活中有一点启发也就行了，这个地方有没有呢？

九月，寒露，霜降，履霜的时候坚冰至。"履霜，坚冰至"是要见微知著，"著"是显著，微小的东西看了以后，就预测到很显著的结果。"著"是很明显，霜就是著，坚冰也是著，结了霜以后就预测到结冰。那么，"微"是什么？微在哪个地方？你见到微了吗？霜降以前是寒露，你从露水中应该就能看到霜。这个露水不是一般的露水，是寒露的露水，这个时候你就知道，马上就要结霜了。

履上霜的时候，你预测到坚冰，这还不是真预测，要预测到薄冰。是不是说，履上霜以后，一下子一结就是三尺冰？不可能，它还有个薄冰阶段。你不敢于去履坚冰，那也不是真勇。你们大家都去未名湖滑冰，谁不去滑？有谁讲：哎呀，你真勇敢！谁都不讲。那么，面对薄冰，你敢不敢去履呢？你能履薄冰吗？你能履过坚冰不是真成功，你只有履过薄冰才算真成功。

假如你要办一件事，你要是占卜到这一卦，啊，"履霜，坚冰至"。有人说，我大胆地蹚过坚冰，去迎接东风解冻，去迎接春暖花开，不错！还有人讲，我再等一等，等到东风解冻、春暖花开我再干。这两种人都会受到批评。第一种人呢，太鲁莽。第二种人呢，太保守。那么你听谁的？你是履过坚冰迎接春天，还是等待春天？我认为都对，都无可厚非，要根据实际情况，因人而异，因时而异，因事而异。你只要符合了规则，能履过去就履过去，履不过去还是等待，两种都不错，不要千篇一律。我们把好多东西都绝对化，这是不客观的，所以这个里面必须看到薄冰。

在做一件事的时候，有人经常会这样想、这样问："你要上这个项目，你预计好了吗？""我已经预见好了，把困难都想好了，把风险都预测了。"最后干起来的时候，干到中间干不下去了，半途而废的事很多，原因不是他栽在坚冰上，而是栽在薄冰上。为什么会栽在薄冰上？因为事先没有预计到有薄冰，没有那个心理准备。这一卦给我们很多的信息、消息，所以我多讲一点。

下面我提几个问题：为什么有的时候感到时间过得特别快？过得特别快的时候，你的生物钟是快了还是放慢了？生物钟的快慢对你的心态，你的学习、工作的状态以及你的健康，有什么影响？它们之间有什么关系？这几个问题大家都想一想。为什么许多人的创新思维灵感往往出现在深夜？我有体会。这与生物钟有什么关系？这生物钟就是律。你们要根据卦象、十二消息卦，根据律、钥匙和锁，去看看这个里面有什么规律性，结合我们的生活，一点一点往前推。

今天我就讲到这个地方，谢谢大家！

第四讲　生活的节律

八卦是怎么形成的?

前面讲了"天地生人作息时间表",这个作息时间表不像我们今天,早上几点起床,到晚上几点熄灯,这个作息时间表是十二消息卦,按十二个月排的。到了我们每一天的小的时间表,那就好排了。我们个人"小我"的作息时间表,必须服从"大我"——一个学校、一个团队的作息时间表,但是我们这个"大我"的作息时间表,还要服从于大自然的作息时间表。今天是第四讲"生活的节律",对比一下节和律。

讲节律,我们结合《易经》来说。大家知道,《易经》有六十四卦,每一卦有六个爻,一共三百八十四爻,其中阳爻和阴爻正好各为一百九十二爻,阴阳各半。六十四卦是怎么组成的?为什么有六十四卦,还有八卦?八卦与六十四卦有什么区别?

"太极生二仪","二仪"就是阴爻--和阳爻—,阴、阳二仪;阴--、阳—两仪相重组成四种现象,就是"四象":太阴==、太阳==、少阴==、少阳==,出现这样一个排列组合。

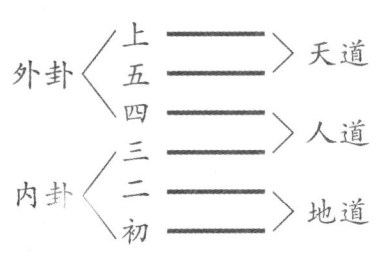

如果再重一爻的话，那就是三个爻了，这三个爻阴阳交替，排列组合便出现八种情况，就是"八卦"：乾☰、兑☱、离☲、震☳、巽☴、坎☵、艮☶、坤☷。再把八卦作为本卦（本卦也叫经卦），两卦一重，正好八八六十四卦。这个六十四卦就有六爻。

这六爻有区别。一个是它的位置，次序是从下往上数。第二，这六个爻实际上可以分成两部分：下面一个本卦，上面一个本卦，两个本卦相重。下卦又叫内卦，上卦又叫外卦，这是分成两部分。同时也可以分成三部分，最下面两爻为地道，中间两爻为人道，上面两爻为天道。记住，中间的三爻和四爻是人道。

2005年，你们记得，在你们北大英杰国际交流中心讲课的汪忠长教授，九十一岁的易学老教授，他讲了一句话，俗话说"不三不四"，这个"不三不四"就是说，你既不在三爻位置上，也不在四爻位置上，三爻和四爻是人道的位置。"不三不四"就是指这个人做人不地道。所以，我们的俗话里面，都有《易经》文化的底蕴。

羑里的囚犯

讲六十四卦的结构，我应该把六十四卦的卦序讲一遍，但是由于时间关系，而且我看到，好多同学手里都带着一本《易经》，六十四卦的卦序你们可以去看。另外，你们还可以参考我的《易经的智慧》、《易经大传新解》的最后一段，由我女儿珍泉写的卦序那一篇，可以把六十四卦从头到尾，从乾、坤开头到最后既济、未济结尾的这个顺序去看一看。

当初周文王排六十四卦的顺序，怎么样呢？不简单。周文王被殷纣王囚禁在安阳南边二十公里一个叫羑里的地方七年，你们想一想，七年之间，任何人都不准见他，外面有重兵把守。

他儿子想去看看他，都不能得到允许。他也是一个地方的诸侯啊，被囚禁了七年。

在"第七回世界易经大会"祭奠周文王的仪式上，我一直在想一个问题：周文王当年在这个地方待了七年，他在这里做了些什么？想了些什么？他是无所作为呀，只有思想是自由的，他唯有去想，想就是思维。六十四卦的卦序，那是一个相当了不起的大工程，他怎么耐得住这个寂寞？怎么排这六十四卦的卦序？六十四卦的卦序是一个什么样的结构？什么东西能够千古流传？应该不仅仅有它的理念，有它的文化内涵，有它的深刻内容。我认为，结构不能不用，没有好的结构是根本不行的。

有一位戏剧作家叫王宝社，他是专门写喜剧的，他就说过这样一句话："写戏，结构是重要的。戏剧没有好的结构，观众根本就看不懂，没有兴趣。"结构很重要，所以我要给你们讲一下它的这个结构。讲这个结构有一些困难，困难的地方就是大家没有基础。我在这跟你们讲，好像我讲得很辛苦，实际上你们听课最辛苦。我也知道，你们要在这个里面跟得上我的课的话，非常不容易。

"三易"的取名

六十四卦有一个卦名和卦序，第一卦和第二卦是乾卦☰和坤卦☷，我们跳跃式地再看看十一卦和十二卦，是泰卦☷和否卦☰，这四个卦之间有什么联系？乾卦和坤卦是纯阳爻和纯阴爻，到了泰卦和否卦，就是乾和坤两个卦相颠倒，错综复杂，复过来颠过去。再看二十九卦和三十卦是坎卦☵和离卦

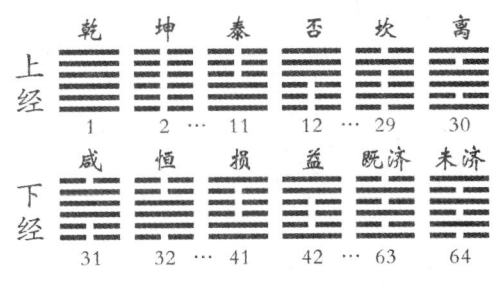

卦☲，坎卦为水，离卦为火。这个坎卦是中间一阳爻，上下是阴爻；离卦是上下是阳爻，中间一阴爻。这是大体上看一下。

我慢慢讲，做几轮来讲，因为讲一轮讲不清楚，可能要做三轮反复。三十一卦和三十二卦是咸卦☶和恒卦☳，四十一卦和四十二卦是损卦☶和益卦☴，六十三卦和六十四卦是既济卦☵和未济卦☲。

六十四卦，我今天就讲这几卦：第一卦和第二卦、十一卦和十二卦、三十一卦和三十二卦、四十一卦和四十二卦，再加上二十九卦、三十卦和六十三卦、六十四卦。这个结构有一个特点，1、2，11、12，31、32，41、42，这是一个结构、一个规律性。再一个，《易经》分上经和下经，上经最后

两卦是坎卦和离卦，到了下经的最后，也就是全经的最后两卦，是既济卦☵☲和未济卦☲☵。

我们先把这个形成一个概念：为什么会是这么一个结构？然后再来找一下它们的内在联系。我先讲一下开头，是以乾卦☰、坤卦☷开头的，它们是天地。历史上有"三易"，开头是《连山易》，据说《连山易》是伏羲演绎的；夏代运用的是《连山易》，以艮卦为首卦，艮是山脉。为什么叫《连山易》？前一天讲到，鼻子是"山"，脾也是"山"，上面这个"山"和下面这个"山"——两个"山"连起来了，人身上鼻子和脾这两个连起来了，山山相连为"连山"。

接下来是《归藏易》，是黄帝演绎的，殷商运用的是《归藏易》。"藏"是隐藏起来，藏在哪个地方？藏到"小心"，藏到腹部，所以《归藏易》以坤卦☷为首卦，藏到了腹部。有人讲，大腹便便是有福气的人——藏腹藏福。

最后就是《周易》，《周易》是文王演绎的，不是因为他姓周就是《周易》，实际上"周"真正的内涵，是周而复始的意思，以乾卦☰和坤卦☷开篇，为首卦，到最后是以既济卦☵☲和未济卦☲☵结尾。

无"心"的感应

我们看一看既济卦☵☲和未济卦☲☵。既济，是驾船在水里救人，已经渡过来。"济"是渡，"既济"就是已经渡完，渡成功了。那么"未济"呢？又没有渡完。这一批我已经渡过来了，成功了，但是还没有渡完，又要从头开始，周而复始，原始返终。这是一个结构，也是总体的开头和结尾。

刚才讲的是下经的结尾（尾卦），是坎卦☵和离卦☲组成的水火既济、火水未济。坎、离是水火。坎卦、离卦又是上经之末卦，它们是纯卦，坎卦就是两个坎卦相重，离卦是两个离卦相重。到了最后，六十三卦、六十四卦又是水火既济、火水未济，就是倒过来了。有人就想到，为什么上经结尾只是单纯的坎卦和离卦，到了下经结尾为什么又是这样？等一下我再讲这个问题。

我们看这个大的框架，首尾我们看清楚了，那么再看看中间。上经的中间是泰卦和否卦，上经讲了乾、坤、泰、否、坎、离这样六个卦。泰卦和否卦是天、地相重，我们想一下，它又是什么意思？这个里面为什么是一卦、二卦，十一卦、十二卦？是什么意思？我们分别来讲一下，给大家一个印象。

再看看下经四卦，下经开篇是咸卦☱☶和恒卦☳☴。咸卦本来是叫感卦——感应，下面应该有一个"心"字，但是《易经》用字有一个很奇特的地方，有些字它不直接去用。本来应该是"感",互相感应,感动了,应该用"心"去感动,用"心"去感应,但这个地方不用"心",为什么?真正的感应是无心的感应,是自然的感应,因为这里面是讲自然本体感应。你一旦用心去感应,人心有很多先入为主的杂念,有一些功利。你使我感动,我也使你感动,但是我们用功利,怀有一种目的,这个感动不是持久的,不是本体的,也不是诚恳的,不是自然的。所以,这个地方用得很巧妙,把"心"字去掉,无心之感应是自然之感应,那是非常坦诚的了。

咸卦☱☶是两个什么卦相重?一看就可以看出来,咸卦的上卦只有一个阴爻在上面,上卦也叫外卦,是兑卦,是少女。下卦呢?下卦也叫内卦,这是一个阳爻在上面,是艮卦,是少男。那就是少男在内,少女在外,少男在家里迎娶少女,少女从外面出嫁过来,这是少男和少女的感应。

恒卦☳☴的外卦是什么?一阳在下,是震卦☳,是长男。那么,内卦呢?一阴在下,是巽卦☴,是长女。长男和长女现在已经成人了,当家理事了,所以中国人有一个观念:"男主外,女主内。"内卦和外卦,这就是一个家庭的组合。它表现的不仅仅是把家庭的组合作为一个框架,它真正说明的还是一种感应,这种感应我再结合昨天讲的锁来讲。这把锁不仅仅是它的机关复杂,它还有感应。我们以前讲课,讲的锁是机械的锁;我们今天讲的锁,是有感应的锁。现在我们的车子有感应钥匙,还有感应灯。你们看,这个锁有感应,是感应锁。

再看看四十一卦、四十二卦,是损卦☱☶和益卦☳☴。老子讲"为学日益,为道日损",这个"损益"也是一样的。孔子讲过,交朋友有损友,有益友,哪些朋友是损友,哪些朋友是益友?这是损卦☱☶,上卦是艮卦☶,是指山。刚才咸卦中的艮卦是讲少男,到损卦

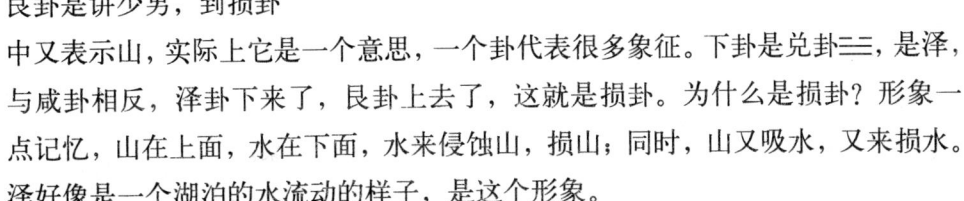

中又表示山,实际上它是一个意思,一个卦代表很多象征。下卦是兑卦☱,是泽,与咸卦相反,泽卦下来了,艮卦上去了,这就是损卦。为什么是损卦?形象一点记忆,山在上面,水在下面,水来侵蚀山,损山;同时,山又吸水,又来损水。泽好像是一个湖泊的水流动的样子,是这个形象。

再看益卦☳☴,要和恒卦联系起来看,上面是巽卦☴,是指风的,在恒卦中

是指长女，人伦秩序中表示长女，自然现象中表示风。下卦呢？是震卦☳，是雷。为什么？一阳在初，震动阴气，阴阳相合以后就会产生雷。阳气向上，阴气向下，相交就会产生雷，但在恒卦中它是长男，人伦秩序中表示长男，自然现象中表示雷。这里它又倒过来了，震卦、巽卦倒过来了，这就是益卦。这里巽卦和震卦合起来是风雷益。究竟是什么道理，后面我们再分别来讲。

"氣"和"炁"

现在讲乾卦和坤卦。这里我要讲一个字，什么字？"炁"字，"旡"不读"无"，在以前是指气，乾卦是指阳气，坤卦是指什么？阴气，但这里"气"必须写成繁体"氣"，不写成繁体不好解释。"炁"字上边这个"旡"字，它的甲骨文是一个人打喷嚏的样子，有人认为是人吃饱了打饱嗝的样子，是这种形象；下面是火。为什么说是打喷嚏？你们想，水下面是火，上面是茶炉，水烧开了，水蒸气向上，这就是一个"炁"字。

另外，古代的"愛"字是"炁"，是我心里爱你，底下一个"心"作为爱。真正相爱的话，相互之间你一爱他，他就打喷嚏。（众笑）你为什么打喷嚏？这就是感应，你们现在就记住下面一个"心"字。"氣"和"炁"是不一样的，乾就是这个"炁"，叫轻清之气，坤就是重浊之气。

这个"氣"为什么用"米"，这是怎么回事？因为米代表五谷，代表事物，它这个"氣"就是一种混浊的东西，与轻清之气有区别。轻清之气是向上扬，重浊之气是向下沉，这个性质搞清楚后，我们就知道泰卦和否卦是怎么回事了。

昨天有一个同学问我："泰卦，地天泰。乾卦代表天，天在下面；坤卦代表地，地到上面去了。"他的意思是说，女人在上面，男人在下面，那怎么还通泰呢？他说不可思议。事实上，不止一个人问这个问题。

永葆青春的"秘密"

讲《易经》一开始就讲到了泰卦☷☰——地天泰，天在上面，地在下面，相反是阻塞，这是什么道理？按常规，这确确实实好像是讲不通的，实际上，这里我们要从气的交合上来理解。为什么？轻清之气向上扬，重浊之气向下沉，只有在这种情况下，它们才能相交——阴阳相交才通泰，否则它就是闭塞的。重浊之气下来，轻清之气向上扬，相互之间是什么东西呢？

在生活中我们讲心态,这个地方就教我们讲心态了。前面讲到命门,也就是前有肚脐,后有命门,中间是小心,这个小心两边是肾,是藏元精、元气、元神的地方,它里面的气是轻清之气;上面还有一个"大心",这个心也生气,你在对一个人生气,或者对一件事生气的时候,那个气从哪里生?从这个"大心"里面生的。这个气不是下面这个心气生的,下面"小心"是生轻清之气,这里"大心"生的是重浊之气。重浊之气是什么东西?烦恼、忧愁、悲伤、沮丧、贪婪等等,这些东西都属于这个重浊之气。

在人自身的两个肾里面,通过元精化出的肾水,通过心火把炼出来的气向上扬,它有营养,这个"气"变成了雾状的气水,滋养肺,滋养心脏,滋养皮肤,滋养肌肉,滋养面容,你的面容非常滋润,这个要靠外在揉什么化妆品吗?那是外在的,也可以帮些忙,但是大忙帮不上,到人老珠黄的时候它就帮不上了。

当你到了人老珠黄的时候,要靠什么永葆青春?要靠你的底气,这个底气就是你的元精、元气、元神。有人就会想到,人从娘胎里带来的元精总是有限的,这些元精能不能给我们提供营养,活个一百年都能给我们提供服务?耗、耗、耗……不就耗完了吗?想一想,我们从娘胎里带了多

少元精呢？这个问题里有一个疑问。

这里举一个例子，虽然这个例子不是完全相称，但是可以帮助我们理解。北京有一家面食店，它的面条非常好吃。为什么？它有老汤。这个老汤是怎么来的？它已经传了几十年、一百年，甚至于两百年了，它就是这个汤。

这个汤是什么汤？是汤娘、汤母。一开始那个汤就调好了，用一个容器盛着。在每次用的时候，你就在锅里添些水，放进一些新的香料和营养品，熬好后再从老汤里舀一勺子出来，放到锅里。锅里的水本身很多，这一勺子汤实际上是其中很小的一部分。搅动以后重新熬，熬了以后就混合起来，这时又要舀一勺子回去，舀到老汤里面去。老汤里虽然被舀了一勺子，换了一勺子新汤，但是那个里面老汤始终还是占主体，所以那就是元精。你在用，始终不断地换。

那么，新汤是从哪里来的？从脾胃里面，从五谷饮食中来的，饮食中来的这些东西不断去补充你的元精。所以，不吃饭是不行的，你不喝水，不吃饭，后天营养跟不上不行，但是先天跟不上也不行，先天和后天有这么一层关系。

重浊之气与吃素

如何来调整我们身体的健康？这个里面就有一个问题——要学会熬新汤和保留老汤。你保存好老汤，调整好新汤，守住你的元精、元气、元神，始终就是一种好的状态。我讲的状态、心态，在生活中有很多例子，你们自己去联想，自己去对号，我这是从原理上讲，很多东西你就会去无限引申。

为什么到了否卦的时候会堵塞？到否卦的时候，你的"小心"不作为了，是"小心"不作为吗？还是你不会用"小心"？是你的作息出了毛病，你不会作息，你老是在那里浮躁、浮躁……你一浮躁就浮到上面，下面就不行了，上面那个"大心"老是妄念，烦恼、忧愁……什么都来了，这个重浊之气下沉，"小心"不但不作为，反倒被它压抑。

轻清之气只靠鼻子呼吸，外面的轻清之气下来帮得上忙吗？帮不上。为什么？重浊之气与轻清之气不能相交，就不能得到阴阳相合、阴阳相调、阴阳相济；得不到阴阳相济，得不到阴阳相调，就得不到阴阳相合，那么它就不是营养汤了，就阻塞了。

这个时候，为什么外面呼吸来的轻清之气与这个不能相交呢？上气不接下气，所以在"息"里面还有一个"奄奄一息、一息尚存"的说法。就人来说，昨天讲了，这个息是人的一把锁，为什么？当人到临近命终时，是叫断气。这个断气是指上气不接下气,外气不接内气,实际上是外面的阳气和自身的元气接不上,所以就断气了。可是断气以后还一息尚存,还有那个一息在那里,第二讲的时候讲过这个。

看过《中阴身》那本书,知道佛教里面一些基本常识的人就知道,人死了以后,七天之内叫"中阴身",中阴身在这七天中还有一息尚存,也就是说,在七天之内人还有生还的可能,用句老话叫"还阳",这个阳气又还过来了,道理就在这个地方。所以,一般情况下,人死以后,七天以内最好不要马上就火葬、安葬。

在农村,人死后七天之内不能钉棺材,为什么?在我们老家就有这么件事,我家隔壁邻居有一位老太太,她常年吃素,八十多岁时寿终,死后第二天,她在棺材里面"哼"。她的儿子是做中医的,是个老中医,听到这个"哼"声以后,他也有点害怕,不知道是怎么回事,就扶她起来,以后她又活了四十多天。这是一件真实的事情,农村把它说成是一种迷信现象,实际上它不是,它是合乎生理现象的。她长期吃素,所以她身体里重浊之气很少。

重浊之气与吃素有什么关系?前两天中央电视台12频道讲破案,就讲了公安机关卧底的一个人,他到监狱里去卧底,结果他拉的大便不臭;可是对方那个黑社会"老大",他拉的大便非常臭。"老大"就说,你这个人不是黑社会里的人,你长期吃素,不像我们常年大鱼、大肉、海鲜地吃。重浊之气和轻清之气的区别就在这个地方。所以,你把有些常识性的生理现象多少了解一点,那就不神秘了。这就是泰和否的关系。

"和事佬"

再看看损和益的关系,损什么?益什么?损卦☷,上面是艮卦☶,是山,下面是兑卦☱,是泽,泽就是江、河、湖、海。山上一般生的是瘴气,山林里面空气虽然很清新,但是往往是瘴气。如果山里面有水塘,有水池子,有山泉水,有小溪,那不一样。为什么呢?现在有人对"风水"这个词非常敏感,一讲到风水就认为是迷信,实际上风水里面的道理,从山和泽的关系来看就知道。

损的是什么?山上出现瘴气的时候,如果山下有水的话,这个水就会上升为水气,能够把瘴气消化掉,使瘴气澄清,水气和瘴气相合就能调解。实际上,中药里面下得多的一般就是甘草,还有的喜欢用大枣做药引,有的人平时就喜欢吃点大枣。中医有一口号"甘草、大枣和事佬",大枣是给肠胃做调和工作的。特别是甘草,很多药你不用它不行。

药本身有毒性,哪一味药都有毒性。中医就要考虑到:我加点甘草,它是解毒的。甘草不给你治病,它专门干什么活呢?专门调解毒性,做和事佬。人工养殖的甘草不如野生的,野生的甘草还真的是非常敬业,家养的、人工养的可能就有些惰性,很难尽职尽责了。

为什么现在用中药要谨慎,即使是用野生的药材?我们的森林被破坏了,生态环境被破坏了,中药的药性都减退了。

文化"风水"

现在我讲一项原始的东西——山泽。水呢,遇到一种污染之气,就会互相损,互相沉淀,互相澄清。有人讲风水,特别是讲水口,住在城里的人还好一点,不是那么太讲究。有的人在社区里面还设假山,除了假山还要开水沟,或者挖一个池子,还要请风水师看看池子设在哪个方位。看起来风水师是照着风水书做了,实际上有一个点他做错了,原因是,他根本就是从迷信的角度去设计这个水池,实际上这个水池的作用是净化空气的,这里有大气污染他不知道。如果是一个水塘,里面有很深的水,而且是清水,它能消化各种污染物,消化空气中的污染物,消化各种噪音……这在好多资料、研究结果里面都有记载。

并不是说这里就是"青龙",那里就是"白虎",不是这么回事,不要机械地搬用古人的东西,不要把它当成一种迷信,要真正地从生态平衡上,从环境治理上,从大的方面去考虑这个问题。如果读风水书,许多东西根本就不是书上写错了,而是你理解错了,用错了。这个水池子放在社区的哪个地方合理,应该是从水池子对整个社区起到净化、调和空气的作用这个角度去考虑。设计时你要考虑到风的回旋、回流,要考虑到这个地方主要是哪种风,风有回流风口。

城里看风水,最大的特点是变化太大,所以比较难看。在农村,山和水一般都是比较固定的,这就好看一些;到了城里,山和水是变化的,但是变化来变化去，它有一个"文化"风水。"文化"风水是什么？例如一个家庭买了一套房子，房子买好以后，那个社区、那个房子结构都没法改变，那怎么办？你在家里做"文化"风水。什么是"文化"风水？"文化"风水就是以调整你的心态为主，色调的搭配，家具的摆放。特别是书架，会使人感到雅兴。当然，调整你室内的环境也是可以的。

地质部有一位专家，他老伴的腰经常有一些疼。有位大师给她看，把她面相一看，把她八字一看：哎呀，你家那张床应该挪一下位置，你把床往那个位置一移，腰疼的毛病就好了。那位大姐回去一看，要移到的位置正好是阳台，不能把床放到阳台里，这是办不到的，她改变不了房子结构。那怎么办？我们不要太执着了，可能这里的风向还比较好，因为阳台的门正好朝北，前面的楼房也不高，风吹得多。你在这方面想一想点子，为什么还要费劲将床往这个地方摆？他以为这个后面是墙，面朝南，但是实际上后面正好是朝北，阳台是朝北的。你要根据实际情况，决定如何使用这个阳台，想想办法避开北风不就行了吗？

另外，还有一种家庭的文化氛围，想使自己心情愉快，你喜欢哪一种颜色，喜欢哪一种格调，喜欢哪一种布局，自己去调整，不要把这个交给他人，我喜欢哪一样就哪一样。你家里装修，今天看看这家的装修，哎呀，他家装修得非常好呀，叫装修工将前两天装修的改掉重新来；重新装修了几天之后，再到另外一家去看看，回来后又要重装……那就完完全全领会错了。真正的装修，应该从自身来看，感到舒服，心态比较好，自己设计的比其他人设计的要好，还要做文化的装饰。比如说餐馆，前两天我去给一个餐馆做文化风水的设计，这个设计大家都能接受，就是说如何使顾客感到舒服，装得有品位。这里顺便讲一下，风水实际上也就是讲山泽通气，山泽通气实际上也是心态和状态，是生活中的心态和状态。

毛主席有一句诗："四海翻腾云水怒，五洲震荡风雷激。"为什么是风雷益？上面巽卦为风，下面震卦为雷，风雷是益卦。这个益是什么？实际上还是指那个泽。泽是什么？雨水为泽，滋润、润泽，普济天下，泽济天下，实际上是雨露为泽。风是指气流，有气流相交，然后有雷，就会有雨，这就是增益。增益是什么？雨水集合起来以后普降甘霖。所谓普降甘霖，上次电视上讲西北一个地方下了几滴雨，那个雨洒在灰尘里，一平方厘米里面可能只有一滴水，也可能十平方厘米里面才有一滴水，就下这么一点雨，当地老百姓都是欢欣鼓舞，老人和孩子都出来欢呼，那就是甘霖呀。为什么？他们上空的风雷不能增益，那里的气候不能增益。

前面讲到"关"和"键"，这个"关"是门闩，"键"是锁。泰和否，通畅也好，阻塞也好，损也好，益也好，就像上经和下经的一种关和键。

做到一个"常"字

再看锁芯，锁芯是什么？锁芯是咸卦☲☲和恒卦☳☴。咸卦☲☲是泽和山。泽在上面，山在下面。山上有雾气，雾气朦胧。我们当地有一种最好的茶是云雾茶。第一讲的时候，有一位教育局长在这里听课，他们家乡就产一种云雾茶，那里的云雾茶喝起来特别清香，我喝过，但是它的数量相当的少。为什么说这种清

香为云雾？它的感应是天地之感应，还有"白云生处有人家"，白云人家云雾茶。我们从这里来感受咸卦为什么是锁芯。

这个雷风恒☳☴，雷在上面，风在下面，怎么去理解这个东西？应该说，雷已经是高空的雷，而不是低空的雷，是天高云淡、秋高气爽，是这么一种气候。这种气候对人的身体有什么影响？如果你用小心和大心直接去调节，就是上、下这个元精、元气、元神一直在作息，一直在作为，很积极地去作为，这个作息就是你的生活状态、生活的规律。

上一讲的那四句话中，"起居有时，作息有常"后面两个字连起来就是"时常"，"饮食有节，管理有度"后面两个字连起来就是"节度"，那就是"时常节度"。

这四句话是根据《黄帝内经》开篇讲的稍稍做了一下改变，加了一个"管理有度"，正好是"时常节度"。

这个"常"字很重要，为什么？无论你做什么事，你只有做到"常"才有效。练功也好，学佛也好，学"四书五经"也好，都要做到一个"常"。经常有人问我："我需要练哪一门的？学哪一家的？用哪一种方法？""'四书五经'我如果要读的话，从哪一本开始？怎么读？"

我认为，最基本的方法是，做到一个"常"字。例如打坐，打坐的目的是使自己每天能够静思，能够静下来做一些自我调整。每天打三坐，每坐打两个小时，这样效果最好。但是我做不到，我是暂时做不到，我现在能做到每天打坐半个小时，或者一个小时，或者四十分钟。哪怕是半个小时，我定时就上坐，就坐半个小时，坚持下去，坚持一个"常"字就有效果。但是，今天我偶尔坐一次，我打三次坐，一坐就是两个小时，这样打坐没有效果。所以"常"是关键。

做到了"时常节度"，你一定有轻清之气在心中回旋，轻清之气就会滋润五脏六腑，滋润面容，从面容上就感觉到心胸的舒畅，你的工作状态、学习状态也一定会是好的，工作效率当然也会是很好的，人际关系当然也是好的，这就是一好样样都好。

神通与"傻瓜"

心态，就是知道怎么样去内作息和外作息。有一位禅师讲，习禅就是内作息，内作息是真正的大作息。只有做好了内作息，才能与天地相应。与天地相应，就是小作息和大作息相应。天人合一，就能得道。

有人练功，讲究"三身、四智、五眼、六通"，非要去追求那个六神通。神足通，人一天一夜能走一千里；天眼通，能看到肉眼看不到的东西；他心通，知道别人心里想的是什么；宿命通，知道过去做过什么；天耳通，能听到耳朵听不到的声音。但是六个神通里面，最关键的是漏尽通。漏尽什么？就是漏除烦恼、欲念、妄念，把你的重浊之气都排掉，在作息中你没有烦恼，这是真神通。你得到其他任何神通，但得不到漏尽通，其他神通都是假的，都不能长久。

有的人得到神通，甚至还到电视台去表演，这种神通是昙花一现，为什么？没有得到漏尽通，越得神通就越起烦恼，为什么？一得到神通就想去赚钱，就想去做神仙、做半仙，就想去招摇，这样反生烦恼。做不到漏尽通，其他神通都是假的。真正的神通是什么？是时常节度。

不知道大家能不能体会到，时常节度是真正的神通。如果能体会到，在我们的生活中如何真正去做，最难做的，就是在生活中做到平常。只要在平常生活中，把很小的事，如起居、饮食这些都做好了，把很平易的事做好了，做得井井有条、有序，几年下来，任何人对你绝对是刮目相看。

如果想听我的故事，有机会我给你们讲一讲我是怎么过来的。我的同学中也有从北大毕业的，他现在对我也是刮目相看，原因是什么？连以前教我课的老师现在对我不敢称学生了，原因是什么？我做了什么？我没有做惊天动地的事，关键是我在生活中很细微的地方做到了时常节度。

我在生活中有时像傻瓜，在家里有时候一放松下来完全是傻瓜，为什么？不放松不行，那就是傻瓜了，一定要学会做傻瓜。如果不能做傻瓜，那就成为真正的傻瓜了。（众笑）但是傻瓜要傻得好，不要什么事都傻，那就不行了。这是什么？我认为是洒脱、散淡、虚静。什么是虚的？什么是静的？什么是淡的？什么是浓淡有错？这就像山水画，就像一幅漂亮的字，就像打乒乓球，都有节奏、快慢，这才是生活。

上帝是什么？

什么叫锁芯？锁芯里面有很深的东西，这个锁不是一般的锁，我们不要认为我们只是员工。尼采就讲了：工业革命以后，人成了机械，成了奴隶，天天上班、下班，十年如一日，上班做车工是车工，做钳工是钳工，完完全全是一种机械。尼采说："上帝死了。"为什么？上帝是什么？上帝是人的灵魂，人的智慧被淹没了，所以我们一定要理解尼采这句话。他是针对什么说的？针对工业革命以后，人被教条化、机械化了，就像电脑似的。当然，工业革命给我们带来了好多好的方面，但是把我们人变成了机械，很多灵性的东西没有了。

我们不能说这是反对现代科技，这个帽子我不是戴不起，是不合适——我没有反对科技。要说反对的话，美国的约翰·奈斯比特先生，他当过约翰逊总统的助手，是他在你

们北大学术报告厅里讲的。他说，高科技带来很多的弊端。他是跟美国的高科技唱对台戏吗？不是，他是以一种客观理性的心态来迎接这个科技时代，是提醒我们，在迎接科技时代的时候，要注意它的那些负面的东西，高科技的负面东西发挥出的负面作用，跟它的正面作用是不能相抵的，是抵消不了的。环境污染所带来的后果与财政收入是不能抵消的，这是一个道理。

在我们的人生中，在我们的生活中，有时候吃了一顿海鲜大餐，美餐一顿，它对身体的伤害可能是一种得不偿失，这个得不偿失在什么地方？很难讲清楚，你们自己体会吧。海鲜是有灵性的，它的灵性是什么？不要用迷信的心态去理解这些，千万不要像前几年那样，老是一句话：我不理解的都是迷信。不要再用这个武器来回避一切，但是我们也不要用一种非理性的心态去面对这个问题。

我不是反对吃海鲜，但是大家吃海鲜一定要节制，吃的时候多讲究一些科学方法。不仅仅是我们环保志愿者在呼吁，现在科学家也在呼吁，特别是野生动物，千万不能去碰它。这不是迷信话，因果相续，毫厘不爽，宁可信其有，不可信其无。为什么？因为我们还不理解。当科学还没有破解它的时候，为什么要去怀疑它？

为什么有些东西不可信其无呢？有些东西它们已经存在。李政道教授说，暗物质占95%之多。那么，暗物质看不到，我们就否定它的存在吗？当时居里夫人认为有镭，她做这个试验，你就认为她是伪科学吗？非要她把镭拿给你看的时候，你才认为这是真科学，镭还没有出现的时候就是伪科学？

怎么去界定？作假的东西就是伪科学，但是居里夫人她不是在作假，她是在实验阶段，是假定、假设，科学是允许假设的。现在连科学假设都给打成了伪科学，是不是合理？我们讲自主创新，怎么去创新？如果是作假，文凭作假，论文作假，试验报告作假……这些是伪科学，是不应该的。但是，很明显的一个科学假设，为什么也成了伪科学？我们这里不是讲政治，作为一个公民来说，是良心所在。

常态与反常态

钥匙是坎卦☵和离卦☲。坎卦和离卦，在天为日月，在地为水火，在人身上为魂魄，为心肾，为耳目。

莲藕像什么？它像一个离卦☲，中间是空的，离卦中间是阴爻，是空的。

莲房像震卦☳，为什么？下面一横是阳爻，上面两爻是阴爻。荷花表示喜悦，

是兑卦，是少女，少女像花。

这里还有一个绝妙的卦，叫坎卦。在莲子里，什么叫坎卦？莲子像什么？坎卦☵，外面两爻是阴爻，中间一爻是阳爻。阴爻表示什么？果子里面的心子晒不到太阳，是白色的。果皮是什么颜色？绿色的，是吧？但是莲子的绿色在中间，是什么？莲子表面是白色的，它的肉在外面，皮在里面，绿色在里面。这就很奇怪，中间的心子不能进行光合作用，它竟然是绿色的，是反常的，当然不能说光合作用就产生绿色。按照常规，是绿色在外面，白色在中间，肉的里面称为核。莲子的心子为什么是绿色的？这就象征一种坎卦。

有很多植物都是反常的。广东南华寺，里面有两棵菩提树，有一位和尚给我两片菩提叶，跟我说，菩提树是春天落叶，不是秋天落叶。菩提树的叶子是常绿的，但是它也落叶，而且是春天落叶。为什么？它做到了一种无为。我为什么跟你们一样呢？你们秋天落叶，我就要春天落叶，就是一种反常态的东西。

但是，这是反常态吗？不是，它又是顺常态，它又是一种常态，因为它生长的规律，是在春、夏、秋、冬作息的常态之中。

八卦与中医

先天八卦的离卦和坎卦，离卦代表火，在上为日，坎卦代表水，在上为月。日、月合而为"明"，是不是？这横向的正好是日月为明。离卦和坎卦，在天为日月，在地为水火，一个代表火，一个代表水。

在人的五脏里面，肾为坎卦，心为离卦；相应的，在人的五官上，肾通耳，如果肾虚就会耳鸣。年轻人一般不会出现这种现象，我讲耳鸣你们可能不理解。身体要健康，肾非常关键。如果肾虚了，特别是老年人，就会出现耳鸣的现象。心是与舌头相通的，有没有心火，往舌头上一看，看看舌苔就知道。

坎卦、离卦为什么成为钥匙？中医里，如果要看一个人的病理、病症，最主要的是看寒和热这两个方面，阴阳辨证、八纲辨证主要是从这方面来论证的。感冒，是风寒感冒还是风热感冒，是凉症还是热症，用药就不一样了。药有药理、药性，中药分温性、凉性，这服药是温性的，还是凉性的？像我，吃温性的药就不行，就会上火；吃太凉的也不行。而有些人，就必须吃温性的。温和凉、热和寒就是火和水，既是实指，又是一种象征。

有些东西你去讲它，怎么去表达？坎卦这么画：☵，离卦这么画：☲。这都是象征性的一种表述方式。但在你的身体上，它又是一个本体，是不变的。我们在互相转达、互相宣传、互相传递信息的时候，总要用一种表述方式，没有表述方式是不行的。所以，坎卦、离卦，水、火，寒、热、凉、温……这些实际上是一种表述方式。

有人不理解：怎么是这么回事呢？这是一个本体的东西和表述方式，体和用的关系表述方式是难定的，本体是它本质上的东西，这些你要是区别了，我们就好理解《易经》了。《易经》反映了事物的本体，但是它又不是真的，不是实际的本体，不是万能的，是一种表述方式。它的表述这样理解也行，那样理解也行；这样去表述，那样去表述，引申，引申，再引申……于是就千差万别，成为群经之首。

对《易经》的理解，我也受到各方面的干扰。看书的时候，面对一大堆资料时，简直是被它们埋葬了，一句话有很多种观点，几千个作者有各种意见，那怎么办？那就要靠自己来发现它的本体，哪一种解读最符合本体，这是很关键的。读《易经》

药性——寒、热、温、凉
药味——酸、苦、甘、辛、咸
功能——升、降、浮、沉

掌握这一点我认为是最关键的。昨天我回答了一个读者的问题：谁解读《易经》是最准确的？孔子讲了一句最根本的话："易与天地准。"我解读《易经》掌握的一把钥匙，就是"易与天地准"，我不需要去与这个版本或那个版本对号，"与天地准"，与自然的本体相比较。这个解释符合它的自然本体，我就依照这种解读。

中药也是这样的。药性有寒、热、温、凉，药味有酸、苦、甘、辛、咸，甘里面还有淡，有一种味道很淡，那种味道也是甘味呀。药的功能有升、降、浮、沉——这实际上是一种功能。中药治本，因为它真正从本体上来调节，调节阴阳平衡，调节温和凉，调节寒和热，调节轻清之气和重浊之气，它就调节这些，把阴阳之气，把精、气、神调到一个最佳的状态，这是最根本的。

上次举了一个例子：人患了肺结核，原因是什么？得肺结核了，当然有病菌。如果专门去杀病菌，越是杀病菌，人越是受不了，那就是死路一条。肺为什么会腐烂？为什么会沾染上病菌？人的元精不能化成元气，元气不能上升化为津液，只是五谷之水，只是饮食之水来了，元精上的津液不多，甚至说很少，亏掉了。没有营养的水气到了肺里面，就像鞋子放在潮湿的地方，粘了潮气发霉一样，是一个道理。这个时候仅仅只是去消炎杀菌，杀得尽吗？你不断地在上面杀，它在下面不断地生。

中医最关键的是先补肾，把肾补好了，一边补肾一边消炎杀菌，这样下面的元气、元精上来了，营养自自然然上来了，这样来消，用自身的抵抗力去抵制病菌。所以，得肺结核的人不像患癌症的人。毛泽东也得过肺结核，为什么后来他的身体还那么健康？因为当时他只是身体虚弱，是营养不良引起的，一旦营养好了，身体的营养跟上了，元精、元气、元神一下子上来了，就非常好。中医治本的道理就在这个地方。

所以心态调整也好，状态调整也好，千万不要离开身体健康的调整。

六十四卦的结构美

这把钥匙还有既济卦和未济卦。刚才讲，上经是三十卦，下经是三十四卦。上经最后是离卦和坎卦，它们为钥匙；下经最后两卦是既济卦和未济卦，既济卦、未济卦也是坎卦、离卦，也是水火，也是它们作钥匙。但是，既济卦、未济卦是坎卦和离卦相重的。

我们这样去理解：上经的坎卦和离卦，是纯卦作为钥匙，上经的钥匙很简单。下经的钥匙就变得复杂了，为什么？下面我和大家共同探讨这个问题，所有有关《易经》的书上，都没有这样讲过。我提出一个课题，作为自己的研究课题，我在问自己，为什么是这样？我推测是这样，大家一起来探讨。

我认为，上经讲的是自然之事，专门讲天、地、自然，下经开始讲人，讲社会，讲人际关系，讲家庭的关系。下经一开始讲咸卦、恒卦，讲少女和少男，讲长女和长男，有天地然后有男女，有男女然后有父母，以后就有君臣，有君臣就有社会，是这么一个关系。在这种情况下，社会复杂，人际关系复杂，人心复杂，人心难测，所以它的钥匙也变得复杂。

为什么周文王要去苦心地编织这么一个结构？2005年在"第八回世界易经大会"上，我有十五分钟的发言时间，实际上我只用了十分钟讲这个结构。参加会议的都是易经专家，对六十四卦的卦序烂熟于心，当我把这个结构一讲，他们都大吃一惊。南京大学的李书友教授，当时给我很高的评价，他说，我的发言提升了这次大会的档次。

在我发言之前，台湾的徐芹庭博士已经讲了四十五分钟的卦序，开会前我想和他合影，他很随便；可是我的十五分钟发言结束以后，他主动邀请我上台和他合影。不是我去找他，是他来找我，对我非常热情，甚至是刮目相看，为什么？凡是搞专业研究的，一旦有一种新的突破，你的同行是会认可的。要是外行看的话，那是什么东西？看不出来。同行一看，哎呀，这个好，了不起！搞研究的人就是这样。

为什么六十四卦是这种结构？为什么有它的门户，有它的锁钥，有它的锁芯，有它的关和键？而且，第一卦、第二卦、第十一卦、第十二卦、第三十一卦、第三十二卦、第四十一卦、第四十二卦……是这么一种结构？为什么上经的最后两卦是坎、离，下经的最后两卦还是坎、离？它的结构确确实实说明了什么？说明事物本体的美。一朵花，无论是叶子、秆、花瓣和花蕊，雄蕊、雌蕊，那个结构如果真正解读出来，非常美呀。所以，如果我们在日常生活中做到"起居有时，作息有常，饮食有节，管理有度"，做到时常节度，那生活的节律、生活的结构是美的，工作状态、学习状态和生活状态也是美的，心态也是美的，就做到了自主创新的美。

美是从哪里来的？讲讲容易，做到谈何容易？但是，认真去做和不做相比，大不一样。你认为很难，又不难，生活中有许多难事，真正去做它又是一件容易的事。能做到的事不去做，再容易的事也是难事，道理就在这个地方。所以，我们不要小看了我们的生活。

作息与节制

有人在生活中很随便，打一个电话："喂！过来吧。"一讲"过来"，就知道是什么事，那里缺一个人，（众笑）打麻将三缺一，是不是？忙吗？没关系，这里还有其他人，明天再做吧，马上就匆匆地去了，一去就是一个通宵，回来以后非常疲惫。如果妻子埋怨几句，自己也觉得不好意思，对不住妻子。有时烦恼的话，夫妻俩就会反目成仇，家庭就会出现恶性循环。这是什么状态？这种状态是怎么引起的？有的闹离婚，甚至于还有很多不理解的事、很不情愿的事发生，为什么会发生？都是作息中出现的问题。

举个例子，这是我的亲身经历，讲起来确实是非常好笑。那还是在二十多岁教书的时候，那时候上一次省城非常不容易。那还是刚刚改革开放，那是第二次上省城，有天晚上到城隍庙去，整条街上有好多人卖吃的东西，看看这个东西想吃点，看看那个东西也想吃，可以想象吃到什么程度。当时囊中羞涩，又不敢吃多，看看还想吃。第二天早上起来上汽车了，坐着长途汽车，突然闹肚子了。

大家都知道闹肚子是什么情况，但是长途汽车不等你，没办法，我只好半途下车，最后不得不在中途住了一个晚上。那时候坐车很不容易，从省城到县城一天只有一班车，不像现在交通这么发达，最后弄得很不愉快，星期一也不能及时上班。这是什么造成的？是饮食不节制造成的。我的印象太深了，这是一个笑话，讲起来太可笑了。

实际上，我们生活中可笑的事还很多，这种事我为什么记得？因为对我的教育太深了。

如何应对妄念

早上起来，我要做很多事。洗漱以后，我不是打坐就是诵经，诵《金刚经》，诵《心经》，诵《大悲咒》，为什么？这是一种宗教仪式吗？不是，是在净化心灵。因为，佛教经典并不要你去想它到底是什么意思，而是叫你诵的时候不要有妄念，不要去胡思乱想。

有人问我：静坐的时候，特别是这么随便一坐，如何做到没有妄念？大家都知道妄念不好，我跟你们说，我也请教、拜访了很多大师，就是大和尚，还有我师父上人，他们都有一个经验。什么经验？念头、妄念来了不要管它，什么妄念来了都不要管它，就是说，你不要跟着它走。

例如，现在一个念头来了，我想起了几十年以前那一件事，吃多了拉肚子的那件事，想想还又去想，跟着它的念头走，那就留下烙印了，一次一次犯病。如果这个念头来了，那个念头来了，不理它，它自己就过去了，一百个念头、一万个念头过了都没问题，练到这个程度也是一种大功夫，为什么？坐在那个地方，就在书房里坐，十分钟也好，半个小时也好，一个小时也好，你能做到，无论什么念头来了，我不跟着你走，我不理你。

人是有念头的，它停不下来的。这个念头消失了，第二个念头又来了，无论是什么，恶念也好，善念也好，过、过、过……过的时候，无论多少念头从心里过时，不要染着，这是佛教里讲的，不染着它就粘不住你。它不是蚂蟥，它叮不住你，它揪不住你，它缠不住你，它无法把你沾上，这就行了。它粘不住你，就不会污染你，对你的心灵没有污染，它过一百遍都没有问题。这个念头来了，我不理你，还是这个念头，我还是不理你，同样没有染着，那么你心灵就得到净化，你得到休息，这是最好的健身方法。这样静坐十分钟、半个小时，你的工作状态又是另外一种，精神很振奋。

平时不一定非要打坐，根据每个人的具体情况，每天安排一个好的时间，净化一下自己，让自己静一静，过滤一下。地天泰呀，让轻清之气与重浊之气做一个调和、相济。既济就是互济，阴阳互济。

历与律

"乾坤成列，而易立乎其中矣。乾坤毁，则无以见易。"这是《系辞传》里的话。乾坤是指天地，为什么乾、坤两个是成列的？实际上，泰卦和否卦也是成列的，离卦和坎卦也是成列的。

这个地方我想用《史记·历书》里的一句话来讲："黄帝考定星历，建立五行，起消息，正闰余。"这个历现在有农历、公历，这个历是哪来的？历很重要，假如我们没有历，我们生活中的很多事就很难办，没有年历是不行的。黄帝怎么样去考察、执行这个历的？苏美尔人就专门发明了太阴历，我们中国开始使太阴历，建立五行，然后运用消息，启用闰余。运用消息，就是昨天讲的消息卦，利用十二个月的消息，运用十二个月的阳消阴长、阴消阳长，利用这个关系来"正闰余"。

"闰余"是什么？每一个月或每一年多几天，每一天、每一个月多一点点时间，每一年多的时间放在一起，就会闰年、闰月，这样来调整。否则，时令、节气与太阳的运行就对不上号了，夏至对不上，冬至对不上，春分和秋分也对不上，这四个节气对不上，其他二十个节气都对不上，所以必须用闰月、闰年来调整。

宿（xiǔ），就是《尚书》里的奇正二十八舍，二十八舍就是二十八宿。讲"律历"，天通五行、八正之气，地是承重万物的，正是因为有这个东西，奇正是指日月，再加上五个星神，五星神为五行：金、木、水、火、土。我认为奇正二十八舍有二十八宿，用这个来通五行、八正之气。

《史记》里有"八正之气"，有八峰。人外面是八正之气，人身上是营卫之气。营气是轻清之气，在人的脉络里运行；卫气是重浊之气，在人的脉络外面运行，有它的规律性。《黄帝内经》里面如何调节"营卫"？这是一门大学问。

太史公曰："在璇玑玉衡以齐七政，即天地二十八宿。十母（十天干）、十二子（十二地支），钟律调自上古。建律运历造日度，可据而度也。合符节，通道德，即从斯之谓也。"

这里讲"合符节，通道德"六个字。"合符节，通道德"，合什么符节？符是符号。符号是从哪里来的？从自然本体来的，阴爻、阳爻就是符号，五行也是一种符号，二十八宿、十天干、十二地支都是一种符号，年历也是一种符号。

为什么叫"符"？那就早了，当然过去是叫"鞭符"。鞭符是用于指挥军队的，国王发出一个鞭符，用快马把这个鞭符送到前方，前方将领一看这个鞭符就知道他是该进还是该退，这鞭符实际上还是一种符号、一种信物。当然道教里面也有"符"，那是另一种符，这个符也是符号。实际上，汉字也是一种符号。

"节"是什么？节律。音乐里面的五线谱就是节律，就是符节。为什么呢？凡是符号都是节，仅仅是表示一种形、一种音，特别要体会这个音。如果我们体会不到这个音——就像做学问、搞研究，你要使自己开悟，得智慧——这个东西就有欠缺。就是说，要经常做到耳根清净，听这个音。你听到这个音，这个是什么东西？音乐，我们经常喜欢听音乐，少不了音乐。

为什么歌唱家那么值钱，那么火？说实话，很多大科学家哪里能抵得上一个歌星，是不是？歌星出镜的机会也高。上次中山大学请我去给他们讲课，我们一下飞机，哈哈，好多人啊，个个都在喊口号，简直是一次疯狂的机场迎接。跟我同机随行的问："是不是迎接你的？"我说："不可能。"（众笑）是接谢霆锋的。那个场面好壮观呀。

其中有一个人,个子不高,可能还有些残疾,一见到谢霆锋,一下子蹦起来了——他的个子跟谢霆锋差不多。他一下子感觉:我很幸运,我现在再也没有自卑了。(众大笑)

为什么对歌星这么样的推崇?我们生活中离不开音乐,我学习的时候就喜欢听音乐。老子研究会的秘书长在2005年文化部召开的一次会议上发言,他讲,年轻人最好多听听那些经典的音乐。因为经典的音乐与流行音乐不一样,听了以后你会陶醉其中。不是排斥现在的流行音乐,流行音乐也是很好的东西,但是听得太多了,对心态和状态有影响,往往产生一种负面的东西。经典音乐与你的心律、与天地之律,是同心、同圆、同轨、同道,它使你的心律得到一种调节。

无序的稳态

我附带讲一下,心律不要齐律。如果你说:"心律要整齐的话那多好。"医生就会笑话你了,因为,人的心律一到齐律,就接近死亡了,为什么?人的心律真正是无序的稳态,人的心律听起来像有规律,实际上它又不是真正整齐的规律。

为什么是无序的?在大自然中,在生活环境中,很多事物都是无序的、不确定的。要应付、适应这些不确定的事物,适应很多无序的事物,心律需要不断地自我调整、适应。正是因为有这种无序,即使看起来是无序的,实际上它最终是稳定的状态,因为它要适应外界的

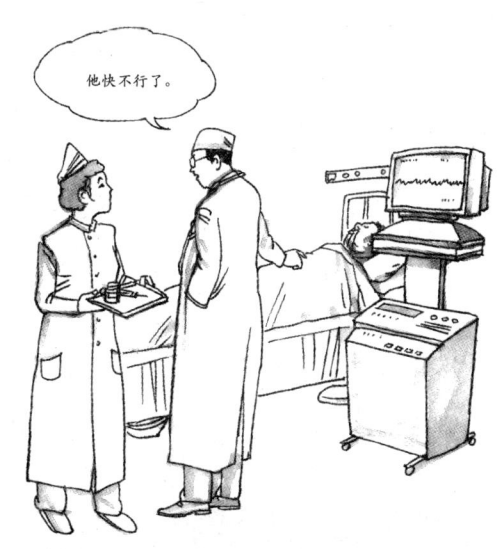

不确定因素才无序。如果这个适应性没有了，变成齐律的话，死亡就要来临了，就是这么一个状态。

一个国家也是这样，一个国家绝对地稳定，这个国家就不行了。尧的时代是太平盛世，是不是？史书记载，尧的时代，第一个是自然灾害频频发生；第二个是四夷的扰乱不断，天灾人祸不断。一个社会、一个国家，出现一些反常的现象，但是主体政治是稳定的，那其他的各种情况都是正常的。有哪些事物没有负面的？清水不养鱼，那种相反就会走向反面。

一个单位也是一样，出现一些不好的现象，只要不是主流，我认为不要急躁。都想把工作做得好，样样都好，特别是现在，一些想评职称的干部，非常怕出现一点点问题，一个问题被人家抓着，那坏了。这就妨碍工作，真正的工作是什么？无为。不要把工作样样都打一百分，往往参差不齐、错综复杂才是发展的状态，才是一种美。什么叫"结构美"？这就是结构美，就是这样去合符节。只要"合符节"就"通道德"了，通天地之大道，通人类之德性。听起来好像是离我们太远了，实际上还是在我们生活中。

乐（yuè）与乐（lè）

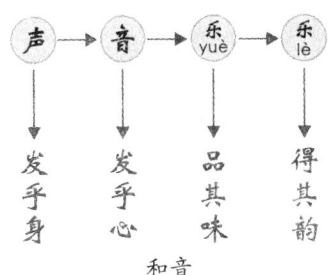

什么叫"和音"？什么叫"雅音"？佛教《弥陀经》里就有"出和雅音"——出和音，出雅音。"和音"是从和气发出来的音，"雅音"就是文明的语言。

"声发乎身，音发乎心，乐（yuè）品其味，乐（lè）得其韵。"《史记》里讲了，声音是发乎身的，自然就可以发出声音，你左手"嘭"一下都能够发出声音。它是物质的载体，只要是物质的就会发出声音，但是发出的音是不一样的，音是发乎心的。人讲话的时候，声音有高有低，有快有慢，

有的轻柔，有的急促，还有愤慨，这是从哪里来？从心里发出的。

乐是"品其味"，能品出味那就得乐，这个乐还是外在的，但只有得其乐才是真实的。什么叫快乐？我吃了一顿大餐，是海鲜大餐或者是别的什么大餐，这就是乐吗？往往吃过以后不舒服，有的人经常会说："哎呀，我吃得过饱了，一个晚上都不舒服。"或者是酒喝多了，喝的时候快乐、欢笑，但是最后不快乐。

有时候去唱歌，唱了一个晚上非常快乐，回到家里疲惫不堪。特别是旅游，每一次旅游回来都是疲惫不堪，是不是？乐在哪个地方？我向各位同学讲一下我个人的体会。

旅游的"任务"

我经常带着任务去旅游，有时是去开会，有时是接受邀请去考察。"旅游"是什么？如果真正在旅游中，在山水之间得其乐，得其真韵，我认为还真要有一些讲究。在座的可能都有旅游的经验，每一次旅游，真正在山水之间的时间占了百分之几？而在车上或在宾馆的时间又占了百分之几？如果是七天长假旅游，在青山绿水之间，在鸟语花香之间，在蓝天白云之间，这个时间有多少？大部分时间都是在车厢里，在机舱里，在宾馆里，在商店里，是不是？一旦你到了山水之间，看了以后很乏味，也没什么可看的，往往会出现这样的结果，搞得很疲乏，很后悔。

有人上了黄山以后，就后悔："我再也不上黄山了。"但是，为什么有人上黄山？为什么上了一次还要再上一次？这就是"仁者见仁，智者见智"。为什么？有时候钱都白花了，特别是时间。

我去旅游，经常干一些平常不干的事，经常就像一个小孩子。第一次到兰州的时候，我就急着到黄河边上去体会。到了黄河边上一看，哦，兰州的"兰"字出来了。为什么？兰州只有东西三条大街，"兰"字三横出来了，两点呢？我要去找黄河边上的两点，在哪个地方？哦，出来啦！黄河奇石馆就是那一点，黄河天下第一大铁桥就是那一撇——"兰"字出来了。

自己不给自己出题，那根本就没有收获。我给兰州人一讲，兰州人："啊？我在这里生活了几十年都没有发现这个问题。"这个问题能作为一个问题去申请吉尼斯吗？这个说明不了什么？生活的情调啊，你不能不作为，要有作为。下面提问的时候，我想大家一定希望提尖锐一点的问题。大家鼓掌，是对我的一种宽容，我错了你们都很宽容，所以，这个一定要有生活的情调。

出去旅游跟着导游，稀里糊涂地走，稀里糊涂地看，稀里糊涂地从这一家商店走到那一家商店，这里跑一跑，那边转一转，还没有看好又要走，稀里糊涂，回来非常疲惫。

出去玩，首先要带上任务，要整理好生活的情调。没有生活情调，我绝对不干这种事，我不去。去了没有收获，何必去？对不住谁？对不住我们自己。

这次到大地湾文化遗址，那是伏羲故里，还是女娲故里，我去了三次，去了一次还要再去一次，为什么第三次我还要去？我就是为了一件事去的，为了什么呢？到了那个地方，就想到研究员解说时讲的一句话，他说："这种地面，考古发掘时还是平滑的。……我们今天还在用它，家家户户炕头上还是这种工艺，用这种泥。"第三次我去，就为这个我请研究员带着我到好几家去看，哎呀，那个炕头非常光滑，非常结实。这是一个问题，这个问题我带回来了，也作为我们的研究课题，我没有白跑。

第五讲 乾龙的野性与规则

野性的另类释放

今天是"太易自主管理"的第五讲,"太易自主管理"是围绕这个"示意图"来讲的。首先"太易"的"太"是太极,是太极的思维;"易"是易象,我这里不着重义理而是易象,易象是指反映客观事物本体的现象。

这里我把太极解读成野性。什么是野性?当今的社会,人类总体上都是心念浮动,非常浮躁,战争、恐怖……这是大的;从小的方面来说,家里安了防盗门并不保险,走到大街上述要时时提防,坐公共汽车也要提防,处处没有安全感。

本来世上好人多,但是好人的胆子并没有小人的胆子大,这是什么原因?这就是野性。人类的野性要向另外一个方向去释放,现在的战争和恐怖就是野性的一种释放。本来野性里面也有很多好的东西,人的自然属性的东西,由于某些方面原因被压抑了,由于我们真正的野性被压抑,所以我们自主创新的能力被压抑了。

现在讲"乾

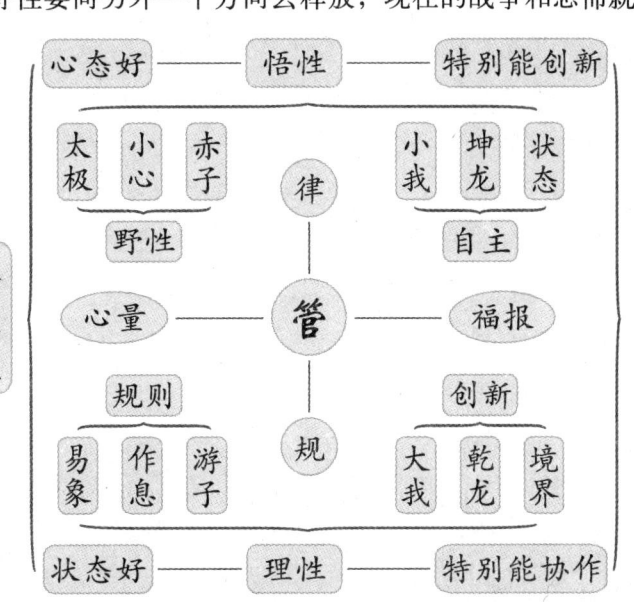

龙的野性与规则"。

"乾龙",这是什么龙?"龙"翻译成英文以后,到了西方,成了一种非常恐怖、很凶恶的象征。所以外国人不理解中国人为什么把这样凶恶的东西当成自己的图腾。是翻译问题还是文化的差异,我们且不管,但是《易经》里面讲的"乾龙",应该是客观地反映了人的一种野性,同时也有规则。有野性没有规则,就会出现恐怖和战争;有了规则,但是规则一过,就会压抑我们创新的思维。

那么,乾龙的野性和规则是什么呢?

首先看乾卦☰,乾卦有六个爻。这六爻是上面一个乾卦☰,下面一个乾卦☰,叫天上、天下。这个纯阳卦为什么叫"乾"?乾者,健也。"健"是什么意思?就是"健康"的"健","天行健",又为勤,"勤劳"的"勤"。"君子终日乾乾","乾乾"也是"勤勤"。

再看它的卦辞"元亨利贞",这就是乾卦这一卦的卦辞。卦辞是周文王写的,实际上是他写的吗?应该这样去推测,是原始先民一代一代积累的思维,口口相传的口头语言,传到了周文王时代,他把它加以归纳、总结,整理出"元亨利贞"四个字。"元亨利贞"四个字在六十四卦里面反复出现。

"太和"与"大和"

我们先看"元"。许多书上一般用两个字解释"元",一个是"始",一个是"大"。"大"字是很关键的,它与"太"字是同义的。

在乾卦的象辞里面,"保合大(太,音 tài)和",这个"大(tài)和"到日本人那里就是"大(dà)和"了——大和民族。实际上他们不知道,本来是想玩一点文字游戏——日本人喜欢玩文字游戏,玩一点小聪明——你的东西我给你改一改,"大(tài)和"变成"大(dà)和",殊不知"太"比"大"更大,结果呢,他们成了"小日本"了。(众笑)不是我们瞧不起他们,是他们自己矮化了自己。明明是"大(tài)"和,大得无法形容,无法形容之大,就为一个"太"字。

天地之始是太始,也叫太极。太极之前是无极,无极是未进气也。是不是有气呢?也许有,但是没有看见,没有显现出来。太极分了几个阶段,太初,是气之初也;太始,是形之始也;太素,是质之成也——有气,有形,有质。

还有人把它用五行来区别,来解读。五行是什么呀?金、木、水、火、土。

```
天地之始 —— 太始        无极 —— 未见气也
人生之始 —— 本善   太    太初 —— 气之初也
学业之始 —— 启蒙   极    太始 —— 形之始也
事业之始 —— 开张        太素 —— 质之成也
```

是怎样形成的？它与宇宙的形成有什么关系？

自然万物的五重造化

在传统文化的观念里，在老祖先的观念里，他们认为是这么一个过程，自然万物有五重造化。本来是"时乘六龙"，这里为什么说五重？实际上，五重就是六重。

"重浊之物下降而土生"，这是什么意思？昨天的《参考消息》里面，有一篇国外科学家的文章，讲到行星的形成。行星的形成，就是爆炸以后的碎块，旋转、凝聚在一起以后，形成一个盘，就像银河系、星云系运行的那么一个盘，碎块实际上是微尘、尘土——非常微小的尘土旋转起来，渐渐凝聚成一个球体，在宇宙里没有上下，下降应该是凝聚，应该是集中、团集在一起形成球状的。

```
重浊之物下降而土生
土成块质坚而金生
金氧化分解而水生
水滋润草木而木生
木为燃料附着而火生
火还草木为炭而土再生
```
自然万物五重造化

形成土块以后，土块中间又产生一些质的变化，有些就成为矿物质，矿物质就是金。金会氧化、分解，又产生了水。水又滋养着草木。首先是植物的生成。三十五亿年前，第一个单细胞是从水里面产生的，以后在海里面产生了植物，慢慢地在海里面又产生动物。木作为燃料，它能生火。大家知道，火自身是不能独立存在的，必须附着于一种物体。比如灯，就必须有灯芯，没有灯芯灯是点不亮的，所以火苗也有所附之物，草木就是火的所附之物。草木烧过以后，产生灰和炭，灰和炭又还原为土。在大自然里，这是古代人五行相生的一个造化，是这么一个概念。

当然，有人对五行相生提出非议，说这并不是科学的。我认为，不必要拿"科学"这么一个单纯的名词，来量化所有的东西。我们崇尚科学，崇尚的是科学的精神和科学的态度，但是我们不能把科学当一个教条和一个框子，到处去扣，扣到哪个头上哪个都有一点不合身，那你就不是科学的？不是用教条、用什么框子来框的问题，首先要看它是不是客观的、理性的。当然，每个人有每个人的看法。

```
胎极而孕期穷
穷则变——乾坤变离坎
变则通——先天与后天相通
通则生——息生
生则作——作息
作则成——自主
```
十月怀胎五重造化

再一个，人之始为本善。天地之始因为是这样，所以它显得大；那么，人之始的本善，善是从哪里来的？我上次讲过，先天为性，后天才产生命。命是后天才产生的，先天只有性，性本善，本善的"善"不是与"恶"相对立的"善"，而是无善无恶的"善"，叫本善。

人生之始是怎么样呢？人生之始也有五重造化，"胎极而孕期穷"，孕期已经到了。"穷则变"，变的时候乾、坤变离、坎。先天八卦是乾、坤两卦占主要的位置，所谓天地定位，居南和北向，是四正位置，是最主体的位置；但是到了后天八卦，这两个位置——乾卦和坤卦，本来代表天和地的，又让位于离卦和坎卦，让位于火和水。为什么会让位呢？为什么乾卦和坤卦到了后天八卦就退居到二线上去了呢？离卦和坎卦为什么占主要位置呢？

人在胎胞里的时候，是依靠母体的，所以他离不开天地。一旦分娩以后，降生以后，他是自成体系、独立的一个生命体。在这种情况下，他要依靠自己身上的水火——人身上最主体就是水和火，一寒一热。肾里面有水，水就是元精，因此肾是人的命门所在；火为心，心是血液运行所在，以这两个为代表。并不是说，先天八卦是那样一种方位。到后天八卦又是这样一种方位。这种变有没有道理？是不是古人坐在书房里随意演绎出来的？不是，同样是在实践生活中，非常客观地表现客观现象的。那么，这是不是科学的，大家可以评价。

彼与比

"穷则变，变则通，通则久"，这是《易经》上的。"变则通"，"通"也有来历。胎儿开始是靠肚脐连着母体来呼吸，而鼻孔和口被胎儿的一双手捂住了，胎儿一旦降生以后，就把手放开了，这时候鼻孔接到外面的气，鼻孔这两个窍开了。这两个窍开了以后，肚脐剪断了，与母体分开了，不止不行了，这个时候肚脐止住了，鼻孔就通了。这就是说，人的上气和下气第一次接通了。而人在寿命终尽的时候，是叫断气，上气与下气断了，不相通了。人的生命一旦独立的时候，上气就与下气接通了。所以生与死是有规律的，就像写文章一样，是前后呼应的。"通"是先天与后天相通了。

"通则生",生生不息,息生起来了。"息"是什么意思?前面讲过,人的呼吸中有一个息,一呼一吸中有一个转化过程,这个转化过程就是"息"。

有人认为:我从来没注意到"息",从来没在意"息",是不是有"息"呢?有,如果人没有"息",没有一呼和一吸之间这个过程的话,呼和吸是接不通的。因为人不是用肺在吸气,是用肾在吸气,是肾在起作用,所以要收小腹,鼓小腹,呼吸时小腹要鼓动,肺才呼气,这时"息"升起来了。"息"是什么?是人身上的一把锁。为什么说是一把锁?"自己"的"自"是鼻子,古代的"自"字和"鼻"字是通用的。那么,"心"是什么?不是上面这个大心,而是小心。"小心"是什么?小心就是命门,《黄帝内经》里面讲了,这在第二讲已经详细讲过,小心是人的命门——前有肚脐,后有命门。小心和鼻子上下相通,也就是"自"和"己"相通。自是鼻子,鼻子是土,是上呼吸道;"己"在腹部,腹部里面是脾胃,脾为己土,鼻子也是土,所以是"自己"。

如何才能知"己"?

大家知道"知己知彼",有人认为知彼很重要,实际上知己比知彼更重要。如果我们连自己都不知道,那怎么能知彼呢?知彼,应该不是"彼此"的"彼",应该首先想到"比较"的"比"。如果我们两个没有比较,不是竞争的对象,不必较量了,我何必要知道你呢?我知道你,我知道自己,有什么意义呢?所以,彼和比,必须知道"彼此"的"彼",必须与"比较"的"比"联系起来。谈判对象也好,竞争对象也好,恋爱对象也好,都是在比较中,通过比较你选择了他,才产生彼此。在彼此之间,知己比知彼更重要。

那么,知己从哪个地方下手?应该从解剖自身开始。要知道自身从母胎里带来了什么,这个是很重要的。你连自己都不知道,怎么知道"彼"呢?你怎么跟他人去比呢?你拿什么去比呢?你从什么地方下手去比呢?

"生则作","作"是作息。作息是很重要的,有一位老中医讲过一句话:

"人的健康因素，作息占了60%以上。"不知道你们认可不认可？听了这个以后，我是认可的。那位老中医说，他是通过调查研究得出来的。那么，如何作息？了解了自己的"息"以后，了解了这把锁以后，你就知道。

"作则成"，"成"就是自主，也就是自强不息。自己做自己的主，做自己的主人。现在很多人，不是自己做自己的主人，而是把自己身上一把"钥匙"，乃至于自己这一把"锁"交给了谁？交给了他人。

刚才讲到"锁"是息，那么"钥匙"是什么呢？是哪一个字？是一个"管"字。管是竹子做的。当初"管"字的本义就是钥匙，古代的锁是木做的，门闩也是木做的，而钥匙是竹子做的，以后变成了铁的、铜的，变成了金属的。这个"管"是管道，刚才讲到先天呼吸之道和后天呼吸之道相通，它就是一个管道，管道相通——钥匙，然后管住这个息。上气与下气一定要相通，这就是钥匙和锁的关系，锁的里面就是人身的太极。

人身不仅肚子里面、小腹里面有一个太极，"中有小心"，小心翼翼，小心就是命门，两翼有两个小窍，小窍两边还有两个肾，一个阴肾和一个阳肾，两个肾就像两条阴阳鱼，两个小窍就像阴阳鱼的鱼眼。人的脸上也有一个太极，中间的"人中"是中，小心也是命门。鼻子的上面是印堂，下面是命门，印堂是命宫，人中是命门，所以鼻子非常重要。两个酒窝象征着肾，这是上、下两个太极。所以，人在昏迷的时候掐人中，就是掐命门，使得上下相通、内外相通。首先把这两个太极的心，太极的圆心、同心、同圆、同道、同轨，把这个搞清楚，这也就是我们的"主"。如果这个"主"没有搞清楚，那我们就会放弃自主权。给你一百个人权，半个人权你都用不上。

今天老专家们大声疾呼这个问题，就是说，我们今天的人权不是靠人家给的，是靠我们自己争取的。我们争取什么？李燕杰教授讲："给你们讲一下'平易近人'。'平易近人'，难道你不是人了吗？"我认为这个话题也是有道理的。他讲，这个人平易近人，你本身就是人，你接近人了，那你是什么呢？这些都是很浅显的道理，是发人深省的东西。

占卦与悟性

今天讲自主，我讲一下占卜的问题。有许多人把自己的命运、运气交给了占卜大师。先天八卦为气，后天八卦为运。运气，不是你自己在运，而是请大师来给你运：我付给你钱，请你一占卜。他讲吉，你就很高兴；一讲凶，你就

急了：再给我想想办法，给我化解一下，不行的话我再多给点钱。这是很糟糕的一件事。

上次有一位来听课的女士，她把钱包丢了，这是非常遗憾的一件事。在我们回家的路上，她打了好几个电话给我们，让我赶紧给她占一卦。我应该关心，人家是因为听我的课才丢的，不关心太不近人情，实际上我当时坐在车上没吭声。

为什么？这不是我占不占卦的问题，关键是我们必须是理性的，就这一点事都去占，那还得了？天下事什么都不要去做，连太阳什么时候出山也应该占卜。太阳不占卜，人为什么要占卜？因为这是她自己的事。尽管这一件事让她丢了钱，或者丢了钥匙，既然这位女士能有勇气来听这个课，有良心来听这个传统文化的课，她就是一个了不起的人，多少钱、多少钥匙在她的人生中无足轻重。

不需要占卜，这是我的认识，这不是人情不人情的问题。如果我要给她占卜，是我把她看得太轻了，是对她的藐视。不知道这位女士能不能接受我这个观点？因为这是对你的尊重。（那位女士合十，鞠躬）好，谢谢！

你对我很礼貌，给我鞠躬，我也给你鞠躬，怎么样呢？这就说明相通了，我们得到一种共识，认为确确实实我们的自主不能交给他人，要相信自己，很理性地去解决这个问题。这里面有悟性，什么时候你的事情要他人来代替自己做的话，什么时候你的悟性就退化了。所以这里讲了自主。

"破蒙"与悟性

学业之始——启蒙。我们每个人都记得自己上小学，乃至上幼儿班，第一次背上书包，高高兴兴走进校门，叫一声"老师"，报上名。再一个，拿到大

学录取通知书,走进大学校门。

我想,在座的北京大学的同学们,一看,好多人到北京大学来了,还要到门口照相,到未名湖照相,觉得无所谓,可能觉得:哎呀,有那么重要吗?但是你想到,当你第一次踏进北京大学校门的时候,应该是一种非常崇拜的心态。所以说,人之始呀,什么事开始都是伟大的。

所以,"始"与"大"字联起来——启蒙。这个"蒙"有两个,一个是山水蒙,后面讲卦的时候要讲蒙卦;一个是朦朦胧胧、蒙昧。如何去启开蒙昧,启迪智慧?现在的教育,是不是启蒙呢?

我开始上学的时候,家里是叫"破蒙",没有说是"上学"。第一次上学是叫"破蒙",把蒙昧给破开。我们今天的教育,有些专家也谈到这个问题,我们不是偏激,也不是批评,而是客观地看待这些问题。我们今天的教育,是不是给孩子破蒙?是破蒙,还是又给他蒙上一些新的蒙昧呢?

举一个例子,有一个高中生,早上起来读《中庸》,他的同学讲:"这个是孩子读的书呀,你还读这个?赶紧复习,马上要考试了。"

学校老师是怎么教书的?完完全全是严格按照考试答案来教,非常规范。这位高中生本来是一个插班生,小学只读了三年半,初中没在学校读过,因为他一直在学围棋,以后突然插班到了高二的下学期,他根本就没有应试的概念,语文也好,政治也好,历史也好,地理也好,他完全没有标准答案那个概念,但是他的分数得优。这个班每年的高考分是排前几位的,在全省都是最好的,从开学到现在,也就一两个月吧,他竟然在那个班上达到了中等偏上的成绩,原因是什么?悟性。

这种悟性是什么?我们为什么非要学生按照标准的答案去学习,而从来不让学生讨论、提问?这是不是又给学生蒙上了一些新的东西?全国人大一位官员在人代会上讲了一件事,他说,这次两会上天津有七十多位代表提了一个议案,要求把我们的传统文化编入中小学教材,而且非常全面地做了一些调查和研究。教育部现在正在重新编教材,也开始重视这个问题了。

呜—呼—哇

事业之始——开张、开业。开张和开业是什么概念?"开"是发展的意思。诸葛亮在《出师表》里有一句话:"诚宜开张圣听……"

为什么叫"开张"?现在,一个人的事业开张了,就燃放鞭炮。他认为,因为开张了,所以能把这个事业做大。

这一张图我为什么放后面来讲?因为我个人的研究还没有走向成熟。我从前年就一直在思考这个问题,但是到现在还没有拿

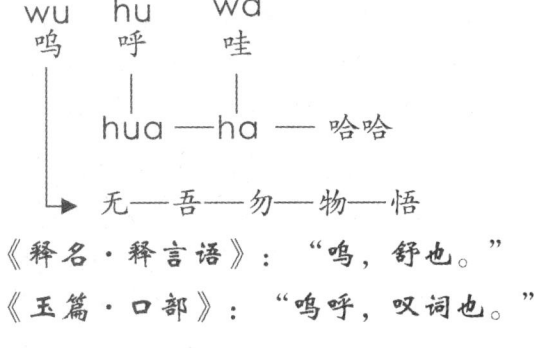

《释名·释言语》:"呜,舒也。"
《玉篇·口部》:"呜呼,叹词也。"

出很充分的证据,写出一篇像样的论文,所以这里我只是提一下"呜—呼—哇"这个东西。

人在母胎里面,耳朵、眼睛、口、鼻始终都没有发挥作用,处于无作为状态。但是大脑皮层——大脑里的接受细胞是作为的,这个天地还是有的,所以他的头朝下,始终是跟着地球转,所以人的头上有螺旋,是被地球旋转为螺旋状的。地球旋转不可能没有声音,万物造化人的听觉功能,却听不到大音——"大音希声"呀。如果你的耳朵功能里,超声波和次声波都能听得到,那么我们就无法休息,无法工作,无法学习了,所以超声波和次声波被这个功能限制住,这是对人的一种关怀,因为这样你才能静下来。地球这么大的声音你听不到,但是婴儿听得到,他听到的是"呜、呜、呜——"的声音,他突然降生时,口一张开就是"呜、呜、呜——哇"。

从东方到西方出生,人类的第一声语言是相通的,没有东西方语言的障碍,都是一个"呜——哇"。因为地球旋转的声音是"呜、呜、呜——",从"呜"到"哇"、"呼",如果按现在来说,"呼"的声母是h,"哇"的韵母是a,按照我们中国的声韵来切的话,就是ha、wa——哈哈,那就是"娃哈哈"了。(众笑)"呜"这个声音,由"呜"延伸到"无",还有一个"吾","吾"是自己。这是简体字的"吾",实际上有个繁体的"吾",大家要记住。繁体的"勿"与舞蹈的"舞"是相通的,舞蹈的"舞"与巫师的"巫"也是相通的,也是相近的,它们都是一个系统的。古代的字,凡是音相近的事物都有一些联系。

"吾"是指"我",为什么是"我"呢?我推测"吾"与纺织有关系,我曾经做过研究。为什么呢?"吾"字上面就是绕线的那一个工具,正好是绕线

的那个形状。古代人把线绕成圈,就是这么绕。我看见过我母亲绕线,这一团线到底绕多少,是有规定的。

"呙"是什么意思呢?为什么是"口"呢?这是一个口袋,把线绕到纺锤上,纺锤又要插到织布机上。古代的织布机并不多,并不是家家都有织布机,但是家家都有纺线车,每一个女人都会纺线。但是,你纺了线以后,如何织成布?谁来给你织布?几千年来很多东西都是不变的,有的变化很小,还在延伸。

我小时候见过织布机——我是很喜欢看热闹的——到现在还历历在目。我们那里三百多户人口,只有两部织布机,每年春天就要把织布机放在那个大稻场上。例如我要织一匹布,就必须插上五个纺锤;如果要织两匹布,就要十个纺锤,都插在这个地方。织布机上的线能拉很长,就像一个长长的宽带,然后卷起来上机子,那么多的线一点都不能错,非常的严谨。全村那么多的妇女,没有一个是上过学的,连夜校都没上过,她们是彻底的文盲。但是,她们的数字计算能力特别惊人,默算、口算、心算。这是不可思议的事。这是传统的问题。

什么是"拜"?

"享则亨","享"是"享受"的"享"。在古代,是谁来享受?先让天地、祖先享受。这是祭祀活动,"享"是供养,把最好的供品放到香案上,祭天地,祭祖先,祭神明。古代"享"和"亨"是相通的,是通用的。《说文解字》说:"享,献也。"现在讲奉献、贡献、供养,都是一个意思。

再则《孝经》上讲:"祭则鬼享之。"为这个"鬼"字做了一个证明。我们不要把鬼当成是一种非常可怕的东西,这太贬义了。鬼,归也。人人都要回归,一归就为鬼,有的学者持这种说法。这应该说要打破我们的思维,我们不要心里想着鬼是一个很可怕的东西。

"享"、"亨"与烹调的"烹"是相通的,把烹得很好的食物作为供品,这样才能得到亨通——官运亨通、财运亨通、事业亨通,样样都亨通,这个里面就有崇拜的意思。

崇拜,先看这个"拜"字。《说文解字》里面,"拜"是"捧"字,你要查"拜"字,

在《说文解字》里查不到,要查"手"部,为什么?荀子有一句话,叫"平衡为拜"。还有一句话,叫"执手为拜"。一谈到"拜",可能会想到跪下去,五体投地为"拜",其实不然。

"平衡","衡"就是衡木。古人用牛犁田,把衡木架在哪个地方?近代是把衡木架在牛的脖子上,用牛的脖子去拉犁。可在古代不是这样,古人把衡木绑在牛的角上。为什么要平衡呢?只有两边的拉力是平衡的,才能犁田。在西藏解放初,解放军进西藏的时候,西藏有很多地方还是用那种犁田的方式,是解放军教会了他们新的犁田方式。

刚才那位女士给我鞠躬,我马上也给她鞠躬,这叫平衡,所以"平衡为拜"。现在有些人崇拜影星,崇拜歌星,但是,有些明星不太想搭理你,这就不平衡了。我崇拜你,你也应该崇拜我。你对我尊重,我也应该对你尊重,这样双方才能得到一种平衡。

拜的方式是90度的鞠躬。这一点日本人倒是学得比我们好。90度的鞠躬,正好背是平衡的,这一点他们还是没有改。不像我们,见了谁都点一下头。现在年轻人给人点头的时候,挺着身子,他是很随意的,他认为这样就很可以了。但是真正来说,还是平衡为拜。那么,"执手为拜"?握拳、合十都是执手,并不是说非要拜下去。

寻找生活中的崇拜

为什么要讲"崇拜"?现在一讲"崇拜",好像它是一个贬义词,其实不然,这又是一种观念上的敏感。为什么我们今天野性里的东西跑偏了?我们野性里的东西为什么太过了?正是因为平衡崇拜没有了。

古人的原始崇拜是一种自然的、对大自然的崇拜,正是因为对大自然产生一种崇拜的心态,所以就去观天象,一观天象就发现很多的现象,依据这些现象发现了规律,从而来规范自己的行为。古人讲"人定胜天",这样才叫"胜天",并不是把天地来一个"大闹天空"才叫"胜天"。实际上,"胜天"就是把握它的规律。把握规律了,做事就自由了,就好办了。

生活中要多一些崇拜。举个例子,你要是上一个老师的课,物理课、化学课、政治课……如果你瞧不起那个老师,老师在你心目中简直是很糟糕,那么你根本就不会听他的课。即使听,也根本是听不进去,那么你能学到什么东西呢?这个事怎么理解?假如生活中没有崇拜,我认为不行。

在生活中还有一些人——我接触过很多这样的人,老是怨天尤人,对社会老是抱怨这个,抱怨那个,老是只看见那些负面的东西。由于他长期形成这种思维,看这个不顺眼,看那个不顺眼,处处都在抱怨,面对大山,他喊的是:"我抱怨你!"所以大山回答他的也是:"我抱怨你!"他受到的同样是抱怨。

因为你不崇拜自然,所以自然也不崇拜你。你不崇拜你的事业,你的事业也不崇拜你。你不崇拜你的老师,你的老师也不崇拜你。你的一生中,你认为自己最伟大,什么人都不崇拜,最后你就被淘汰了。是不是这样?

正是因为我们的老祖先崇拜天,崇拜地,崇拜祖先,所以我们的文化就能源远流长。这中间是不是有一个因果关系?这个里面是不是有一定的道理?把这个崇拜联系到今天的生活上来,我们也都可以思考。

为什么人人都追求事业亨通、财运亨通、官运亨通?怎么样才能得到亨通?

为什么？寻找一下不亨通的原因在哪个地方，它的障碍是什么？我认为，"亨则通"，并不需要你天天去上供品，不是。你敬业，读书的时候恭恭敬敬去读书，我认为你的学习一定是最好的。对北大，我保持着进校门时的那种崇拜的心态。这个东西你能不能保持？以后慢慢地淡化了，甚至说这个不行了，最后只有离开这个学校——跳楼了。为什么？离开了当时的"始"，所以就做不到"大"。

义与利

"义则利"，讲"利"。孔子说，君子爱财，取之有道。徽商里有一个李大皓先生，他讲："财自道生，利缘义取。"这个意思很明显，是见义忘利，还是见利思义？见到利，是思义呢，还是忘义呢？这是一个根本的区别。如果举生活中的例子，可能你们比我举得更多。我始终讲一个东西：人只要是在为社会做事，不可能没有饭吃。只要真正地为社会服务，可能你这个饭碗不是铁打的，而是金子做的，为什么呢？因为这个饭碗还会一代一代传承下去，为什么？

2004年我到胡雪岩故居参观，我就在想，胡雪岩在今天做了什么？他还在经商，还在用他的理念、用他的品牌、用他的形象指导企业。仅仅一个故居就养了那么多人，有卖门票的，有做保卫的，里面还有各种工作人员，那要养多少人？胡庆余堂里面有一千多人。

在这里讲课，我是吃谁的饭？是吃孔子的饭，孔子做我的老板，我做他的员工，他还在经商，他是大董事长，是不是呀？这个饭碗一直在传承。也许讲得大了一点，但是从大处去想细处的话，我们就能居高临下。有些东西正是因为想得太小了，太狭隘了，所以有些时候做事就浮躁，有一点点茫然。

"以义取利，德兴财昌。舍义取利，必有余殃。"有这么一句话。一个人在积善，虽然积善的时候福报还没有到，但是灾难已经减轻了，已经远离了；一个人在作恶，虽然目前的恶报还没

来,但是福报已经远离了。

"贞",是卜问,就是讲占卦,占一卦,这是为贞。有一句话——你要卜问吉祥——"问事之正"是很关键的。明明心里想到,这一件事对社会、对他人有伤害作用、有危害作用,你还要去占卜,这就谈不上"贞",谈不上"正"。即使占的结果是吉,结果也是大凶,这个大家是很清楚的。

所以,卜问有三个"正":一是用占之人心要正;二是所问之事要正;还有呢,占卜之人也要正。现在的占卜之人,是不是个个都正?有钞票就行了,钱给得多,就给你多说一点,是不是呀?这是不是正?所以要搞清楚"问事之正"。

"潜龙"的修炼

前面卦辞就讲这么多,后面开始讲爻辞。

六十四卦,一卦一卦、一爻一爻地讲,最起码要讲六七十讲,在这里讲这么多讲是不可能的。三百六十四爻,每一爻要讲清楚很不容易。上回我讲六十四卦,就讲了六十八节课。从古到今这样讲六十四卦,讲了六十四卦以后又讲《系辞传》,全经都讲完了,有几个人能这么讲完了的?不多。为什么?原因有一个——时间问题。

乾卦和坤卦是首卦,把乾卦和坤卦过一遍以后,其他卦就都好理解了,这是抛砖引玉。

乾卦䷀,是六个阳爻,阳爻为九,最下面一爻为初爻。不是从上往下数,而是从下往上数。

初九,"潜龙勿用"。"潜龙"是什么?阳爻里最下一位,阳在下,为潜龙。因为初爻和二爻为地道,在地下面,便名潜龙。我们经常想到这么一个问题:为什么其他的动物一出生就能站立？大象出生时体重很大，但是它出生十五分钟后就能站起来。当时听人介绍大象的时候，我突然想到，人为什么要到一年以后才能直立，才能开始学步？难道人还不如动物吗？

回到《易经》上，因为人是要做龙的，所以必须修炼。如果你不想做龙，那好，你一出生就站起来吧。你不需要修炼，你不需要积淀，这样就行了，你后面也就无所作为了，也不希望你有大的作为，那你何必要修炼呢？一个孩子出生以后，就是准备以后打柴、放牛的，何必要送他上大学呢？正是因为要他为国家做奉献，做国家的栋梁之材，所以才好好培养他，一直供养他，从小学一直供养到大学，还没完没了，以后还要供养，还要读硕士、博士，做博士后，为什么？精英、栋梁之材就值得培养，也不要急于独立，道理是相通的。所以潜龙阶段很重要，要理性。

另外，也不要什么事都把比尔·盖茨作为例子。他大学没读完，后来就能成为世界首富，是不是每一个人都能这样呢？有记者问比尔·盖茨："你认为你一生最大的机会是什么？"他不从商业上来说，他说："善念。"一个善念，也就是一个念头。弹指之间有六个念头，六个刹那，一个刹那就是一个念头，刹那、刹那之间，我们的念头是刹那刹那地相续。一个弹指不到一秒钟，有六个刹那之间，我们的念头是怎么样？一个善念就是在刹那之间，一个善念就是一个机会，你抓住了，你就得到了。善念相当重要。善念是哪来的？也不是每个人轻而易举就能得到的。那么，比尔·盖茨是怎么修炼的？他的潜龙阶段是怎么样的？我没有去考证，我想他也有一个修炼过程。

"勿用"是不用吗？

还有"勿用"。为什么要解释"勿"字呢？其实"勿"里面有善念的东西。如果你真正从"勿"里面悟到些东西，那就是善念、善气。"勿"，在古代是一种旗帜，是一种飘动的旗子，在祭祀的时候，要插一种旌幡，还要用牛羊做供品。所以，中国的"物"字是牛羊、旗帜，在祭祀活动中与"勿"相通了。

也就是说，正因为天地有万物，人类才能生存；因为我要生存，所以我要

报答,所以我要祭祀。祭祀又是为了什么?为了更多的物的生存,原始反终,又叫报本反始,这是《礼记》里面提到的。每年秋天有一个郊祭,秋天的郊祭是用当年新收成的稻谷、第一碗新米饭、第一个新馒头、第一个新摘下来的水果、新酿成的米酒供养天地,感谢这一年在春播、夏长之间给我们帮了忙的天地万物,包括昆虫等,都要一一感谢、一一报答,这就叫报本。

报本又是为了返始:明年我还要播种,还要夏长,还要秋收。报本反始,原始反终,这就是一个良性循环。我们必须认真去体会、去体验祖先是什么样的原始生活形态,是一种什么样的生活心态。

今天很多地方的农村还有"吃新"这个习俗。"吃新"就是吃新米饭这一天,要到野外去,在新米饭上插两支稻穗,插上新稻谷,还要供酒祭奠,还要拜天地。我小时候每年都参加这个活动,不知道现在有多少地方还保留这样的活动。这是一种感情,一种理念,起码是一种意识,崇拜是一种意识。如果我们纯粹地把它解释成迷信的东西,我认为不是太准确。

为什么是这种形式、这个理念?只有在这种情况下,你的心态才真正是虔诚的,是诚恳的。因为你的诚恳,你的虔诚,所以你的心灵就能静下来,才能"止于至善,知止而后有定,定而后能静,静而后能安,安而后能虑,虑而后能得"。得的是什么?得的是悟性,得的是一种启发,一种新的思维,一种新的灵感,这个灵感就是善念。不是我说得很玄,而是我们应该去体会。

"勿用",在我们生活中,人类所有的活动都是为用,如果简单地理解即:不是不用,而是为了大用;不是不为,而是为了大有作为。

"当下"是"现在"吗?

九二,"见龙在田"。初九时"潜龙勿用",不能去发挥自己的作用,因为还是在学习阶段。但是你一旦走出校门,走上社会以后,在一个单位、一个岗位上干出了成绩,得到大家的认可,你就是在"利见大人"。

这个"大人"是谁？不是一个贵人，也不是大人物，而是你身边的群众，那些称赞、认可你的群众，他们就是"大人"。"大人"为众人——当然也许我的解释有点偏颇，因为许多书上解读"大人"，有的认为是贵人，有的说是大人物，还有比较好一些的，解释为有道德修养的人。实际上我认为，这些东西年轻人是很难接受的，解释为"大人物"不能让人接受，解释为"贵人"也不能让人接受，讲是有道德修养的人，谁是有道德修养的人？

当今的年轻人都有自己的评判标准，所以我想来想去，联系到舜。舜的继母，还有继母生的弟弟，对他是那么的恶劣，他竟然以德报怨，把家庭治理得那么好，邻里间口口相传。尧知道了，就把自己的女儿嫁给他，还把自己的位置禅让给他，这是"利见大人"，是不是？这个"大人"是不是众人？如果离开了周围的群众这个"众人"的话，能"利见"到尧吗？

讲一个"见"字，这里不是"见(jiàn)龙在田"，而是"见(xiàn)龙在田"，要重视一个"见(xiàn)"字——现在，大家都在"现在"。我"现在"给你们说，我刚说过以后，我这句话已经成过去了。过去、现在和未来这三者有什么区别？真的截然分开的话，哪个东西是过去？哪个东西是现在？哪个东西是未来？如果划定今天这个讲座为"现在"，这个"现在"马上就会过去；如果这个讲座结束，是现在吗？还是未来？

佛教里讲"当下"。许多人都想问："'当下'是什么意思？"什么称为"当下"？应该说，一刹那之间是当下，一万年也是当下。问题是，你的意念、你的注意力在什么地方？你注意到当下，这就是你的现在。为什么？就在这个时候这些东西现出来了，你看见了，在你也是存在，在它也是存在。你是主体，你是观察它的主体，它是被你观察的客体。无论是时间也好，空间也好，都有一个主体和客体。主体和客体都存在，显现出来这才为当下，为现在。"现在"的"现"是当下，随着时间的流逝不断失去，不断变为过去。

"见龙在田"重在一个"现"字。我自身也是在这个地方下功夫，下得还很不够，有时候下得还很苦，就是守住自己的当下，不让自己的念头开小差。脑子老是在那里胡思乱想，因为胡思乱想，你不在了，你的真我、你的神思已经是在那里飘荡了，在虚渺中飘荡，在邪念中飘荡，在杂念中飘荡，在那里徘徊。

如何使自己真正做到一念？能真正做到专心一念就是善念。为什么是善念？只要专心一念，什么事都能做好，这就是善念。你的机会，你的最好的机会，就是在刹那之间与你擦肩而过，稍纵即逝。在这个时候，因为你专心一念，所以你看到了，你抓住了，你反应过来了，而其他人还不知道怎么回事，这就是善念。善念从哪里来？从当下来。

"不三不四"

九三，"君子终日乾乾，夕惕若厉，无咎"。"终日乾乾"就是终日勤勤，勤勤恳恳。这是在白天，那么到了晚上呢？夕阳西下以后呢？警惕自己，反思自己，对自己要时刻严厉，这样才能做到没有咎害——无咎，这样的人才能为君子。三爻和四爻是讲人道的，人道讲君子。

上次汪老教授讲了一个"不三不四"，一讲某人为人"不地道"，就用"不三不四"来形容，因为他不在三爻，也不在四爻。三爻和四爻是人道，只有你真正是在三爻和四爻，你才能站住脚。谁能站住脚？是所有人都能站住脚吗？应该说，只有君子才能站住脚，作为君子在人道里面才有他的空间。否则，虽然为人，但是不在人道里面，做人做事不在人道。

这是什么意思？很微妙。《易经》如何理解？每一个字都要去理解，中国传统文化里的每一个字都不能去"改正"，随便"改正"就是亵渎，我就是这样认为的。中国传统文化只有深入进去以后，只要细心去体验就会发现，半个字都改不动，一改动就不是原来的那个东西。

现在讲的"健"，就是"终日乾乾"，也就是书里面讲的"与时偕行"。做人不容易呀，做君子更不容易。

九四，"或跃在渊，无咎"。"或"，困惑。为什么这个时候有困惑？很多人在走过一段路程以后，往往新的困惑就来了。凡是有困惑，是好事，不是坏事。上次在座的有一位同学问到我，说他有一个很大的困惑，实际上这是好事，因为你的思想境界已经上了一个台阶，只有上了这个台阶心里才有困惑，而且是大的困惑，这个大的困惑一旦突破，就又是一次新的突破。

应该说，人生在不断地进步，境界在不断地提升，在这种情况下，一旦你上了一个台阶，你就有一个困惑，这个困惑来了，千万不要担忧，还是循着这个困惑去解惑，去证悟。就是说，不疑不悟，小疑小悟，大疑才有大悟。正因为有惑，才去追求；没有追求，就没有进步。所以，惑也可能是悟的先兆。

"补过"与改过

九五，"飞龙在天，利见大人"。九是阳爻，五是第五位，九五之爻是中正之位。

为什么是中正之位？因为九五爻是上卦的中间一爻，上卦三个爻，正中间一爻为中；五爻是奇数，奇数为阳爻的位置，它正好是阳爻，阳爻为正。所以是中正之爻。在这一卦里面，得中正的唯有这一爻。

通过潜龙，到田龙，再到乾龙，又到或龙，再到飞龙，这个时候你正好可以展翅飞翔，施展自己的才华，实现理想，人生的辉煌就在于此，这个时候的"利见大人"，再也不是"见龙在田"时的"利见大人"。古代人采用的是井田制，周围八个田都是私人的，中间一块田为公田，只有这一井田的人知道你。现在"飞龙在天，利见大人"，这时的"大人"是天下的众人，范围更大，层次更高。"尊"，古代是指酒壶。

上九，"亢龙有悔"。什么是"亢"？人的前面为颈，后面为颃，有人叫脖子。古人用字是非常严谨的。"亢龙"，就是说，"飞龙在天"飞得太高了，超越一定极限了，那就有一种危险，但是这个时候正好"有悔"。"有悔"很有意思，什么叫"有悔"？前面讲"无咎"，这里讲"有悔"。"无咎"和"有悔"比较起来，"无咎"是没有伤害，那么"有悔"呢？"悔"是什么意思？《系辞传》里解释"悔"字是"善补过"。

我把"善补过"三个字琢磨了很长时间，"悔"为什么叫"善补过"？今天讲得最多的都是改过、改过自新，从来没讲过"补过"，"补"是什么意思？善补过才为悔，这个里面有很深的东西了。孔子讲"不二过"，我们要做到不犯同样的错误，不犯第二次。我们今天经常会出现同样的错误，屡改屡犯，改不了。

为什么改不了？关键是没有补过，补才是最重要的。一个孩子天天去游戏机房里打游戏，老师、家长非常担忧，好不容易把他劝解回来，他也是天天背着书包上学，但是你没有给他补，没有更好的东西去吸引他，没有去占有他的思维空间、他的兴趣空间，这个时候一旦下课，他还是要去玩游戏机，为什么？你没有给他补，没有善补。你不善补，没有更好的方法去给他补，没有比原来那个更好的东西来补的话，你还是补不上，

他还是改不了。

我认为,孔子把"悔"字解释得就是到位,就是生活中的东西。所以,如何悔?要善补过,要补上。

有些人老想着打牌,老是改不了,原因就是没有更好的东西吸引他。有一位李先生,一直追求学习,大学毕业了,除了工作,他还想拿更高的文凭,以后又上党校,去拿法律专业的研究生学位,现在还经常来听课,星期六、星期日,只要有传统文化的课,他都来,这就补上了。他不去打牌,他把打牌的时间、钓鱼的时间用于学习。他是怎么改过来的?改过来的原因是他"补"上了。

乾卦里面的"吉"哪里去了?

"悔"字右边是一个"每"字,"每"字的甲骨文是,像女人头上很盛美的样子,头上装饰得很好看的样子。但是,加"忄"旁就为"悔",加"木"就为"梅",加"氵"旁就为"海",当然加一个"亻"旁就为"侮辱"的"侮"。为什么是侮辱?因为这是一种舞蹈,这种舞蹈是什么?是甲骨文的 ,用这种方式到田里去锄草。古代锄草不拿工具,而是一条腿半跪着在田里锄草,半跪着往前挪,这好像是一种舞蹈的形式。每一个汉字都有故事,我准备把甲骨文、汉字的一些故事,做成一些展板。我积累了很多,如何把它们展示出来?它们如何启发我们,如何改变我们对传统文化的认识、对汉字思维的新认识?

```
上九 ——— 亢龙  ┐
九五 ——— 飞龙  │
九四 ——— 或龙  │ 群
九三 ——— 乾龙  │ 龙
九二 ——— 田龙  │
初九 ——— 潜龙  ┘
        乾卦
```

从初九到上九,我们看到里面有两个"无咎",三爻和四爻都讲"无咎",没有咎害,这是人道讲了两个"无咎",因为天道和地道没有咎害。《易经》是讲占卜的,就是讲吉凶的,但是,从初爻到上爻,有"吉"、"凶"两个字吗?没有。为什么?讲天道的,乾卦为天,为父,应该说没有凶,但是它也没有一个"吉"字。它作为首卦,没有"吉"字好像有点说不过去,后面的那些卦都有"小吉"、"大吉"、"吉",还有"元吉",坤卦里面就有"黄裳元吉",但是,乾卦里面连"吉"字都没有一个,甚至连"小吉"都没有一个,为什么?原因在哪里?"吉"在哪个地方?

"用九,见群龙无首,吉。""用九",它不是在哪一爻上,如何用这个阳爻?

九为阳爻，也为刚，也就是如何用刚、如何用强。在日常生活中，对一个问题是用刚，是用强，还是用柔，这是运用上的问题。

这就是一群龙。"见群龙无首"，谁是首？从这个"首"来看，是空间的。再从时间上，哪个时间是现在？没有现在就没有首。我问你，你现在在潜龙阶段还是飞龙阶段？在座的每一位同学，我就觉得你们都在潜龙阶段，为什么？还在上大学，还在读书。但是，你们又在飞龙阶段。在这个阶段上，做得很出色，学业非常好，也是一种飞龙，学业上达到了"飞龙在天"这么一个境界。

所以，有些东西是交替的，这是"无首"的一种解释、一种解读。当你在飞龙阶段的时候，你有时候还要做潜龙，特别是你在人生的真正辉煌到来的时候，千万不能忘记自己还要做潜龙，还要勤勤，还要夕惕若厉。只有"用九"用得好，"见群龙无首"你才能得到吉。"见群龙无首"这是一个境界。

野性的释放

"时乘六龙"是什么意思？刚才讲的六龙，是代表性的六龙，也是人生的阶段。这个龙的野性是哪些东西？潜龙，它是龙，能潜下去，我们人能潜下去吗？我潜不下去，我沉不下来，难道我就没有野性吗？你没有野性，你的野性被什么东西飘起来了？就像一个小品里讲的，你的野性被这个世俗的东西忽悠忽悠地飘起来了。那么，真正能做到潜下去，能够持续去经历，那就是野性。这个东西是规则，"勿用"是它的规则，"潜龙"才是它的野性。

为什么能够"见龙在田，利见大人"？因为它是野性的一种释放。为什么能"飞龙在天，利见大人"？它是野性的更大释放。为什么做到"亢龙"不是"凶"而是"有悔"？能够"有悔"就是它的野性。为什么说这些东西是它的野性？我们想到了原始人类。

原始人类是怎么样来的？他们为什么能走到今天，能够生存下来？再看看很多的动物——但不包括宠物，我们的宠物没有野性，全被关起来了，用链条锁起来了，非常悲哀、伤心、可怜！动物有它的野性，你把它的野性压抑了，它会感谢你？不会感谢你。在大自然中有很多很多有野性的东西。

花是怎么开放的？我天天观察我家里的君子兰，仔细观察它的开放过程。花朵原本是竖着的，当它慢慢下垂，垂到这个程度的时候，它还没有掉下来，为什么？它的营养还在支撑它，营养还没有穷尽。这个东西很厉害，是不是这个道理？

如何用悟性去体验这个"见群龙无首"？有人会问："见群龙无首"与我们今天要自强不息有没有矛盾？我们后面要讲，既要"见群龙无首"，还要自强不息。

那么，我们这个民族到底要怎么做呢？老祖宗，你给我们说一句，你到底要我们怎么做呢？这不是给我们一个两难吗？对，老祖宗就是给我们一个两难，正是因为有两难才有反差，有反差才有奇迹出现，才有自主创新的空间！

第六讲　安身立命与明心见性

"朝"与"晚"

（开讲问候大家晚上好）就"晚上好"三个字，我提一个问题：你们是冲着哪一个字来鼓掌的？（众答："好"字）

好，为了一个"好"字鼓掌，人人都有一个"好"。但是，我心里也为你们鼓掌，我是为一个"晚"字鼓掌。

这个"晚"字，是"日"字旁，右边一个"免"字。这个"免"字的甲骨文是什么意思？你们看甲骨文上面像什么？有讲像帽子的，还有讲像兔子的，这是一点都不假，它本意是冕，冕是冠，是帽子；"免"字加一点，正好又是"兔"字。这个帽子（冠军的冠）、兔子有什么联系？与我们今天的课有什么联系？

这是甲骨文的"人"字 ㇏。

"晚"字与"朝"字正好对应，一个是太阳起山，一个是太阳下山。这是太阳和月亮交替，这个交替呢，太阳起山是"朝"，但是它有"月"字；太阳下山了，本来是月亮来了，但它又有"日"字旁。为什么会这么颠倒过来？

先看"朝"字。乾卦九三爻"君子终日乾乾"，"乾"字与"朝"字正好偏旁相同，"终日乾乾"表示是自强不息。

再看"晚"字，晚上是"夕惕若厉"，"夕"是夕阳西下，晚上要反思、反省。因为你能反省，能够反思，又能够不断地在自己思想上多一些厚德、积德的过程——厚德载物。

为什么月亮、晚与魄有关系？有一个词叫"晚魄"，古代是指月亮，古人认为，日为魂，月为魄。

免——冕

朝　　晚

终日乾乾　夕惕若厉
自强不息　厚德载物
安身立命　明心见性

"夕不见晚魄，朝不识曙星"，"曙星"就是晨曦中闪闪发亮的那颗星星。"夕不见晚魄，朝不识曙星"，这是有来历的。为什么会这样？字也好，词也好，都互相交叉，特别是民俗文化和传统文化，都有很多交叉的东西。

昨天讲了乾卦，今天讲"安身立命与明心见性"，是讲坤卦。

结构与协作

今天这一讲实际上是承前启后，是一个瓶颈。如果大家配合得好，可能对这次讲座系列都是一个关键；如果你们连续仔细听的话，能听出这个讲座不是一重结构，而是有几重结构在里面。刚才有一位同学就听出来了，觉得这个里面结构非常好。但是，如果你只听了一次，或没有听进去，就听不出这个结构。

什么东西都要有结构体系，为了这个结构，我花了很多年的时间，因为我想讲的东西太多，我坐下来给你们讲几天、讲一个月都没问题。很多人到我家，坐到那里不知不觉四个小时就过去了，经常有这种现象。讲了很多的东西，也有很大的信息量，没有结构是不行的，仅仅是一重结构也不行，必须多重结构。特别是在北大，如果讲得太浅显、没有真实的内容，拿不出真功夫，那就真是对不住大家。

我在这方面下了一点功夫，但是我自己也感到还有很多遗憾的地方，还要慢慢地来完善，还要靠大家一起帮我做一些工作，使这个系列、这个结构，真正能成为社会认可的一个东西。

一般我讲课，当然是想讲得更好一些，有的时候是两个方案，有的时候是三个方案，到底拿哪个方案都是临时变动的，看大家听的效果，跟着你们的思维走，有时候太超前了也不行，有时候太退后了也不行。

现在有很多企业老总和单位的领导跟我聊天，都感受了最关键的一点：员工之间协作是一个很重要的问题。如何协作得好，如何配合得默契，上下级之间、同事之间、同行之间如何协作，这个很关键，不懂得协作就不会工作。有些人个人能力很强，但是与上下级之间不会协作，平行部门之间不会协作，相应的工作能力就会减弱。

为什么坤卦里面含着一个安身立命和明心见性？真正说，安身立命是哪一卦？明心见性是哪一卦？应该说，六十四卦都有，但是乾、坤两卦是首卦，它们之间你中有我、我中有你。从刚才那个"晚"字能看出来，为什么立命和见性与"管"字有些联系？与后面的课是什么关系？这是一个关键的东西。

牝马的忠贞

现在开始讲坤卦。坤卦☷是纯阴卦，六个爻全是阴爻。坤卦的卦象，既象征大地，又象征母亲，又象征腹，又象征动物牛。它的卦德，也就是它的功能、特点是顺、柔。

有人认为，《道德经》是老子独立创造的。实际上，老子的《道德经》是解读《易经》的，不过他解读的不是《周易》，而是《归藏易》。《归藏易》以坤卦为首卦；《周易》以乾卦为首卦，是周文王演绎的。孔子用《系辞传》、《象辞》、《象辞》来解读《易经》，他解读的是《周易》，所以这两卦既有相同的东西，又有不同的东西。

坤卦的卦辞是"坤，元亨，利牝马之贞。君子有攸往，先迷后得主，利。西南得朋，东北丧朋。安贞吉"。"元亨"，昨天已经讲得比较详细，这里重点讲"牝马"的"牝"字。什么叫牝马？牝马就是母马。公马为牡，母马为牝。人分男女，动物分雌雄，马有牝牡。

象征：大地　母亲　腹　牛
卦德：顺　柔

《道德经》里面有"谷神不死，是谓玄牝。玄牝之门，是谓天地根"。读到《道德经》里这一句话，很多人都有些好奇，为什么呢？郭沫若先生对"玄牝"的解释，代表了很多人的观点，老子讲的"玄牝"，就是女人的生殖器，也叫谷神。为什么是"天地根"？"天地根"包括了男女生殖器。这里就不多讲了，有兴趣的可以去查一些有关老子的书。

在一群马里有很多母马，但是由谁来管理母马群呢？要挑选出一匹公马，这群母马不接受其他任何外来的入侵者，它们非常忠于这匹公马，所以这个地方不是用牛。本来坤卦是象征牛的，但到了卦辞里面，它用马来做象征，而且是用牝马，为什么？牛是顺从的，但是牛不讲原则，它没有一种忠贞。用马还不行，非得用牝马，牝马讲原则，讲忠贞。

这里强调"顺"的意义，要强调到一个很高的原则层面上，这不是一般的"顺"。什么为中庸？这个里面我们看到的好像是一种极端，只是忠于你、顺从你这匹马，这不是一个极端了吗？但实际上这个不是极端，它保持的是一种"止于至善"、止于至顺的一种中庸。"止于至善"，大家把这个"止"看成是"停止"的"止"，实际上这个"止"是转身的"止"，是转身、转念。

是同类还是朋友？

"君子有攸往"，这里又强调了"君子"。《易经》里面反复强调君子，似乎很多好事都是君子做的，一些不应该做的错事、坏事都是小人做的。实际上这个里面不要有分别心，不是褒一方贬一方，而是一个原则性的东西。

"先迷后得主"，什么叫"先迷"？"先"是说你超前了。假如两个人今天到这里来听课，如果你提前了，他也提前了，会是什么景象？或者两个人走路，你太超前了，是这种"先"的意思。

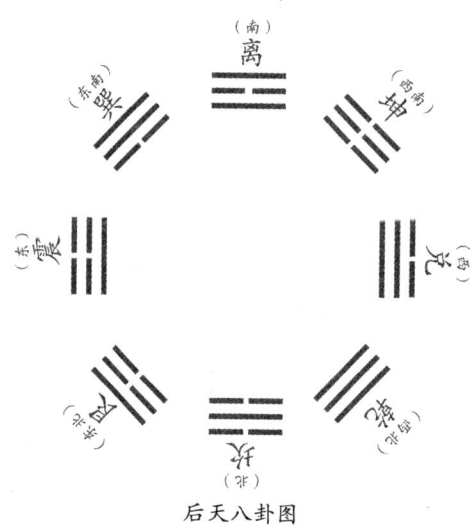

后天八卦图

"后得主"是什么意思？在后天八卦上，你们找到坤卦的位置。坤卦的位置是西南方向，"先迷后得主"是根据乾卦来讲的，以乾卦为主。地球是围绕太阳转的，必须以太阳为主；太阳是围绕银河系转的，必须以银河系的银心为主。如果你要超前，你的运行轨道就要改变，超越了太阳，你就会迷失方向，就会脱离轨道。当然这个也可以发展到其他的方方面面。

为什么"西南得朋，东北丧朋"？这是从后天八卦得来的。坤卦的位置是西南方向，它的身边是离卦、兑卦和巽卦。坤为母亲，离为中女，兑为少女，巽为长女，都是她的同性，都是女性、女同胞。

"得朋"，"朋"是类，不要把"朋"仅仅局限在朋友的意义上，它的原意是"类"。"物以类聚，人以群分"，"我"是这一类的。西北角的乾卦是父亲，坎卦是中男，艮卦是少男，震卦是长男，都是另一类的，都是男同胞。这个里面有什么意思？为什么卦辞里面讲这些？我们这里提一下，大家有个印象。

"安贞吉"，今天讲课的重点就在这三个字里，后面要重点讲，这里不讲了。

什么是"直方大"？

坤卦从最下面一爻一直到最上面一爻是六个爻，最下面一爻叫初爻。初爻为什么为六？阴爻为六，阳爻为九，所以叫初六。

初六的爻辞："履霜，坚冰至。"前面已经讲过了，这里就一带而过。见微知著，见到很微妙的现象，就知道很显著的结果，见到寒露就知道霜降，为什么？坤卦在十二消息卦里是农历十月份，九月正好是寒露、霜降；往前推，仅仅

坤卦	
上六 ▬▬ ▬▬	见"寒露"→知"霜降"
六五 ▬▬ ▬▬	见"履霜"→知"坚冰"
六四 ▬▬ ▬▬	见"坚冰"→知"薄冰"
六三 ▬▬ ▬▬	
六二 ▬▬ ▬▬	
初六 ▬▬ ▬▬	履霜，坚冰至。

知道霜降还不行，还要知道寒露。如果真正有预见性，从寒露的时候就预见到"坚冰至"了，不仅仅是"履霜"。再者，不仅仅是预见到坚冰，你还能预见到薄冰，这才是最高的预见。

有一个词叫"东风解冻"，很有意思。"东"与"冻"，如果把这个"冻"字换一下，就是"东风解东"了，为什么是这样？中国的文字我只是提一下，我们可以思考这个里面的东西，你要是有时间，把玩游戏的时间花在这里面，把这个当成自己的一种游戏、消遣和休闲，有时候特别有意思。为什么是这个现象？

六二爻："直方大，不习无不利。"这个里面关键是"直方大"。上次讲了，"直"是时间的概念，古人好像认为时间是圆的。为什么是圆的？按年来说，是寒暑往来，四季分明，年年如此；按月来说，朔望盈亏，月缺月圆，月月如此；

坤卦	
上六 ▬▬ ▬▬	直——时间的概念是圆的
六五 ▬▬ ▬▬	年 寒暑往来，四季分明。
六四 ▬▬ ▬▬	月 朔望盈亏，月缺月圆。
六三 ▬▬ ▬▬	日 昼夜交替，朝起暮落。
六二 ▬▬ ▬▬	方——地域的观念是方的
初六 ▬▬ ▬▬	直方大，不习无不利。

按日来说，昼夜交替，朝起暮落，又是天天如此。这个时间好像是圆的，所以它是"直"，这是一种。现在物理界都说时间是会转弯的，这个转弯实际上也是一种直的转弯。

"方"，地域的观念是四方的，分东南西北四方八面。

"大"，包括空间和时间。空间——净虚空，遍法界。所有的虚和极的空隙都为大。"净虚空，遍法界"，什么叫"法界"？这里讲一下这个"法"字。事物的发展、变化为法，事物的发展、变化都有一种规律，这种规律就为法。所有的世界，不仅仅是物质世界，包括一些暗物质的世界，都是一种空间的概

大 { 空间 { 尽虚空 / 遍法界 } 时间 { 久远的过去 / 无限的未来 } }

念——当然这个里面我不从学术上探究。时间，这是很大的一个概念，从久远的过去到无限的未来。

这有经典可查，佛教里面有《佛说弥陀经》，大家都知道阿弥陀佛，"阿"是梵音，是宇宙的秘密语，"咒"就是秘密语。"弥陀"是什么意思？弥陀就是指空间和时间，空间就是"尽虚空，遍法界"；时间就是从久远的过去，到无限的未来。为什么？《弥陀经》里面解释得很清楚。何为"弥陀"？第一个意思是无量光，第二个意思是无量寿。无量光，就是光照一切，光能照到的地方就是空间。无量寿，就是从久远的过去，到无限的未来。这是经上解释的无量光、无量寿。"阿弥陀佛"这四个字，这个名号、圣号，为什么会这么普及？为什么能够"人人念弥陀，家家观世音"？有文化内涵在里面。我们不要仅仅想当然。大家都是学者、大知识分子，要实事求是，追溯到它的源头、本意是什么。

"无可"与"无不可"

"不习无不利"，我从三个方面来解释，这里不去细致地解释，留给大家一些思考的空间。儒家讲"无可无不可"，道家讲"无为无不为"，佛教《金刚经》上讲"非法非非法"，再换到《易经》上这句话"不习无不利"。"不习无不利"，简单解释就是说，不用学习，做什么事都有利。但从更深的含义来讲，儒家、道家、释家（就是佛教），这三家是我们中华传统文化的三大支柱，这是学术界一致公认的三大支柱，这些东西是不是含义都不同呢？实际上还是荀子一句话，可能大家都比较熟悉，他讲："天下无二道（天下没有两个道），圣人无两心（圣人没有两种思维）。"所以说，这个里面只是说法不一样，它的真正意思还是一样的。这里的"无为无不为"大家可能提得多一些，它出现的频率比较高。

我这里要讲一下"无可无不可"。"无可无不可"是《论语·微子》里面的。孔子当时讲到几个人，像伯夷、叔齐，还有柳下惠，都是很著名的隐居的人，他们有的隐居到山林里，有的隐居到民间。这些隐士有的是对生活的逃逸，实际上也不一定是，有的是

坤卦

上六 ▬▬ ▬▬
六五 ▬▬ ▬▬
六四 ▬▬ ▬▬
六三 ▬▬ ▬▬
六二 ▬▬ ▬▬
初六 ▬▬ ▬▬

儒家——无可无不可
道家——无为无不为
释家——非法非非法

直方大，不习无不利。

这一种情况,有的是那一种性格,但是孔子在评价的时候说:"我跟他们不一样,我的际遇跟他们不一样,是有区别的。"

为什么呢?对于"我"来说,隐居到山林也好,隐居到民间也好,埋没自己也好,不埋没自己也好,取决于自己也好,不取决于自己也好,"我"这里没有"可",也没有"不可"。孔子是这样说的。

苏轼也曾经说过:"一切世间,无取无舍,无憎无爱,无可无不可。"苏轼也就是苏东坡,大家都是很熟悉的。这些话是很有意义的,有时候在我们生活中仔细去品味,对于我们的工作,特别是为人处世,还是有一些借鉴意义的。

当然,解读得比较通俗的还是孟子,他在《孟子·公孙丑》这一篇里是这么说的:"可以仕则仕,可以止则止,可以久则久,可以速则速。"这个里面有"可"有"不可"吗?有,又没有,最终还是因人、因时、因事、因地而宜。

有一句话,叫"善者因之"。"因"是因时之道,因人而异,因事而异,因时而异,都不要千篇一律。现在社会上很多东西,往往是一窝蜂,一哄而上,一刀切,千篇一律,千人一面,千句一腔。如果有哪一部电视剧的收视率很高,后面跟着的就可能是几部这一类的电视剧。

什么叫"可"?什么叫"无不可"?有一个创新的思维在里面。

"非法"与"非非法"

再讲一下"非法非非法"。这个只能是点到为止,因为讲"非法非非法",《金刚经》里还讲到"非想非非想","非想"和"非非想"是两个境界。讲到有卵生(鸡蛋是卵生),有胎生(人是胎生),有湿生(有些细菌、虫在湿地上才能生),有化生;有有色,有无色;有有想,有无想;有非想,有非非想……这是一重一重的层次。到了"非想"、"非非想"这个境界,那肯定是暗物质世界里面的,是多维的。我们这个世界是三维世界——长、宽、厚,实际上暗物质是多维的。北京著名的黄念祖老居士讲得很清楚,有十一维。

"非法非非法"是什么法呢?真的有一种什么法吗?方法?大法?不是这个意思,实际上还是指事物发展规律。有事物的变化,有事物的发展,就必然有它的规律。"非法",就是说,我们不要执着于研究真理。什么叫真理?非要追求真理,真有一个真理吗?你非要执着于一个真理——错了,没有哪一个真理是人为的。

哪是真理,哪是假的?如果执着于没有真理呢?也错了,比较起来还是有一个真理。例如科学，你非要追求哪个东西是最科学的，非要去追求科学的——又错了。为什么？开始没有一个什么东西叫科学，科学只是一个名词；但是否定这个科学——又错了，科学本身是存在的。

在人类认识的这个世界，在现阶段，在这个年代，还要承认科学。但是真正来说，它的本体，它的原始，有"科学"这个词吗？有这个概念吗？有没有？如果人类真正到超越了这些东西的时候，它们还是不存在的。有些东西，就像乘法口诀，刚开始非要执着于这个口诀，到一定程度又抛弃这个口诀，不需要这个口诀了。

所以，"非法非非法"是我们对哲学的一个思辨，是对事物本体的一种客观的思维。

爻位的颜色对比

六三爻："含章可贞，或从王事，无成有终。"这一爻是指春天的。"章"是什么？"乐竟为一章。"在古代，"一章"就是一支乐曲在宫廷里演奏完了，这就为一章，一支曲告一个段落。它的另一个含义是指花纹，像树木都有树轮。"或从王事，无成有终。"上次已经讲过了。

六四爻："括囊，无咎，无誉。""括"是括起来，但实际上还有一个包容的意思。"无咎,无誉"，"咎"与"无成,有终"是什么思维？我们想象一下，"无成"还"有终"，"无咎"又"无誉"，把它放在我们的思维平台上，养成我们的思维习惯的话，我认为，对我们看待一些事物有很多的指导作用，是很有帮助的。

六五爻："黄裳元吉。"这对前面讲过的是一个温习过程。

上九爻："亢龙有悔。"上六爻是"龙战于野，其血玄黄"。乾卦和坤卦对比着，由颜色上来对比。颜色上对比是什么意思？乾卦的初九为什么是黑的呢？"潜龙勿用"，"潜"是潜于水，水为黑色；九二"见龙在田"，田是土壤，土壤为黄色；九三"终日乾乾"，一年之计在于春，春天是草木旺盛的季节，是青色；

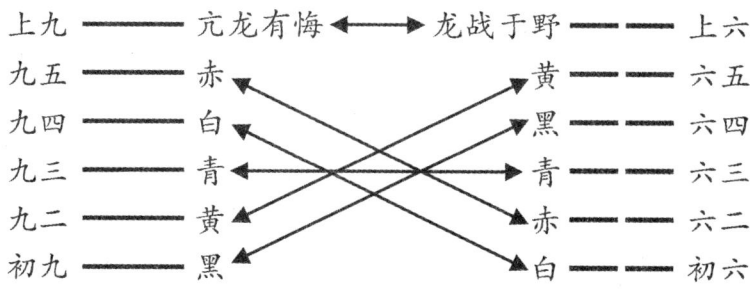

九四"或跃在渊",是白色;九五"飞龙在天",是赤色。坤卦的初六是"履霜,坚冰至",霜是白色;六二"直方大",是赤色;六三"含章",春天的草木,又是青色;六四"括囊",收紧了,是黑色的;六五"黄裳元吉",是黄色。

用线条交叉以后,中间这些线条给我们什么启发?能不能看出《易经》是什么样的结构?如何看待《易经》?可能大家对《易经》是很陌生的,很多都不理解,如果要我用一句话来概括《易经》——实际上有一句话,就是孔子说的"易与天地准","易"与天地万物是相准的。因此,《易经》是反映、表现、描述客观现象、客观规律的。它为什么有这么一种结构?难道是一种偶然吗?

上六爻:"龙战于野,其血玄黄。"上次已经讲了。

用六:"利永贞。"为什么讲"用六"?"六"和"九"是什么概念?为什么阳爻为九,阴爻为六?从《河图》的数字能看出来,先看外层的。阴是偶数,是六和八,这两个偶数中六最小,阴爻就取其小,取六;阳是奇数,是七和九,阳要取其大,当然是取九。再看内层,包括中间的五,奇数相加等于九,偶数相加等于六。阴爻取六,以六来做代表;阳爻取九,以九做代表。从《河图》上看得很清楚。九和六是怎么来的?为什么是这样一种结构?2005年讲《河图》时讲过,这里给大家提示一下。

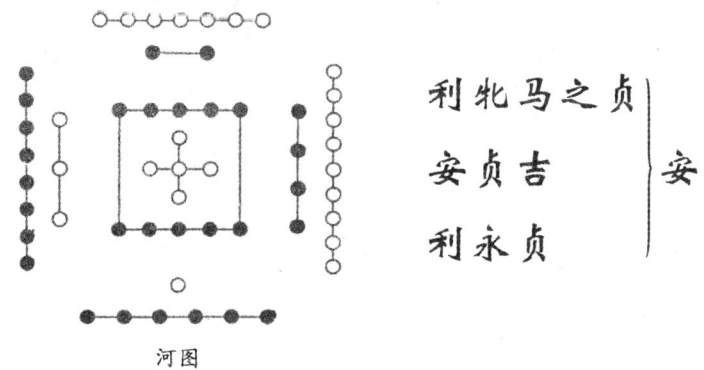

河图

前面留了一个"安贞吉"。卦辞里面有两个"贞"字,一个是"利牝马之贞",还有一个是"安贞吉",在"用六"里面又有"利永贞",这三个"贞"字是什么意思?落实到一个"安"字上。"安"是什么意思?"安"是"贞",是正——正固,正则贞。为什么"安"?这就回到"命"字上了,下面就重点讲"安身立命"。

先安身还是先立命?

乾为性,坤为命;先天为性,后天为命。这是什么意思?今天虽然是讲安身立命，但是这个里面有很深的东西，我们必须有一个过程，必须有一个铺垫，而且要慢慢地展开。想一下子展开，可能很难。就像看小说，有很多的人物，有很多的地名，它们之间可能会打架。如果要进入故事情节，必须先有一个铺垫。我们要先有这么一个概念，形成一个思路，形成一个平台。我的这个课里，如果你们认真听下去了，它有很多结构，给你们构建了一个新的思维平台。在新的思维平台上，你们再思考一些新的东西。

"安身立命"，比较一下先天八卦和后天八卦，什么为命？什么为性？必须从理论上搞清楚，安身立命的源头是从哪里来的。2001年在天津给一个企业集团讲课的时候，就讲过安身立命。是先安身还是先立命？应该先立命后安身。为什么说先天为性，后天为命？首先看先天八卦的四正卦——四正卦就是东南西北四个正方位的卦。南方为乾卦，北方为坤卦，这是天地定位。

为什么不定东西而定南北呢？我们的住房都是坐北朝南，这就是我们安身立命的习惯性思维。几千年以前是这样讲究，今天还是这样讲究。无论是北方的仰韶文化遗址、大地湾文化遗址、马家窑文化遗址、红山文化遗址、大汶口文化遗址，还是南方的河姆渡文化遗址，他们当时的民居、其他建筑基本上是坐北朝南，都是这样设计的。同时，人死了以后，墓葬也非常讲究，几乎是一个时代有一个时代的特征。

一个文化遗址，把它挖掘出土以后，评价它是属于新石器时期的早期还是晚期，是属于仰韶文化还是马家窑文化，或者是龙山文化……从什么地方区分？可以从彩陶上区分，还有的是从墓葬上区分，看墓

先天八卦图

葬有哪些特征，头是朝哪个方位，都有规律可循。就是说，古人对这些东西非常的讲究。

所以，先天八卦和后天八卦也并不突然，并不意外。也就是说，不需要去怀疑，古人就是这么讲究的。所以说乾卦为南边，向明，向阳，面南而坐，向阳而坐，向明而治，《易经》里都有这些辞。先天八卦竖向的是南北方向，为天地；横向的是东西方向，就是离卦和坎卦。离卦为东边，坎卦为西边；离卦为火，坎卦为水；离卦为日，坎卦为月。八卦里最活跃的就是离卦和坎卦，因为它们在

天为日月，在地为水火，在人身上为耳目（目为离，耳为坎），这是一个象征，所以它们是最活跃的。离卦和坎卦占的是四正位中的东、西。如果说离卦为日，坎卦为月，日月正好为明。

古人造字的微妙

如果把"晚"字放在西边，"朝"字放在东边，正好日和月在中间，它颠倒了。你们能想象到吧？太阳开始西下的时候是在西边，"晚"字的"日"在左边；"朝"字的"月"在右边，"日"和"月"在中间。"朝"与"晚"放在一起，乍一看，似乎是朝有月，晚有日。它又是颠倒的。为什么是这样颠倒的？这个里面有它的一种内涵。

古人造字为什么造得这么样的微妙，相互都能牵连？这么多年我在汉字里面摸爬滚打以后觉得，我们中国的字只是一个字，你牵动一个字就带着很多很多的字。你再要去追下去，它还是一个字，是一个总体，一个大的网络，你中有我，我中有你，全部都是朋友，全部都是亲戚。今年下半年我就开始开汉字课，我觉得我们再不讲汉字的话，就没有讲《易经》的基础了。

为什么要讲汉字？这一次课程很多东西都是从汉字里面挖出来的，汉字承载了很多很多的信息。但是现在从小学到大学的识字教育，几乎把这些非常宝贵的信息全部舍弃了，把自己的根丢掉了，所以我们看不懂我们的经典。我们现在为什么那么浮躁？为什么要去追求西方的东西？西方的东西要不要学？我一直在讲：要恭恭敬敬地学，要虚心地学，但是我们自己的根不要扔掉。这个根为什么拔掉了？为什么会有这种现象？是因为汉字，我们可以想象。

婴儿未出生以前为先天，出生以后为后天，这是一个临界点。为什么呢？婴儿未出生以前是先天八卦，是乾卦和坤卦定位，为天地定位，为父母定位。乾为父，坤为母，是父母在定位。因为你在母胎里那个时候完全靠的是母亲，婴儿的眼、耳、鼻、舌、口都是不作为的。我们比较一下后天八卦。后天八卦又是怎么样变化的？后天八卦还是这八个卦，还是东南西北，方位是不变的，但是卦的次序变了。

后天八卦图

后天八卦是南为天，如果人"飞龙在天"的时候，无论是哪一个方面，人生很顺利的时候，名为"如日中天"，离卦就是"如日中天"。坎卦在北边，这个时候不是天地定位了，而是日月在定位，是水火在定位，是中男和中女在定位，是中男和中女在当家。再看看横向的，东、西是震卦和兑卦，震是长男，它表示的是雷——春雷一声，大地回春。西边是秋天，这个时候是兑卦，兑卦为喜悦。兑卦为什么为喜悦？秋收的时候是喜悦的。这个 2005 年我讲过。

命是从哪里来的？

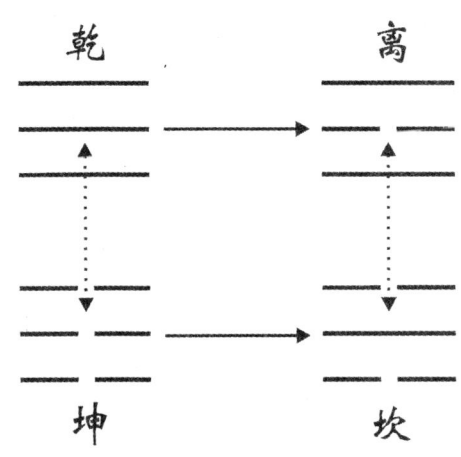

我们要先把方位搞清楚了。离卦和坎卦为什么待在这个位置？实际上，变化来变化去，乾卦的位置让位于离卦，坤卦的位置让位于坎卦，好像是四个卦的变化，实际上是两个爻的变化而已。为什么？是哪两个爻的变化？假如上面还看成是乾卦，下面还看成是坤卦的话，乾卦和坤卦变成离卦和坎卦，只是中间一爻变化了，就是阴阳两爻变化了一下。这个变化就是性命在变化，关键就是这个地方。一爻的区别相当大。在未生以前是"性"，在生下来以后就是一条命出生了，就是这个意思。

"命"是从哪里来的？什么为"命"？上面还看成是乾卦，下面还看成是坤卦。现在，乾卦中间一阳爻下来了，陷进去了，陷在哪个地方？陷到坤里面了，所以坎卦的卦德为陷。这个阳爻就是命根，中间一个阳爻下来陷入阴（坤卦），陷入母体，那么它是一个命根，也是一个真阳，这就是"性"。它未下来以前还是性，下来以后阴阳结合，命就产生了，这就是"命"。

有人经常讲女人的命是水，实际上男人的命也是水。（众笑）原因是什么呢？好多东西都离不开水。为什么？母胎里面有羊水，这是离不开的。看到卦图不要误解——我开始也误解——这个图为什么是这样？是不是古人用尺量一量、画一画、圈一圈就变化一个图给我们？当时他们发明这个东西，既没有奖金，也没有稿费，又没有知识产权，什么都没有，他们为的是什么？他们什么都不为，就是这个东西。为了生活，为了生存，为了这个"命"，他们把一代一代积累的东西都记录下来了。

明天我要到女娲故里去参加女娲祭祀活动，他们非常客气，一再要我去，给我发了特别邀请函。女娲故里我已经去过三次了。我在思考这个问题：女娲造人，造的是什么人？我们跟西方人也没有什么两样，那么她造的是什么人？我们一代一代相传，女娲造人造出了我们这个系统，她把我们这个系统表现出来了，那就觉得太不一般了。我下面要把这个表现出来。

为什么坤卦的六二爻是这一卦的主爻？六二是中正，因为这一爻是这一卦的"中"，而且它是"正"。为什么？二为偶数，偶数就是阴爻的位置，它得正位，它的位置是中正之位，坤卦六个爻里只有它是中正之位。

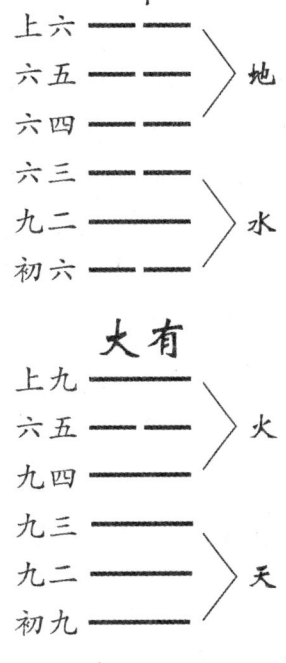

不仅仅如此，如果把坤卦的这一爻一换，那就成了师卦——地水师。师卦为什么会这样？师卦的九二爻里有"王三锡命"这一句。"王三锡命"，谁能"锡"你三次命？"命"，是命运的命，还是其他什么命？"师"是班师，要出师、出征，是部队、军队，这是不是命令的"命"？这个里面到底是什么命？师卦里面为什么会这样？"王三锡命"留到后面再讲，讲"安身立命"的时候再具体讲师卦。

乾卦的九五爻是中正之爻——又中又正，是上卦的中爻，同时又是"正"，因为五爻是奇数，是阳爻的位置，正好阳爻占了，是中正之爻。乾卦六爻里面只有它是中正。"飞龙在天，利见大人。"为什么是这样？如果把这一爻变成阴爻，那么乾卦就变成大有卦了。大有卦又是什么意思？前面是同人卦，后面是谦卦。为什么是这么一个结构？这是后面要讲的内容，我们今天就是在这个里面"返老还童"。

"返老还童"是什么意思？

有人问，"返老还童"是什么意思？先回到我们人身上来说，也就是乾卦（纯阳卦）的一阳爻下来，到了肾里面。肾是什么？就是坎卦。一阳下来就变成了坎卦，坎为肾。心就是离卦，离卦中间是虚的，坎卦中间是实的。这一阳爻下去，就是说，天和地已经分开了，已经分解了，那么，真正的父母、真正的天地就退居二线，

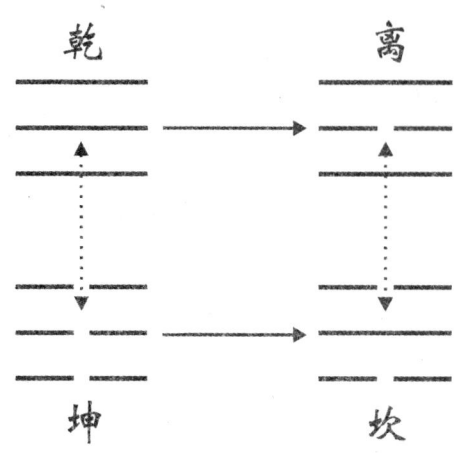

这个时候是谁在做主呢？是命在做主，性不再做主。性在哪个地方？是不是性不存在？性是存在的。为什么要讲"明心见性"？什么叫返老还童？这个阳爻下去以后就是真命，这个真命下去以后，你这一生就是用这个。

有一句话，叫"吃老本"，吃的是哪个老本？吃的是这个阳爻的老本。乾卦那一阳爻下来，坤卦这一阴爻上去，实际上吃的是中间这一阳爻的老本。这个老本能吃多少年，那就决定了你的寿命。当然这个命是身体上的命，还决定了人的精神上的命。人在社会上，不仅仅是要活着，最关键的是要活得好好的，活得很光彩，活得有光环。这就有两个命在里面了，所以，要明心，要见性，这是双向的东西。

为什么要返老还童？"安身立命、明心见性"是什么意思？什么叫返老还童？就是说，这一阳爻明明是借来的，但借来用了以后，老是不珍惜它，那是不行的，以后慢慢地就耗尽了，耗到六十四岁是一个关，是很关键的。

根据道家的说法，人出生时神气属阳，从一岁开始，生精二两二钱……至十六岁，生精十五两，加上先天元精一两，共十六两（一斤）。以后是增加还是减少呢？以后欲念日起，阳消阴长，开始耗元气，每八岁一变，到六十四岁又是一个门槛……这个东西以后可以请美国的老教授来讲。为什么是这样？到六十四岁的时候，元气已经耗到什么程度？是增加还是继续耗呢？这又是在于你自己，寿命到六十四岁是一个关键的时候。

返老还童，就是说，回到这个老本的时候，你是去养它还是老去耗费它？就像一个存折，你老去取钱，这就是啃老本。老本啃得差不多的时候，怎么办？返老还

童，就是还这个阳。古人修炼的时候要炼丹，炼丹是什么意思？丹就是这个阳。炼是什么意思呢？为什么要用汞、铅这些药在里面炼？那是做样子，并不是炼那个汞、铅，实际上还是炼你自己的元精，生你的元气，再养你的元神，元神才能回来填补那个虚空，来养你的元阳、元精。

这个为什么与人身有关系？举一个例子。如果，你今天打牌，不管是赢了还是输了，打了三天三夜，或者是打了一个通宵，时间虽然不长，但没有什么大的意义，这是一种；另一种是，你把时间用来做一件非常有意义的事，对社会、对他人有意义的事。回过头来看，哪一种会使你疲劳，哪一种会给你带来愉悦？我们可以经常在生活中加以比较。

好人命不长？

昨天上午我参加一个会议，八点半就到了，在专家休息室里一直聊天，然后会议正式开始。本来是十二点结束，结果到了一点半才结束。大家发言很积极，明明是给他十分钟，结果他讲了二十分钟，你还不好得罪人，结果一下子拖下来了。我一直在认真听，也安排我发言了。开这样的会你能睡觉吗？睡不着，那是很紧张的。

到了下午，讲完课以后，我还接受了中央人民广播电台的一个采访。一天工作那么长时间，还有很多人跟我聊，回去车上也没有休息——我孩子让我休息，我也没有休息。回家以后，朋友的孩子在家里，我跟她玩。我家孩子让我休息，我仍然没休息。今天一大早我四点就起来看书，看书以后又一直到现在。这个精力是什么精力？如果是干其他没有意义的事，我早就趴下了。这是我的体会，我想你们都有这个体会。

所以说，什么能延长你的寿命，能滋养你的阳气？正气，就是阳气。千万不要认为这是一句政治口号，或者这是一种虚的——不是，我真是深有体会。

时间就是生命,你把时间用在一种滋长正气的事上,那绝对是在养你的阳气,滋养你的命根。

有人会说一句话:"为什么好人寿不长?"(众笑)我也在研究这个事。电视台播放任长霞,每一次看到她给那些回访的群众倒水,看见她擦眼泪的时候,我就流泪:这样好的官员,她的寿命为什么那么短?为什么不能让她在这个世间上常住?

我想到当年释迦牟尼佛在开悟以后,他讲:世间的众生太难度了,还是涅槃吧。以后天龙八部请他住世:你还是要度众生。这个事看起来好像是传说,是真的还是传说?今天中午又看了一个录像,甘孜地区的一位活佛,有时候他也讲了,要早一点进入涅槃,但是有人请他还要度众生,这个里面是什么道理?能不能与这个相联系?甚至于我们也探讨过,任长霞是不是自己把自己的命根耗尽了?不是,绝对不是。

还有一些人,他们的生命在非常疲惫中耗费,这个耗费确确实实叫"鞠躬尽瘁,死而后已"。但是,我们如何来思考这个问题?我们都很想给这个问题一个答案,要做调查,要有数据来说话,我们不能用一些虚渺的东西,大家能不能给我提供一些资料?好人命不长?不是,我认为这不是绝对的结论,我坚决不相信。如果真是这样,我宁可还要做这样的好人!

为什么?如果一个人寿命很长,我见过很多寿命长的人,但是到老了确确实实是很悲哀,为什么?到了这一步,连他的子女对他都是一种无奈的孝顺,原因是什么?汪忠长教授现在已经九十多岁了,每年还在洛杉矶开班讲《易经》,每天从来没有停歇过,一大早就起来练功,练功以后就到外面去参加活动,有八处唱京剧的地方,他都是票友,他还经常有社会活动。还有统战工作,他是老国民党员,他们还经常在一起开会。

2005年他又回到北京,参加抗日战争胜利六十周年的庆祝活动,是国家专门请他过来的。之后,我们又一起到北大来讲课,到中科院讲课。2005年讲课你们记得,九十一岁的老人讲课,站到那里讲了两个多小时吧?站在那里,手扣在后面,像军官训话的样子,腰板挺直的,讲了两个小时,最后还唱了一段京剧,还唱得那么好。为什么?我今天电话里问他什么时候过来,他说,有事做就过来,没事做他就不过来。为什么?只要有事做,他的精神一下子就焕发起来了。他的这种长寿力,我认为是因为他选择了一个诀窍:做有意义的事。几万册非常好的经典书他带不走,从台湾带到洛杉矶,自己花钱买楼房,买设备,办了一个图书馆,最后把那么多的书全部贡献给洛杉矶的华侨。这种是什么精神?

唱午之鸡与报晓之鸡

"明心见性",现在讲一下"见性"的问题。

"明心见性"这个词是禅宗的,明的是哪个心?上次讲"息"字的时候,下面那个"心"是"小心",而不是"大心"。如果是明大心的话,这个心很难明,我们要明的是小心。怎么明小心?这是很关键的一个东西。明了小心,你就见到了性,原因是你明的这个小心,既是肾,又是心,小心是命门。《黄帝内经》里讲:"七节之傍,中有小心。"这是命门,两边有两个小窍,小窍两边是两个肾——小心翼翼。小心既是心,又是性,明了小心,你就见到了性。

火为目,目为明,仅仅是目为明吗?从先天八卦能够看出来,日、月才能为"明"——东边日,西边月,离为日,坎为月,日、月合起来正好为"明"。要合起来才能为明,仅仅有目还是不能明,还离不开耳朵;仅仅有小心还不行,还有肾。所以,仅仅有火还不行,还离不开水,这个里面有它的道理。

刚才讲"晚"字、讲"免"字的时候,我讲,"免"字的甲骨文不仅像帽子,还像兔子,是不是像兔子?这个兔是什么?上次讲太极图阴阳鱼的鱼眼的时候,就讲到了兔子,月亮里面有玉兔,太阳里面有金乌——也就是金鸡。太阳快要出来的时候,金鸡才啼叫,子时以后它就开始啼叫,午时开始的时候它又开始啼叫了。

2005年是鸡年,这年出生的孩子属鸡。2005年这个鸡是唱午之鸡,不是报晓的鸡,这是从六十年花甲子里面排出来的。唱午之鸡,就是说,报晓的鸡是子时得阳气,阳气一动,雄鸡非常敏感,一下子就动了,它必须先吸一口凉气,一声啼叫,呼出去;到了午时的时候,阴气动了,阴气一动,它一下子就感受到,又吸一口阴气,啼叫了,这叫唱午的鸡。2005年出生的男孩子多少沾点光,为什么?男孩子得阴气,他是互生,阴阳相生。这是不是绝对的?当然,我们不要在学术上追究,那我就什么话都没得说了。

为什么"晚"、"冕"、"兔"这些字之间互相关联?我们要去思考,如果有时间,到图书馆去查查资料,也许能找到它的一些意义;或者在查资料的时候,无意中还会发现一些新东西。以后慢慢积累,积累以后就是一个很大的框架。有时候一个东西能举一反三、触类旁通地告诉你其他很多的东西,给你很大的一个悟性。

阴元石与阳元石

"明心见性",怎么样去明?要日月为明。怎么样去见性?性不是单一的,水、火合起来才为性,水火为性。为什么真正的性是先天为性,是天地为性,是真阳和真阴为性,是纯阳和纯阴为性?为什么?因为没有动,还是本体,在先天八卦的时候还没有动。

就是说,在母体里面胎儿是颠倒的,头朝下,眼、耳、鼻、舌、身、意这六根都是不作为的,是不动的,所以为性。一旦胎儿离开母体,自己为命,乾坤就转化为离坎,天地转化为火水,性就变为命了。为什么?因为都在运动,眼、耳、鼻、舌、身、意都动起来了,都在发挥作用,都在有所为了。在有所为的时候,眼、耳、鼻、舌、身、意对人既是一个工具,同时这个工具就像双刃剑,因为眼睛既看到好的东西,又看到相反的东西,看了相反的东西会产生不利因素。

讲"性"又联系到野性,有两幅照片我很想展示出来,能不能展示?我在广东丹霞地貌那里得了两张照片,丹霞地貌有两个著名的东西,你们知道吗?阳元石和阴元石,是从石头里面长出来的。阳元石就是男生殖器,有三十多米高,比真的还像,颜色都一模一样。世界级的地质学家进行了地质考古,他们说,三十多万年以前就已经形成了,一亿年以前就已经形成颜色,到三十多万年以前从一个岩石上分体过来,独立了。还有阴元石。

2005年我跟中山大学的同学一起去的时候,我们先到翔龙湖玩一玩,好几个路标箭头指向去阴元石的地方,同学都知道阴元石怎么回事,但是不肯说。我年长一些,觉得应该肩负一点责任,就跟他们说,我讲一点事给你们听听,好不好?他们都围过来。我说:"你们是不是想去看阴元石?"他们不敢说,特别是女同学。我就讲:"我也想去。"确实是这样,我很崇拜我的母亲,我们以一种什么心态去?以崇拜我们伟大母亲的一种心态去,欣赏母性的美。

为什么大自然会长成这样?为什么我们不去看它呢?到了那里以后,大家一声惊呼:阴元石有十几米高!我们都感到一种震惊。我与同学们一起合影,都非常高兴,没有感到一种害羞,或者是一种亵渎的眼神,都是很开心的。确确实实是一种不可思议,大家站在那里,对它简直是一种瞻仰。

照片我带来了,我本来想展示,但是不敢展示,为什么?这个里面有一个引导的问题,会不会每个人都是一种崇拜的心态?会不会有一种副作用?它也是一把双刃剑,有正面的,也就有反面的,所以我宁可保留,只是说一说。如果真想看,你们也可以去看。

听当地人说,去拜阳元石的人中,日本的女人来的最多,来了以后,很远望见阳元石就要拜。还有很多想生男孩子的，都去拜阳元石。阳元石下面有一个村庄，村里的人90%生的都是男孩子。（众笑）这是真实的，不是假的，到底是什么原因，我们搞不清楚。

自然造化的"八卦"图

我推想那里有八卦图，是先天八卦还是后天八卦？我非常想组织一个班子，花一个月或者两个月时间做一次考察。我发现这里面既有中男、中女，也有少男、少女，还有长男、长女，还有父亲和母亲。有一个"人首山"，像人头一样，那不是乾卦吗？还有一个大肚子山崖，就是一个母亲，非常大，那不就是一个坤卦吗？再找三男、三女，也是非常好找的。但是找时必须带着罗盘，测量它的方位，把方位测准以后你才知道它到底是先天八卦还是后天八卦。在我的想象中，既然还有这么绝妙的东西，它绝对有一个结构。

2004年看电视，看到南极考察队员在寻找陨石，他们发现了三十六颗陨石。当时我突然想到，他们要是把陨石分布的地点画一个图的话，我认为这也是一个结构，是一个非常标准的图像。为什么？陨石从天空中掉下来，它们的分布一定有一个规律，绝对不是随便掉下来的。我认为，自然中的本体（男女）在几十万年前，甚至于人还没产生之前，就已经有描述，就有展示，它展示的绝对不仅仅是这个，不是独立的，不是孤立的，它绝对是一个整体，是一个系统。我一直梦想着去考察，那肯定能考察到。

也许我讲得有点玄，只要你认真地看了那个阳元石和阴元石，你就会产生这种奇思妙想。为什么？大自然是这么一种造化，人的造化也是这样。

那么，我们如何去"明心见性"，见到我们的本性？见到本性就是悟了，下一个单元讲这个悟。如何把悟一次性讲好？不可能。我认为，只有你自己熟悉了，熟悉以后你就明白，这个里面有一种什么东西，有一个什么内在的联系，才能形成你的新的思维的一个点。

今天讲了返老还童，不仅仅是身体返老还童了，最主要是让我们的智慧"返老还童"，我们每一个人都有智慧。

第七讲　安身立命与自主状态

找回自己的童心

听到掌声，见到这么多人都来听中国传统文化的大课，我非常感动。有许多人给我提过问题，说是中华传统文化会不会断层？我很有信心地说："绝不会！"中华文化源远流长，我们会一代比一代更伟大！

这个讲座系列，是一个多层次、多结构的框架，但又是很简明的一个结构。它的简明之处就是，在第一讲贯穿了以后，无论讲多少讲，甚至于三年讲下去，几百讲、上千讲，我都准备围绕这个简明的锁钥、这个结构来讲。

今天是"太易自主管理"的第七讲，题目是"安身立命与自主状态"。关于这个题目并不陌生，特别是安身立命，是先安身还是先立命？这个问题我在很多年以前就讲过，我认为，应该先立命，后安身。特别是在这个比较浮躁的社会里，命不立而身难安。为什么？许多人有钱的时候盖了房子，有的买了房子，满以为房子就是安身之处，结果由于命未立，这个房子住的时间并不长。在农村盖了房子的，常年在外打工，回家简直像住旅馆一样，短暂地住一下。有的在城里买了房子，由于工作调动，房子只好出租，或者空在那里。为什么？命未立而身安，安在何处？这是一种迷惑。

这个里面还有一个"自主"的问题，"安身立命"和"自主"都是比较抽象的名词，但在这里又比较具体。如何使这两个抽象的名词，能在这个比较具体的词里面安身立命，找到一个软着陆的地方？我想今天与大家多做一些探讨。我的目标，也是今天讲课和整个讲座的目标，就是想达到这么一个目的，尽可能做到看得见，摸得着，学起来有参照物，做起来有下手处。当然，做到这个并不容易，但是我时时都想着在这一个方面去下功夫。

要想做到这一点，我们还是回到一个童心。回到什么童心呢？我们做一次孩子。童心是很难得的，童心是纯真的。有一位作者编了这么一本幼儿书，编得相当好。这是一只猴子，手里拿着一个水管，水管这头只滴着水，并没有水。这个题目叫"找原因"。找什么原因呢？如何把这个讲给孩子听？

我一般喜欢给孩子讲故事，正好我给一个三岁的小孩讲这个故事。怎么讲？这一页里面似乎没有什么故事可讲，实际上又有故事可讲：它在找原因。"它想要用水管做什么？"我问孩子。孩子说："浇水。""有水吗？""没有水。""为什么没有水呢？"又问她："水是从哪里来的？"她回答："是水龙头里面来的。""那水龙头里的水从哪里来呢？""从水管里过来的。""为什么水龙头打开了，没有水流出来呢？""因为水管破了，水从那里流出去了。"好！这是第一个原因，找到了。

那么，第二个原因？再找。水管为什么破了呢？从图画上又能看出来，这里有花盆，花盆摔破了，砸破了水管。那么，为什么会把花盆摔碎？花盆没有放稳。这又是第三个原因了。

我看，不仅仅是小孩子要"找原因"，我们大人更要来"找原因"，为什么？往往这样的失误，都是由于粗心大意，由于不谨慎，由于不能做到小心翼翼，这样做事往往不能使人放心，因为他不用小心，而是用粗心，所以大意了。

这个正好是我们今天讲的，也是主题，也是我们前几讲一再强调的——如何做到小心谨慎。

日月为"明"与日月为"易"

下面来找找我们的小心在哪个地方。我们是小心谨慎的状态，还是粗心大意的状态？平时是哪一种状态多一些？是粗心大意的状态多一些，还是小心谨慎的状态多一些？我们要找一个下手处，这个下手处就是我们的总标题——太易。

先天八卦图

太,就是太极,第一讲、第二讲就已经讲了。

这是一个太极。阴阳鱼,还有两个鱼眼,大家都是很熟知的。

那么,"易"是什么呢?

我们看一看先天八卦图——先天八卦图已经展示过很多次了。先天八卦是伏羲画的,为什么为先天?作为人来说,父母未生之前为先天。这先天八卦的方位,离卦在东方,坎卦在西方;离卦为火,坎卦为水,所以离卦就代表日,坎卦代表月,正好就是日月为"明"。

后天八卦图

先天八卦它要变,变成后天八卦。就是说,十月怀胎以后人要出生,出生以后就不一样了。出生以后是什么样呢?卦位变了,离卦和坎卦不是东、西的位置了,而是南、北的位置。你看,上边还是日,下面的坎卦是月。日月变为"易"了。先天八卦日月为明,后天八卦日月为易,这是从方位上变的。

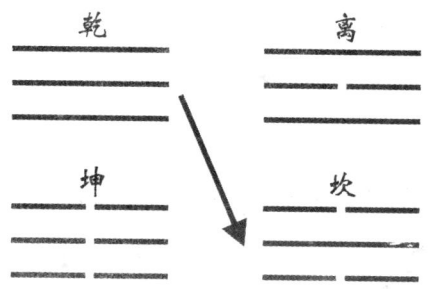

这个"易",首先是变易,它有变易的特点。那么,变易是怎么变的?首先就是先天变后天,先天为性,后天为命,这就是性命的来历。当然把这个"性"字的"忄"去掉,又叫生命。命到了后面,又叫命运，命要运，怎么运？怎么变？"性"变成"命"，已经讲过，这里仅以乾卦和坤卦来讲一下。

刚才看的上面是乾卦，三个纯阳爻☰，下面是坤卦，三个纯阴爻☷。变过以后，乾卦中间一阳爻下陷到坤卦里面来了，就是陷入二阴之中，就为坎卦☵。坎为陷——下陷，陷到里面去了。陷到里面以后，就不是"性"了，而成为"命"了。

性与命的区别

性和命有什么区别？一个胎儿在未生之前，可以做引产手术；但是一旦他降生以后，就受到了法律的保护。为什么？他已经成为一条命了。这个命和性是有区别的，性是不动的，他的眼、耳、鼻、舌、身都不作为。但是他又是可动的，你可以动他，一旦成为命以后，他的眼、耳、鼻、舌、身都动起来了，都用起来了，这个时候你就不能动他了。这就是性与命的区别。

另外，从这个区别能看出一个什么东西呢？我们要一层一层往下看。为什么这个性陷下来以后，这一阳陷下来以后就为命？这个命在哪个地方？命门。大家从针灸挂图上可以看到，背上有一个穴位，叫命门，这个穴位的两边有两个小窍，两边大的是两个肾。

这是青海1974年出土的一个彩陶，已经有四千三百多年了。彩陶的表面是手工捏制的一幅图案，从这个图案就可以看出，前有肚脐后有命门，中间就是锁——腹部。

再看看刚才那幅图，中间是一个命门，两边有小窍，还有两个肾，可以看出，这就是太极了。因为两个小窍是阴阳鱼的鱼眼，两个肾是阴阳鱼，上次已经讲过，这是一个太极。

再到人脸上，人中也是一个太极，是命门。人在昏迷的时候，是掐命门，也就是掐人中。掐脸上的命门，就点击了人身体内部的命门，这样就能起到激活命门的作用。

人的鼻子很重要，印堂为命宫，人中为命门，中间的鼻子是泰山，就是山。

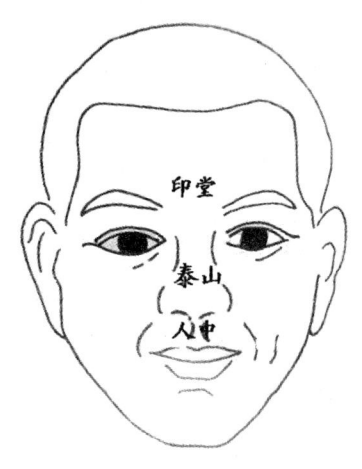

下面有个什么中呢?"七节之傍,中有小心。"刚才那幅图上,从下往上数,第七节脊椎那个地方是"中有小心",两边有窍,两边有肾,这个"小心"正好就是一个词"小心翼翼"。"翼"为翅膀,两侧为翼——小心翼翼,所以我们做事叫小心翼翼。这个"七节之傍,中有小心"是《黄帝内经》里的一句话。

不仅仅有"小心翼翼",还有"小心谨慎"。"慎"字为什么要用"忄"再加一个"真"字?在上面那幅图上,两边是真阴和真阳,中间是一个真阳,真阳下来就是命,就是命根,人的元精、元气、元神都在这个命门里面,这就是真,元为真。古代修炼的人为"真人",所以他保持这个真。"小心翼翼"——两边有两个保护,为什么有两个保护?两个小窍保护中间这一个命门,还有两个肾(左肾、右肾)保护命门。

寻找"自己"

《系辞传》里面说:"自天佑之,吉无不利。"谁"佑之"?谁来保佑?一般的解释都是天来保佑,忽略了一个"自"。"自天佑之",人们把这个"自"当成一个动词、一个方位词,实际上不是,"自"就是自己,自己在先,天在其二,不是我们要认天命。天命、宿命,不能完全否定它,也不能完全依赖它,原因就在这个地方,已经讲得很清楚了。"自天佑之",首先靠自己,而不是完全依赖于天,但是又不能忽略天,把天忽略了同样不对,因为我们毕竟生在这个大的环境里面,我们生存的环境离不开天、地、万物这个大的环境。

中国人喜欢讲"天人合一"的关系。人天合一,人是主体。刚才讲到了"粗心大意",现在先来找到"自",要找到"自己",才能找到自主的状态。"自己"都找不到,怎么能找到自主呢?怎么让自己来做主呢?

"自天佑之",不是天做主,而是自己做主。如果我们用粗心大意,用上面这个大心,能做到自主吗?如何保持一个真?保持一个真,才是真正自主的状态。

寻找"自己"。"自"的甲骨文是 ,是一个鼻子,古代的"自"和"鼻"是通用的。鼻子是后天的呼吸之道,乾卦为首,头部为乾卦的象征,鼻子在乾卦,在头部。因为你离开了母亲，游子在外，这时还要母子连心。

再看"己"，"己"的甲骨文是㠯，是肠道，是先天呼吸之道。坤卦象征腹部，坤卦是母亲，这是母子连体的地方，赤子就是婴儿。这么一个"自己"我们找到了。

那么，"自己"就连起来了，后天呼吸之道连上先天呼吸之道。"自己"连起来以后，人就能直立行走，就能顶天立地——上与天，下与地，连成一条线。"天尊地卑，乾坤定矣"，再也不是面朝黄土背朝天，而是从此向前看，找到了自己。

是不是说，我们找到了"自己"，就找到自主了呢？不一定。许多人自己不能做主，往往把这个主给人家，自己处处做不了主，原因是还没有真正找到自己。

"息"字，上面是"自"，又是鼻子，下面的"心"是小心；"息"是息息相关，生生不息，自强不息。人到命终的时候，还有一息尚存，所以溺水者救出来以后，还可以压他的小腹，做人工呼吸，几个小时以后还能使他生还，原因是还有一息尚存。

"鼻"字，这是以后造的，为了把"自己"和鼻子分开，又重新造一个"鼻"字。这个"鼻"字上面是鼻子，中间是一个"田"，是"中有小心"，就是命门，就是丹田气海。下面的"丌"，是基础的"基"，也是企业的"企"。"企"的甲骨文图是踮起脚跟——企望。"踵"就是后脚跟。举踵，是站起来、踮起来。这个前面讲过。

从"鼻"字能看出来，它是一个直立人的概念。从这个是不是能找到一个主？为什么古代人造字是这么样的？中国的汉字有这么样一种信息，这个信息又告诉我们什么？我们可以有很多的想象。

立命与立志

现在来看看"立命与立志"。为什么要连起来？因为人人都是一条命，但是人的命运千差万别。有的人经常哀叹："我的命为什么这么差？我的命为什么这么苦？人家的命为什么那么好？"往往是这么哀叹，有时候埋怨天地，埋怨老天不公，埋怨社会不公，埋怨单位不公，甚至于埋怨父母不公。为什么会出现这样的千差万别？这个地方是谁在保佑？"自天佑之"，天是公心，社会是公心，父母是公心，就看你自己了。这个"自己"是谁？有没有立志，这个命怎么能立起来呢？命没有立起来，怎么能到社会上去参加竞争呢？这是一个非常浅显的道理，我用第三卦（屯卦）第一爻的爻辞说一下。

前面已经讲了乾卦、坤卦，那么第三卦呢？是屯卦。屯卦是什么意思呢？它是指万物刚刚开始生长的时候，还很脆弱，虽然很脆弱，但是又很有力量，很有希望，所以屯卦第一爻的两个字是"磐桓"，"磐"是石头，"桓"是柱子——中流砥柱。

胡锦涛总书记与连战荣誉主席会面，不知道大家看直播没有？胡总书记那一番话说过后，我的第一反应是，我们有这样坚如磐石、稳如中流砥柱的领袖，他有这么清晰的思路，有这么宽广的胸怀，我们这个国家，我们这个民族，我们中华传统文化也就是"磐桓"了。我们中华民族，看起来有上下八千年的文明，但是到今天，不是衰老，而是相当年轻，如果要我们再年轻一些，甚至可以说是孩提时代。

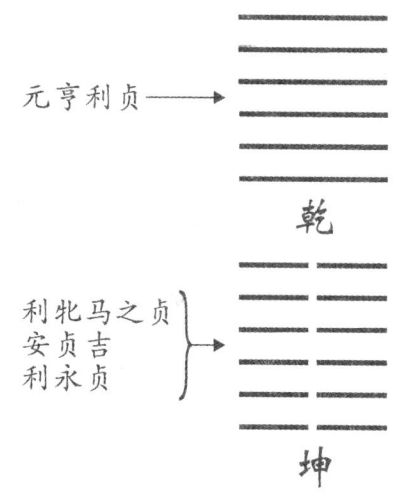

为什么在一百年以前我们还受欺辱、受践踏？我们中国历来在世界上是人口最多的，为什么我们从来不去欺负人呀？原因是我们还是孩提时代，孩提时代是元，是开始，是"磐桓"。上次讲过"元"，它的力量大，而且不是一般的大，用"太"字来形容，叫"保合太和"。为什么？要讲"太和"，我们这个民族是太和——日本那个民族是大和——所以力量相当大。正因为"磐桓"，稳如磐石，所以我们就必须"居贞"。

"居贞"是什么意思？上一节课讲了"贞"。乾卦开头讲"元亨利贞"，"贞"就是固，正则贞，正固则贞。坤卦里面有三句："利牝马之贞"，"安贞吉"，"利永贞"。为什么一再强调"贞"？"贞"很重要，所以我们必须联系这个来讲。"磐桓，利居贞"，居其位就是要立，立什么？要立志。人不立志，就相当于没有脊梁。

定位与安身

立了志以后，还要怎样？还要定位。《系辞传》里面讲："卑高以陈，贵贱位矣。""卑"是低下，"贵"是崇高。"卑高以陈"，陈列在哪个地方？高的高，低的低。这个"位"是谁来排的？是他人为你排的吗？

定位很关键，如何去定位？为什么要"利建侯"？"建侯"，好像是讲诸侯建立一个诸侯国，但对这里的"建侯"，我的理解是，今天不是要我们每个人都去做诸侯，但是我们每一个人都要有定位。当年毛泽东领导秋收起义以后，他首先想到的是建立革命的根据地，上了井冈山。同时，南昌起义后，也要上井冈山会师，原因是什么？原因是要建立根据地，没有根据地不行。二万五千里长征，北上到延安也是为了建立根据地。假如当初的抗日没有延安这个根据地，我们会被打得到处跑，那还有今天吗？所以根据地很关键。

毕业以后，如何建立我们自己的根据地呢？一个人不能没有根据地，但是，以什么为根据地呢？是不是大家都要上井冈山呢？都要北上到延安呢？形势不一样，今天有今天的井冈山，今天也有今天的延安。井冈山的精神、长征的精神、延安的精神，乃至西柏坡的精神，都是今天要发扬的，都是今天的根据地，都是今天的立命安身之处，所以这里我讲立志和安身。

为什么要立志？"志"与"臬"连起来看。上次讲过，"臬"字，上面的"自"是鼻子，是靶子。有句话叫"以道德为圭臬，以法律为准绳"，那么，"圭臬"是什么意思？"臬"，是射箭的靶子，这个靶子的中心、十环的核心是鼻尖，鼻尖叫准头，这个是十环，鼻尖为十环。

"自"与"向"连起来了，向哪个地方？千万不要离开这个"自"，"自"前面竖有一个靶子。现在人立志，往往是"我要有什么什么的理想"。一旦真想树立自己理想的时候，忘记了"自己"，原因是什么？为什么会忘记"自己"呢？为什么会找不到"自己"呢？为什么老是以人家的标准作为我们的奋斗目标呢？为什么老是以人家的标准来量化我们自己呢？这就是忘掉了自己，找不到准头，找不到靶心。

现在，向上看，我们看到了"自"；向前看，一切向前看，有个"主"，"主"的甲骨文上面的一点是火苗，我们前方有希望的火光。如何找到一个主？找到"自己"就找到了"主"。这个"主"像一盏灯，是智慧之灯，能照亮我们前进之路；假如我们向下看，是什么呢？为什么有的人，他的前途是那么渺茫，他的情绪是那么沮丧？特别在关键时候，是那么贪生怕死，原因是什么？眼睛向下看，他只看到脚跟，只看到土地，因为土地是埋人的，他就最怕，因为他想到的是，一旦搞不好，一刀下来就趴在地上，一捧黄土就掩埋了。他想的是这个，所以挺不起胸膛，挺不起脊梁。

为什么挺不起脊梁？八卦里面有一个艮卦，艮卦为山，是象征山的，它的卦辞是"艮其背"。"艮其背"是什么意思？为什么不"艮其胸"，也不"艮其心"，

{ 艮 限 退
  恳 恨 根
  很 狠 跟 }

艮

卦辞：艮其背

而是"艮其背"？为什么？摸摸前胸，是摸摸良心何在，要把良心放在当中。

良心放在当中，当然是"中有小心"，放在"小心"当中，而不是放在"大心"当中。"中有小心"，良心必须放在"小心"那个地方才为良心。真正做到良，还要摸摸后背，脊梁在不在？脊梁必须顶起来才为良心。

能不能做到诚恳？许多人都讲："我最诚恳。"人人都讲自己最诚恳，但是都怀疑他人不诚恳，很难相信他人的诚恳，所以，也要脊梁挺起来才能有真正的诚恳。一个人贪生怕死，一点原则都没有，一点骨气都没有，你能相信他的诚恳吗？

我们中国的汉字是活生生的，仔细去辨别这个"艮"字，你就能看出来，它是可以量化的，是可以参照的，是看得见、摸得着的。良心、诚恳，第一个条件就是脊梁要挺起来，"很"也好，"限"也好，"恨"也好，"狠"也好，"根"也好……，这些东西都要挺起脊梁。

无为法与有为法

刚才讲到立志与立命、定位与安身。立命，什么为命？《中庸》里讲："天命之谓性。"为什么"天命之谓性"呢？这个"性"、人命与天命到底是什么关系呢？天命是无为法，是天性。人的命呢，是有为法，它是性命、命运。

无为法和有为法又有什么区别呢？《金刚经》上有一句话，有一个偈子很重要："一切有为法，如梦幻泡影，如露亦如电，应作如是观。"

"有为法"是什么？像梦幻，像泡影，像露水，像闪电，都是假的，都是变化的。

"无为法"又是什么呢？用老子的一句话来说是"骨弱筋柔而握固"。"握固"，一个婴儿，一个幼儿，他睡觉了，平时他把拳头握得很紧，你们可能都有体会。小孩的手握成拳头，一般都不容易掰得开。为什么？握得非常紧。原因是什么？他虽然"骨弱"，筋很柔，原因是什么？下面讲得很清楚："不知牝牡之合朘作。""牝"是指女人的生殖器，"牡"是指男人的生殖器。为什么呢？他不知道男女之合这种事，性就没有动，不动邪念。

摇篮里一个小男孩，他的阳物有时也举起来，他知道是怎么回事吗？有淫念吗？没有，所以那是性。阳物举起来，不知道怎么回事，不动念头。一个成年人也是，你不去动邪念，不去思男女之事，同样也是一个性，不会损耗命。但变为命就不一样，所以这就叫"精之至"。为什么举起来？因为他是"精之至"，是性，是阳的，是阳壮所致。举而不淫仍是一个性，性动，则命不损。

老子又说："含德之厚，比于赤子。"就像婴儿一样，我们每一个人，男女都一样，只要你真正修善到了一种厚德，就像赤子一样。到了赤子阶段，毒虫不来螫你，猛兽也不来伤害你，攫鸟也不来搏杀你。所以，婴儿丢在深山，狼要来喂他；婴儿丢进水里，渔民救起来以后，他还是活着的。原因是什么？"赤子"啊。成年人靠修德，靠修行，比于赤子。

所以，返老还童靠的是"德合无疆"，修身养性靠的是"黄裳元吉"。黄裳是本来的、本源的。这一次去看那个女娲祭祀，也很奇怪，我们去的那一天是论坛开幕，下雪了，天是灰蒙蒙的。第二天就是农历三月十五，上午浩浩荡荡的车队，"大车以载"呀，省、市、县各级领导和专家、学者都去了。出发后，天晴了，灿烂阳光。这个祭祀仪式大概有两个小时，而天晴不超过三个小时，因为回程的时候天又阴起来了，又是灰蒙蒙的，下午又下起了大雪。

我很高兴：这是一个祥瑞征兆。为什么是这样？天气为什么会突然间晴起来？晴朗的天气是说来就来，说没有就没有，这是不可思议的。

当时的演员，那些女孩子，身上披的就是树叶，很短的，上身是胸罩，这就是"黄裳"。黄裳才能做到元吉，元吉就是大吉，不是一般的大吉，本来就吉，性本来就吉。

谁犯戒了？

如何把性和命做一个区别？怎么区别？这里有一个故事，是禅宗的一个故事，大家可能知道。有两位年轻的和尚要过河，河水较深，当时有一位女子也要过河，请他们背她过去，因为过去女子是包小脚的，走路不稳当。其中有一位年轻的和尚，毫不犹豫地把这个女子背起来，背过河，把她放下。但是走过一段路以后，另外一个和尚还

在笑他：你今天犯戒了。因为出家的和尚受了菩萨戒，跟女人都不能同坐一条板凳，何况背她，这还得了？然而这个和尚却说："我早就放下了，你怎么还没有放下？"

这个故事说明了什么？这就是说，他虽然背了她，但是心里没动念；另一位和尚虽然没有背，但他心里动了念。是谁犯了戒呢？看得出来，一个是性没动，他虽然背了她，但他性没有动，他没有犯戒，性不动就没犯戒。不要看他背了，从表面上看他是犯戒了，形式上是犯戒了，但是他性没动，没有犯戒。那一位呢，看起来形式上他没有犯戒，但实际上他的性变成命了，他还在想那个事，他犯戒了。所以，什么东西都要从心上来说。

```
女人（水）   ━━ ━━     坎
男人         ━━━━━
河水（水）   ━━ ━━
```

看上面那幅图，和尚背的是一位女人，下面是河水。女人是阴，河水也是阴，但中间是一个男人，男人为阳，不正好是一个坎卦☵吗？坎卦中间是一阳爻，它是没动的，这个阳爻没动，还是一个性在那里，没有变成命。

这给我们很大的启发，如果仔细思考，这里面有很深的内涵。在生活中，经常会有人问到你一件事，或者是自己有些困惑的时候，怎样去区别？我认为首先在于自己。

正气的力量有多大？

这一阳爻是从哪里来的？是从乾卦里面来的，而且是从乾卦中间一阳爻来的，它是阳，是真阳，而且是你的命。这个真阳是正气，保有这个真阳，就保有你的正气。

正气的力量有多大？正好刚刚看了一个电视节目，中央电视台10频道讲了一个故事。北京师范大学有一位叫张秀兰的老师,现在六十八岁了,二十五年前她患了乳腺癌,而且是晚期的,是恶性的,医生给她下的"判决书"是最多活一年。当时她哭了,但是回过头,她马上坚强起来:我不能死,我不应该死。为什么?她讲:红军二万五千里长征,爬雪山、过草地过来了,我为什么过不来?我一定要自己闯过去!

上手术台的时候,本来是要用手术床推着进去,她坚决不让推,要自己走进手术室,而且是唱着歌,高高兴兴地走进手术室。并不是说,她马上就真的好了。动了手术以后,她的癌细胞又转移到锁骨里面。在医学上,一旦乳腺癌转移到锁骨,那就是致命的,但是她还是不放弃。是正气在支撑她,她竟然又多活了二十多年。

从电视上看她的那个精神状态,再活二十多年我认为也没问题。正气是命根。非常感谢中央电视台,经常播放一些很好的电视节目。

这就是真阳给了她正气,保住了真阳,就保住了正气;保住了正气,就是生命的支持力。因为生命的支持力,人的寿命那不是听天由命,而是真正的自主、自立、自强。这是什么状态?

也是天助我也,在讲课之前正好看了这么一段,我非常感动。为什么?这是一个非常生动的故事。她们组织了一个癌症俱乐部,凡是患癌症的都在一起,还挂牌子,这一位是乳腺癌,那一位是什么癌……都挂着牌子,还唱歌跳舞,她们活的年纪都超过了医生的"判决书"。而那些走不出去,或者是得了癌以后,老是提不起精神的,虽然在一起,但她就是提不起精神,以后就再也不来了,为什么?她真的放弃了。

步步都是"金砖"

刚才讲到水,水为命。我们讲了乾卦和坤卦,后面从第三卦到第八卦,六个卦都有坎卦,都有水,这是一个奇怪的现象。为什么?六十四卦可不是一般的六十四卦,开头就讲命,开头就讲性——性命。开头乾坤就是性,然后再讲命——

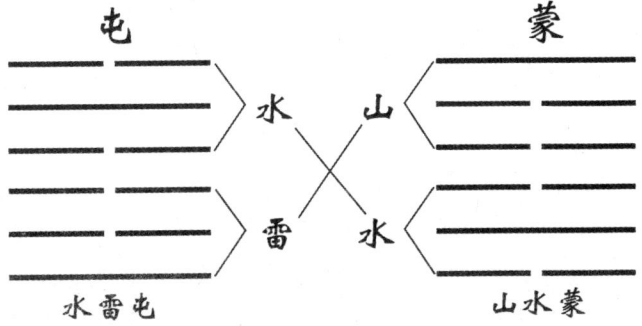

性命开头。不像我们现在，随便演绎，随便编一个筐子，随便编，《易经》不是，它可是真正的"易与天地准"。

屯卦，上卦为坎卦☵，为水；下为震卦☳，为雷，叫水雷屯。上次讲了，这次就不讲了。

第四卦，山水蒙——蒙卦。蒙卦是水在下面，掉下来了。"蒙"就是要启蒙，所以要接受教育。这就是说，万物刚开始的时候很脆弱，以后要接受启蒙。

接受启蒙以后又会是什么现象？水天需——需要。需要什么？不仅需要接受教育，还要吃喝，除了精神条件，还要有物质的条件。需卦是等待的意思。

需卦教了我们什么？学会耐心等待。为什么说耐心等待呢？初爻是"需于郊"，是郊区；二爻是"需于沙"，到了沙滩上；三爻是"需于泥"，接近水了；四爻是"需于血"，血溶于水，已经接近了，你要去追求你的需求。到这个时候，过了这个关，到五爻就是"需于酒食"，就是酒食到了，是意想不到的，为什么？耐心等待。到了上爻，到了最后一爻，是"入于穴"，进去了，你要得到的东西得到了。

需卦

上六 ▬▬ ▬▬	入于穴，有不速之客三人来，敬之终吉。
九五 ▬▬▬▬▬	需于酒食，贞吉。
六四 ▬▬ ▬▬	需于血，出自穴。
九三 ▬▬▬▬▬	需于泥，致寇至。
九二 ▬▬▬▬▬	需于沙。小有言，终吉。
初九 ▬▬▬▬▬	需于郊。利用恒，无咎。

这告诉了我们什么？要立命，要安身，就要耐心等待。有的人走向社会以后，就非常想一下子踏上一块金砖，认为自己一出学校门，踏的第一步就是一块金砖，而且这个金砖一定是闪闪发亮，比其他人的还好，因为同学之间都互相攀比。

一位在北京求职的研究生，碰了几次壁以后，就由自信变为沮丧了。这时候她来问我，我就跟她说："你不要想第一步就踏上金砖，大胆地迈出去，迈出你的第一步。无论前面是泥淖、坎坷、荆棘，都不要怕。有一天，你会真的踏上属于你的那一块金砖。属于每一个人的金砖只有一块，但这一块摆在哪个地方，你不知道，是未知的。但是只要你孜孜以求，只要你立了志，向前看，自强不息，你一定会找到它的。当你迈上属于你的那一块金砖的时候，再回首顾盼，步步都是金砖。"

为什么？没有前面那些泥淖、那些坎坷、那些荆棘对你的磨炼，这块金砖你找不到。所以，前面那些全部是金砖，需要你等待，要学会等待，要耐心等待。

知识越多越好吗？

讼卦是什么？"讼"，是纷争、争执、争斗、争夺、争抢。因为需求大于供给的时候，就会发生矛盾和争执，有时候就打官司了。但是讼卦是一个很奇怪的卦，这一卦里面从头到尾都没有官司打，这个官司从第一爻一直到第六爻都没有打起来。

初爻是不惹事。第二爻本身是"中"，是中正、中庸。第三爻是阴爻，他怕事，不惹事。到了这个地方，他本来也想有一点事，但是前后关照，还是没有事。到了第四爻阳爻的时候，本来也有事，但是靠近九五身边，九五之尊是主持正义的，闹不起事。到了九五之尊位，本来是他来开庭，是他来主持这个讼事的，他是主持人，闹了半天一件官司都没有，他这个法官失业了，没事干。到了上爻，有一个很奇怪的现象：上爻是阳爻，站在阴爻的位置上，所以就有一点乱，这个人闹事，而且赢了，就给了他三次金腰带，表彰他，但三次又被收回了。

这本来就是一个笑话，但是说明一个什么问题？众人不服。第一次认为他官司赢了，赐他一条金腰带，意思是说他赢了官司。但是人家都不服，大众不服，就收回来了。到第二次，他又赢官司了，好，又赐他金腰带。大家又不服，又收回来。到第三次又是这样，送给他金腰带，还是收回来了。这就说明一个问题，即使赢了官司也要看一看是不是公，服不服众，不服众，这个官司赢了还是不顶用。讼卦里面告诉我们这个道理。这《易经》里面的道理，真正要去读是非常有意思的。

官司打起来以后就有纷争，所以有军队。接下来是师卦，只有一个阳爻在

讼卦

上九	▬▬▬	或锡之鞶带，终朝三褫之。
九五	▬▬▬	讼元吉。
九四	▬▬▬	不克讼，复即命渝，安贞吉。
六三	▬ ▬	食旧德，贞厉，终吉，或从王事，无成。
九二	▬▬▬	不克讼，归而逋，其邑人三百户，无眚。
初六	▬ ▬	不永所事，小有言，终吉。

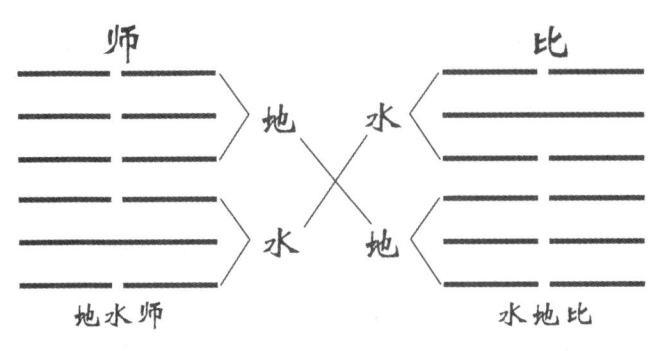

下一卦里面，这是坎卦，是水。只有这一爻是阳爻，这就是一个人在纷争的情况下，振臂一呼，大家都齐心跟着他，然后平息了纷争。平息纷争以后，这个人于是乎上到九五之尊位，大家都推举他做首领了。

比卦，"比"——自己。只有自己而没有彼是不行的，有此无彼，有己无彼，怎么叫比？跟谁去"比"呢？这里面就讲了一个东西：我们找到了自己还不能找到自主，真正要找到彼，这个彼不是某一个人，而是社会大众。在你身边的人，整个社会上的大众都是客体，都是你的彼，都是与你比的，走到哪个地方，都会遇到"比"的现象。

要是坐火车，往车子上一坐，跟上铺、下铺、中铺都有一个比较，从各个方面都有比较。走在哪里，不认识他，心里就在比较，有时候从内心还有一种攀比，有一种竞争的意识。所以，这个"比"要联系那个"知"——知己知彼。

不仅仅是在战场上，平时如何调整自己的状态？要知己知彼。知己当然比知彼更重要，但是只顾自己，不顾彼，同样不是好的状态。

这六个卦都是命。后面就不再往下讲了，因为要给大家一个主要思路，多给大家一些想象的空间，你们把这个东西带回去。我认为，一节课只要学了一个东西，给了你一些思维的空间，这就足矣。知识越多并不是越好，有人把《红楼梦》倒背如流，结果连小小说都没发表过一篇，这是什么原因？正好前两天，我们老家来了几位老师和校长，其中有一位年轻的老师跟我说，他叔叔能够把《易经》倒背如流。真的是倒背如流，最后只能给乡下人做些什么呢？人家钥匙掉了，就问他；人家的牛跑了，也来找他……他只能做这个事，这是倒背如流的丰硕成果。（众笑）

所以，我们一定要讲悟性，一定要自我启发。知识是好，但是对知识不能囫囵吞枣。有些东西只要点到为止，一点就悟，多给自己点思维空间，不要让知识全塞满了。知识塞得满满当当，但到关键时候就傻眼了，那不行。多一些思维的空间，你就能多思考。一个东西多思考以后，悟性空间就大起来了，这个对你来说才是最关键的。

放弃，还是不放弃？

屯卦里面有个很特别的现象，第二爻讲："屯如，邅如，乘马班如，匪寇，婚媾。女子贞，不字，十年乃字。"

说实在的，《易经》确实不好懂，讲了半天不知道在讲什么。实际上呢？"屯如，邅如"，就是跑来跑去，转悠转悠。这是骑着马的人，骑着马做什么呀？年轻人骑着马，得意扬扬，催马扬鞭，这个时候是怎么样？远处的人一看，以为是盗贼、土匪来了，但是走近一看，他不是盗贼、土匪，他是来求婚的。古代"匪"与"非"是通用的，不是贼寇，而是来求婚的。但是他求婚的这个女子"贞"，她很正。"不字"，就是我不答应，十年后你再来吧。

屯

上六 ――　――
九五 ―――――
六四 ――　――
六三 ――　――
六二 ――　――
初九 ―――――

屯如，邅如，乘马班如，匪寇，婚媾。女子贞，不字，十年乃字。

这个很有意思，为什么十年后再来？这里有一个故事。有一个高中男生，他看上了班里的一个女同学，写了一封热情洋溢的求爱信，但是这个女同学一点面子也不给，把他这封热情洋溢的信贴到宣传栏里面去了。这对男同学的自尊心是不是大大的挫伤？但是这个男同学在一番痛苦的心理斗争以后，终于找到了一个点。一个什么点？我的自尊受到伤害，这是受了一次考验，真正要自尊还是靠自己，干脆我现在什么恋爱都不谈，什么女人都不去看一眼，干脆勤奋学习。结果一心考上了湖南大学。要是真正谈上了，可能对学习还真是有影响的。

这就是自尊、自重、自砺。如何做到自尊？我认为，这个同学的例子对我们确确实实有很大的启发。他在痛苦的斗争以后，竟然得到这么一个大的启发，从此改变了他的命运。现在他在美国，做一家公司的副总裁，是很得意的了。

再看第三爻。刚才讲的一爻是"匪寇，婚媾"，去求婚没有求到。也像刚

屯

上六 ▬▬ ▬▬
九五 ▬▬▬▬▬
六四 ▬▬ ▬▬
六三 ▬▬ ▬▬
六二 ▬▬ ▬▬
初九 ▬▬▬▬▬

即鹿无虞，惟入于林中。
君子几，不如舍，往吝。

才讲的那个学生一样，他没有去跟那个女生死缠，而是回头来自己努力。"即鹿无虞，惟入于林中。君子几，不如舍，往吝。"这个地方又是很难懂。"即鹿"，就是他追这个鹿的时候，就在他几乎要接近这个鹿，马上就要抓住这个鹿了，就在这个时候，没有人能想到，那个鹿跑到密林深处了。鹿跑进密林深处以后，他突然想到放弃，不追了。

"君子几"，"几"是机敏。他并不是一直追下去，追到底。一般人会想：如果我不追，把那个鹿逮住，回去我无法交差——没法去求婚。他不是执着、痴迷，而是放弃，因为"往吝"。"吝"，就是有过失，有危险，再往前追就会有危险。这个地方告诉我们，无论做什么事要学会放弃，该放弃的事还是要放弃。

这是自力、自主、自强。刚才讲的那个学生就是懂得放弃。大学毕业后，他到一个机关工作，是很好的单位。但是有一次，他到亲戚家去，亲戚家养了一匹狼，这匹狼和狗一起养着看家护院。那匹狼跟狗的样子很相像，性格也差不多，他就问这是怎么回事。亲戚讲，这个狼在幼崽的时候，就跟着狗一起养，所以没有狼性了。他听了以后，回去当机立断——辞职。为什么呢？他自己专门找能磨炼自己的单位求职。哪个单位能够磨炼他，磨炼出他的狼性，他就找这种单位求职。结果呢，求职求了几家以后，有一个老总听说他是为这个目的，就收下他了。他是来磨炼他的狼性的。你看，什么时候放弃？什么时候不放弃？

自主与自负

"自力、自负、自主"，这里有一个自负——还是湖南那位学生的故事。他到美国去上班以后，各方面都很有进步。到美国上班的第一天，跟几个朋友一起进餐厅吃饭，吃了饭以后他买单，谁知道他那些朋友都是自己掏钱——AA制，他傻了眼。咦，怎么回事？他后来就知道了什么叫负——每一个人必须负起自己的责任，不要老是有依赖思想。这是该我负的责任，不要老是依赖他人。这给人一个观念的改变，并不是吃一顿饭的问题。

我跟一位书法家谈了一个问题，谈了对孩子的教育。当时，我是一个中学语文教师，我作为教师的最大特点是什么？我不是捧着书本一页页地往下讲，我的第一节课是拼命地讲故事，把学生的兴趣提起来，把与这一课有关的故事讲一遍，然后我就让他们读课文，然后写中心思想、写作特点、段落大意，全部由学生自己分组讨论。为什么？你不能让学生养成一种依赖思想——不动脑子，只是听你讲。他本身的悟性、本身的智力全部退化了，都在那里等待，都在那里依赖。所以我教的学生第一年就出成果。出什么成果？我教的是五十名以后的学生。我教学生从来就不布置课外作业，从来就不让学生"开夜车"。我一再对数理化的教师说，你们只要不让学生"开夜车"，我的自习课时间都让给你们。最后，我班上的学生中考语文平均分高于他班0.5分。效果在哪个地方？这就是证明。

什么叫"自主"？这就是自主。我认为，对孩子也是这样。特别是一个小孩子，在他玩的时候，有时候你看不惯，认为他有一种野性，千万别在这个时候给他讲这个事不能做，那个事应该怎么做——千万不要这么做，这种绘制、强制、限制多了，就给他的大脑思维设置了障碍。只能启迪他的悟性，不能给他设置障碍。

我们自己要处处保持一个什么状态？一个自主的状态。是不是自主的状态？不是天生的，还要靠我们自己来学会调整。怎么调整？从自己的"小心"上调整。所以我还要讲第四爻中一个东西。

```
         屯
上六 ▬▬ ▬▬
九五 ▬▬▬▬▬
六四 ▬▬ ▬▬
六三 ▬▬ ▬▬
六二 ▬▬ ▬▬
初九 ▬▬▬▬▬
```

乘马班如，求婚媾，往吉，无不利。

"乘马班如，求婚媾，往吉，无不利。"这一次答应了。为什么答应了？这一次还是骑着马来的，但这次骑马的形象不一样了，不是叫"匪寇"了，远远一望不像盗寇，形象好了——他成熟了。为什么？他学会放弃了。所以这个女子一下子答应了：哎呀，他真了不起，他学会放弃了，他能够在关键时刻学会放弃，这是我靠得住的一个男人，这是我靠得住的一个肩膀。不放弃——讲来讲去，讲的还是一个放弃与不放弃的问题。

1+1=0：中国的信念

这里有一个关于犹太画家和日本商人的故事。一个日本商人请犹太画家来给他画像,这个犹太画家先为这个日本商人的妻子画像,画得非常好,日本商人的妻子非常满意。这时日本商人一看,画家面对着他了,他看画家老是用大拇指在对着他比,他想这是在量身体的比例,画家都有这个特点。于是他坐在那里毕恭毕敬憋了十几分钟,坐得非常好。画家画完了,他过来一看,画的不是他,而是画家的一个手指。

日本商人感到有些恼火:"请你来画像,为什么画的是你的手指?"画家说:"我这是在考验你。你也算是日本精明的商人,你们日本人经商是很精明的,但是从这一点来看,比我们犹太人还是差得很远。我们犹太人做生意,从来没有第二次,无论跟这个人做了多少次生意,每次生意都是第一次。你坐在那里,你以为我画了,第一次是给你妻子画的,现在第二次就是给你画的?没有第二次。"

犹太人的信条:1+1=1

日本人的信条:1+1=2

中国人的信条:1+1=0

这说明一个什么问题?这是一个民族的观念,传统的观念是改不了的。你们看,犹太人的信条是1+1还是等于1,一直加下去还是1。而日本人呢,1+1就是等于2,老是累积,为什么?他往往是把人家的东西拿去改造一下,就变成他的东西了。但是,中国人的观念是1+1=0。(众笑)0和1比较一下,好像是1大,0是代表无,1是代表有,数只有两个,一个是0,一个是1。《易经》里面也只是一个有、一个无。是有大,还是无大?是有限大,还是无限大?是有形大,还是无形大?是有所为力量大,还是无所为力量大?

关于这个观念我们可以举很多例子。我讲,1+1=0,这是中国人的信念,这个信念不是一般的信念,我们身上没有吗?每一个中国人身上都有。因为是0,所以我们这个民族能够源远流长。我们永远要铭记,什么亡国,什么断层,都不会!因为本身就是无嘛。是无,断什么层?是无,谈什么亡?不生、不灭、不增、不减。(众笑)

你们乐一下,是不是一种抽象的?现实生活中就是这样,历史告诉我们就是这样。

开泰与开窍

我们讲人品,国外不一样。"品"字是有来历的。刚才讲了乾卦的三个爻,讲了"贞"。为什么是贞？品位端正，品行端庄，品德端严——正、庄、严。为什么是这样？这三个"口"是什么口？有人讲：这个有来历吗？有来历，这里要讲一下来历。

前面讲过"三阳开泰"，泰卦是三阳开泰，又叫三阳开窍。人有九窍，哪九窍？泰卦正好是九窍，九窍就是一个泰卦。泰卦是什么呢？上面三个阴爻≡≡正好是六，下面是三个阳爻≡正好是三，地天泰卦䷊。上面三个阴爻，眼睛两个窍，耳朵两个窍，鼻子两个窍，正好是坤卦，六个窍，都是偶数。那么，现在看下面三个口，逢单为阳。嘴，这是一个口；前生殖器——尿道口是一个口；后面肛门一个口：正好三个口，奇为阳。上下正好是九窍——三阳开窍。

三阳即三个口，上面一个口正好是嘴巴，嘴巴是什么？是饮食之窍。前面一个口是生殖之窍，后面那个窍，是孙悟空讲的那个"五谷轮回"之窍。这三个窍正好是三个口，下面两个口是并排的，这就是"品"。为什么"品"字讲了这个？首先它是性命。

人的命难道与性没关系？耳朵聋了，它与性命没关系；眼睛瞎了，它与性命也没关系；即使鼻子出了问题，他还有口呼吸，与性命也没关系。但是，口不能饮食，不能吃饭，不能喝水，那就有生命危险。小便不通，大便不通，那就有生命危险。其他的都没关系，唯独这三者、这三个窍绝对不能闭塞，这三个窍闭塞绝对是性命攸关。

这与人品又是什么关系呢？与性命攸关倒是讲通了，那么，一个人说话，口无遮拦，是不是人品？一个人说话，出和音，出雅音，说话和气，这也表现了人品。前生殖器这个东西，那更关系到人品，许多人在人品上栽跟头，还不就是栽在这个口上呀？还不就是这一窍害了他们的一生吗？这个里面害人害得最多的还是中间那一窍，为什么？刚才讲了，坎卦中间那一爻是最攸关的东西，那个关系到肾，正好关系到命根、命门，就在这个地方。

这就全部连在一起了，一点都不差移。我是牵强附会吗？如果说是，也可以，但是只要有一点道理，对大家也许是一种启发。

和谐从"心"开始

上次讲了，时间是直的，所以是圆的，古人的时间概念是圆的：太阳起山又要落山，明天又来了；月亮圆了又缺了，下个月又来了；春夏秋冬，今年过去了，明年又来了。时间都是圆的。这个"直"是圆的。因为直，它才有性，有性就能生息，息要靠怎么作？

上次讲的"作息"很重要，因为能作息才能维持生命，维持了生命所以就能运。命运不是靠他人运，而是靠自己运。正因为能运，会运，就能做到大，为什么？靠你的心，你心里有多大的社会，社会就会给你多大的空间。也许这句话大家早就体会到了，但是真正做到不容易。如何保持这么一个心态？如何保持这么一个状态？心里多想一些社会，多想些社会大众，那么，社会就给我们多大的空间。

有的人总是问："为什么老是找不到我的空间？"不是你找不到你的空间，而是你老不给他人空间。这些我只是点到为止，你们自己前后联系一下。我们要连起来去思维。

"品"好像是一个空间的东西，但实际上它与时间的概念分不开。为什么？人品要以时间做考验，以时间做标准，人的生命也要以时间来说话，所以我把这个表连起来，大家联系一下。

我再讲三个"品"字。这个"品"字你们看，现在都讲"和"，这个"和"字右边就是"口"字，离开了这个"口"就不能为"和"，也谈不上一个"和"。这个"和"实际上有三个口，可不是一个口，世界讲和平，社会讲和谐，家庭讲和睦。这是大范围的事，大家都是心照不宣的，而且是现在一再强调的东西。

我们自身能不能做到修身养性？能养好息就能生和气，和气就能生财；能调好息就能做到和悦，你时时都有一个快乐的心情，很乐观，很豁达。能合理作息就能做到和合。上次讲了"作息"，这个"作息"是从哪里来的？是从古歌里面来的。那个古歌大家都记得是"日出而作，日落而息（作息）。凿井而饮，耕田而食（饮食）"。最后两句话就是"作息"——"饮食"。

我又调整一下这四句话，是什么呢？叫"起居有时，作息有常，饮食有节，管理有度"。"起居有时"，什么时候起床，什么时候睡觉，做到有时。"作息有常"，"常"是经常，作息不是指今天我能按时作息——天天都要做到这样，这样才能做到一个经常。"饮食有节"，吃饭、喝水都是要有节制的。"管理有度"，管理自己也好，管理他人也好，要有度。所以后面几个字连起来就是"时常"——"节度"，这是作息。

再看看这个"品"，语态亲和、行态平和、

世界———和平
社会———和谐 ⎫
家庭———和睦 ⎬ 品
养息———和气
调息———和悦 ⎫
作息———和合 ⎬ 品

心态祥和。有一种祥和心态、祥和之气。有人喜欢追求吉祥如意，人家祝你"吉祥如意"，你很高兴，实际上人家祝贺这是人家的心意，要自己得吉祥还要靠自己。从哪里来？真正的吉祥是来自自己的心态。

语态 —— 亲和
形态 —— 平和 } 品
心态 —— 祥和

祭奠女娲的第二天，杭州召开了首届"世界佛教论坛"，对开幕式进行了电视直播，那是盛况空前。国外评价，自中国共产党开国以来，这是一个创举。论坛的主题是："和谐社会，从心开始。"是那样的巧，那一天正好是"女娲文化论坛"结束，县里在开招商引资的会议，正好有大型文艺演出——我没有去看演出。县统战部王部长带着我们去佛教协会，要我给他们讲一讲——2003年我就给他们讲过一次。要我讲什么？我说，好吧，就讲"明心见性与日常修行"。刚好，在那里讲课的时候电视直播来了，正好借上那个"心"字。

心里结祥云

这九个"和"字，世界和平也好，社会和谐也好，从哪里开始？从下面这个"心"开始。人是一个"小我"，世界是一个"大我"。在座的每一位都是一个"小我"，中国十三亿人口是一个"大我"，十三亿人口和谐是为社会和谐。首先要从我做起，从心做起。从心里的什么做起？从心态和谐、心态祥和做起。心态里面生祥和之气，人人生祥和之气，祥和之气就会不断地播散到枝头云天，就会"处处结祥云"，是不是这么回事？看起来好像是在抒情？不是，是实实在在的。如果每一个人都生祥和之气，连起来不是一片祥云吗？

中央电视台直播"世界佛教论坛"，开头有一个"香赞"的仪规，节目主持人问身边的两位专家：他们念得那么好听，念的是什么词啊？两位专家答不出来，他们不知道，其中就有一句"处处结祥云"。天空是结祥云好，还是结乌云好，是不是？这就行了。要"处处"，到哪一处都是祥云。要天上结祥云，心里就要结祥云。

2005年在中山大学参加禅学的冬令营，给他们讲了半天，回来他们送我到机场，从韶关到广州机场，沿途是乌云密布，下大雨，下得很厉害。我心里会不会想到：马上要过春节了，飞机会不会晚点呢？即使不晚点，飞机上了天，又会怎么样呢？但是我心里是一点妄念都不起，一点都不急，一点都不去想它。结果到了机场，天空虽然还不是太晴朗，但也没有乌云。当时有三班从广州到北京的飞机,唯独我们那一班是正点起飞,其他两班都晚点。我当时心里的祥云印证了这一点:一点妄念都不起,一点烦恼都不起,当然就是祥云了。

　　生活中处处有一种"和"的状态,就必须有"和"的心态。所以,什么都是从心开始。现在讲从心开始,在座年龄大一些的同志都记得,再往前越几年的话,你想"从心开始",那就是唯心主义,就会受批判的。已往的事已经过去,我们一切向前看。向前看,是一个美满和谐的社会,是我们想象的愿景。中国的和谐社会是现实的,实现一个没有战争、没有恐怖的和平世界,对于我们目前还是一个奢望,为什么?因为霸权还存在。我们中国人为什么不称霸?有人不相信我们,认为中国人可能是讲假话,一旦中国强大起来了,肯定会称霸。他们没有想到,我们还在孩提时代,有一种童真,我们不惹祸。为什么?这是我们的文化,就是老祖先给我们留下来的家教和祖传。今天就讲到这里,谢谢!

　　(热烈的掌声)

第八讲　明心见性与创新境界

点悟与思考

（开讲的掌声）我想，这热烈的掌声应该送给几位给我打电话的同学和先生。有一位在军校读研的同学，不知道今天来没来？打电话跟我讲了一个多小时，说："我感受到，你讲《易经》完全是一种和谐。有这么一个感觉。"我们谈了一个多小时，他只是听了我一讲。

第二天又有一位先生，不知道今天来没来？我认为这位先生真是一位高人，为什么？他跟我说："我以前对《易经》有很多的追求，参加了风水、占卜等很多的培训班，甚至于几次南下求知问道，但是总是觉得每一次学习结束后，好像心里都没有一个踏实的东西。但是听了我们这个第七讲以后，突然感觉到讲的也是占卜，也是预测。"他认为这个东西一下子超出了一个很大的范围，因为《易经》毕竟是从占卜开始的。当时我们也探讨了一个小时，他谈了很多东西，我们互相都有启发。不知这位先生今天到没到？我从内心非常感谢。我只能是再一次对站着的同学们表示感谢，向你们真正鞠躬。（殷老师90度鞠躬，大家热烈鼓掌）

我这个讲座有很多重结构，是经历很多年探索过来的。如果是简单的一重结构，在这里是讲不开的，这里毕竟是北大。但是多重结构的东西，我们不是说要给大家很多知识性的东西，除了一些知识性、理性的东西外，我认为还是要在思维上给大家一些启发。

例如，我们去拜访一位老前辈，实际上很简短的谈话，有时候他一句话就给我一个点悟，使我的思维又有了新的调整，一下子感觉到我的认知，我理解的方向、路线、结构，哦！一下子有某种错位。不是知识性的问题，而是一个思维的方式问题、方向问题,所以这个里面问题比其他更多,帮助更大。

今天在座的都是大智慧者,我认为还是点悟,点到为止的东西多一些,给大家多一些思考的空间。所以我们每一讲好多东西都点到为止,有些东西没有去展开,但是那个里面信息量还是有的。

今天我要讲的是第八讲"明心见性与创新境界"。

我首先要说明一点:"明心见性"是禅宗的一个专用名词,这是一个非常大的课题,我无法在禅宗的层面上展开,我这里只是在《易经》这个层面上,站在禅宗外面来看"明心见性",也许对大家也是一种启迪。什么是新的境界?这里是让大家体验。

我认为,我在这里站着并不辛苦,你们坐着可能更辛苦,因为听起来确实很吃力。你们真正用心去听的话,就能得到一种体悟,让你们初步体验到这种境界是怎么回事,然后你们在日常生活中再去保持它,慢慢、慢慢真正达到那一种境界,创新的东西自自然然就产生了。这种产生是可遇不可求,是水到渠成的感觉,而绝对不是像我们对某一种东西的追求,看得见;我今天要去得到一个东西,我马上就得到了,拿到手上——不是。所以,创新的境界是你们以后的事。在你们生活中,有些东西甚至是终身的追求。今天主要是从"明心见性"的层面来讲,只能是根据我个人的理解,我把我个人理解的东西,把我的劳动奉献给大家。

太易的思维方式

从这几个方面来说:方向—路线—方法—原则。这是一个大的东西,下面从两个主题入手。

方向。我们必须回顾一个东西,是什么呢?先天八卦。这里在座的有很多是从头听到尾的,还有的是第一次听。我认为,先天八卦给我们一个东西,有一个什么东西?往这里一挂,这个方向是天南、地北、左东、右西。这个里面我就不展开了,上次讲过。上面是南,下面是北,上面是天,下面是地,上面是乾卦,下面是坤卦,这个天地定位也是乾坤定位。

大家可以想到,上面是南,下面是北,它与今天我们挂的世界地图、中华人民共和国地图的

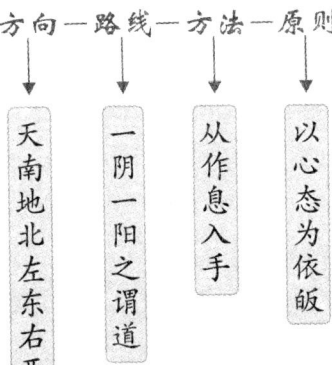

方向正好相反，这个方向定位是西方的定位，我们这个天南、地北的定位是我们老祖先的定位。首先要想一下，他们为什么会这样定位？他们是非常务实、非常现实的，无论是植物、动物还是人，都是以向阳为生长的方向，为一种祥和的方向，所以是坐北朝南，面南而坐，圣人向明而治。

首先我们确定一下大方向。以前我们喊政治口号时，经常讲方向，大方向对头不对头？首先我们确定一下，我们的老祖先在方向上错没错？这种方向是确定的。这是第一个问题。看起来是一个小问题，实际上这个里面有一个很深的思维方式问题，一个思维的源头问题。

第二个问题就是路线。这个路线是什么东西？"一阴一阳之谓道"，以前讲过。什么叫道？道就是路，甲骨文里面"道"的本义就是路。那么，一阴一阳呢？路的两旁，一边阴，一边阳，这就是"一阴一阳之谓道"。易有三易：变易——上午和下午的阴阳正好对换，叫变易。但是，今天是这样，明天是这样，天天如此，有一个不变，就是不易的规律。为什么叫简易？变来变去，变也好，不变也好，还是一阴一阳而已——简易。所以这个里面"一阴一阳之谓道"，从道路又悟出一个道理、一个法则、一种规律。三易，是一种规律，也是一种道理。

"一阴一阳之谓道"，路线错不错？大家掂量一下，我们老祖先定的方向和路线错不错？我们记得，"文化大革命"中路线要是错了，那就不得了。那么，老祖先的路线错不错？我们是跟着这个路线，还是另外去开辟一条路线？我们这条路线已经有多少年了？应该是几千年了。

再说方法，是从作息入手，后面再展开，前面已经谈了很多，下面从具体的说。

我们必须找一个下手处，找一个原则，以心态为依皈，心态是很关键的，今天在这里讲一个"心态"的问题。什么东西都是外在的，只有心态是关键的，为什么呢？平时无论是学习也好，工作也好，在心态好的情况下，这个东西明明不会做，结果会做了；明明会做，而且曾经有经验，但是一旦心态不好，怎么也做不好。我认为，心态是一个基本的东西，以心态为依皈。我在前面把这个东西先提示一下，后面部分讲的就根据这个东西。大家来看看方向—路线—方法—原则。对老祖先给我们的这些东西，来看看我们的这个体会，是什么样的一种体会？

先天父母之性

现在开始讲正题，这个正题我从两个方向来说。

"明心",怎么明心?以先天父母之性,明后天水火之心。在肚皮这个地方有命门,有个"门"在这个里面。

第一讲讲到"管","管"字又联系到"关"和"键","关"是门闩,"键"是锁,都与门有关系,锁钥与门有关系,所以要讲"门"。第二个讲"见性",就是以后天耳目之心,见先天父母之性,叫"无门关",同样有一个"门"。

先从第一个问题讲起。以先天父母之性,明后天水火之心,这是怎么回事?这个命门的"门"在哪个地方?我们先看先天八卦——先天父母之性,可能你们知道这个地方有好多重复的东西,今天又在重复,但实际上我们老祖先的东西延续几千年,这个重复应该不是简单的重复。就像一支歌曲,有时候它的音调有重复,这个重复是简单的重复吗?不是,它是主旋律。

先天的父母是谁?乾卦为父,坤卦为母。乾卦既为父,又为天,还象征人的首。坤卦为地,为母,又为腹部。这就是上和下。为什么会是这样?这决定一个什么问题?性命也好,性情也好,都在这个里面,都是息息相关的。

这个里面也讲到我们先天的父母,而且是父母之性,"性"又是什么?首先我们要想到,天性为什么是自然之性?这个里面我们要讲到一个什么东西呢?第一个是自然之性。在人类还没产生之前,"万物皆备于我",这是孟子说的。万物能皆备于我,这是什么境界?就是说在人类产生之前,万物已经为我们准备了生存的条件。"万物皆备于我",那就是已经决定人的基本的属性了,我们人出生应该是什么样子,这个已经决定

先天八卦图

先天父母之性

了，这个天性我们不能否定。

第二个是祖性，天性里面还有祖性。祖性是什么？祖性是父母未交合之前，父母还没有结合以前，实际上是父母的父母、父母的父母的父母……世代相传的遗传性，这就决定了我们出生后的先天之性。我们不能离开这些东西，天地、父母一定要有来历，不能掐断，我们要找源头。然后再有元性，就是我们人在母胎里面的那个元性，也是根性。

下面我要展示一个东西。我们以什么样的心态，来看看我们的父，看看我们的母？以什么样的心态来看待我们人类的伟大？以什么样的心态来理解"万物皆备于我"？一个好的心态，一个崇拜的心态，一种纯正的心态，一定不能有猥亵的心态。

广州韶关北边一个山区，叫丹霞地貌，在丹霞地质公园里面。这个有多高？二十多米高。存在了多少年？三十多万年。它产生在一亿年以前，这是世界地质学家考证的结果，伟大不伟大？我们没有任何理由以亵渎的心态来面对这个，应该以一种非常自豪和骄傲的心态，来看我们人类这万物灵长。

这就是我们伟大的母亲，任何人都不敢有亵渎的心态。人类为什么这样的伟大？为什么成为万物的灵长？为什么在一亿年以前已经在酝酿人的生殖之根？人是二三百万年前才有的，北京人是出现在五十万年前。我们今天好像是不敢谈性，对于这个问题我也有很大的斗争，问了很多人：可不可以在北京大学展示？大多数人回答说是可以的。为什么？他们大多数回答我：因为是北大。没有其他理由，只有一个理由——是北大。因为北大是精英，精英的心态是纯正的，是崇高的，所以我才有这么一个胆量在这里展示。我这里展示的是三十万年以前的自然现象，已经给我们证实的，一点人为斧凿都没有。不知道你们到那里看过没有？我亲眼目睹，感到非常震惊。如果大家有兴趣，可以去看看，用瞻仰的心态顶礼膜拜。

既然我们领略了真正的天性——天地之性、父母之性，那当然我们的心里不是一种猥亵的心态，而是一种清纯、纯洁的心态。从大家很平静的神态来看，就看得出来。太好了，这使我很放心。前两课我讲过一次，就是那个和尚背女子过河的时候，我就是为这个打下一个基础。（众笑）既然大家的自性还没有提起来，就不存在放下不放下的问题。

日月为"明"

"明"是什么意思？日月为"明"。刚才我们看了先天八卦的天南、地北方向，四正位还有一个东西方向——左东、右西，这个方位正好是离卦和坎卦。离为火，火为日；坎为水，水为月。日月合起来为"明"。那么，"明心"用什么来明？用心态去明，由心去明心。

刚才解决了大家的心态问题，是什么心态？如果用猥亵的心态看，那我们自己就贬低了自己。刚才我们一看，是很崇高的心态，是明净、纯正的心态，现在我们已经做到了"明"，我们再来明这个心。明什么心？后天之心。有了先天的这个好心态，我们对父母是这个心态，那么我们就用对父母这个纯正的、崇高的心态，再来明我们自己这个心。

不知道你们是不是以性明心呀？没有这个以性明心的话，就肯定会乱套，为什么？因为是模糊的，你这个心怎么去明？明谁的心？社会上大多数人是明人家的心，一提到人家的特点，一提到人家的是是非非，清清楚楚，谈起来兴趣盎然，为什么？把人家看得清清楚楚，但是自己呢？不明。我们今天有这么好的心态，好，实实在在，来明一次我们自己的心。

第二讲讲了母子连体和母子连心。今天就是母子连心，就是心与心相连了，以心明心，以心连心。这个明也有一些内容吧，并不是空洞的东西。如果是空洞的东西，这也没有用，没有实际意义，我们还要有实际的东西，实际的东西是什么？还在乾卦、坤卦、离卦和坎卦里。

《易经》六十四卦，以乾卦☰、坤卦☷为开头，乾卦、坤卦是第一卦和第二卦，最后六十三卦、六十四卦是既济卦䷾、未济卦䷿。既济卦、未济卦是什么组成的呢？正好是离卦☲和坎卦☵组成的。既济卦是水火既济，坎卦在上，离卦在下。未济卦呢,离卦在上,坎卦在下。这么颠倒一下,变成最后两卦,这就是我上次讲过的。六十四卦、三百八十四爻,是以乾、坤为门户,以离、坎为锁钥。这个结构是什么样的,我们自己也看得清楚。为什么是这样?它有一个东西——变化。怎么变?刚才讲方法,有方法才能变。

乾卦☰是三个阳爻,阳爻的中间一爻是真阳。然后,这一阳爻降下来,落下来,陷入坤卦☷之中,就变成了坎卦☵。这个上次我们已经讲了,这一阳爻就是真阳,真阳下来就变成了命根,为什么?坎卦是表示肾,肾是人的命根,元精、元气、元神全藏于此。

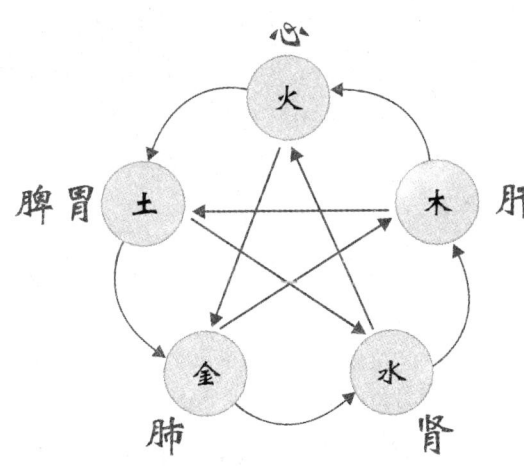

当然还有交换,坤卦☷中间一爻升到上面去填充乾卦☰的中间,这个阴爻上去乾卦就变成离卦☲。离中虚,坎中满。这么一变,就是说,乾坤就变成了离坎,天地就变成了火水。这个变落实到人身上是怎么回事?上次讲了,这里不再重复。

就是说,人在先天依靠父母,到后天就是自己当家做主、安身立命的时候,那就有自己独立的天地,有独立的阴阳,有自己独立的性,这个性就变成命。人未出生之前是性,出生以后就为命。

然后再往下看这个五脏与五行的关系。心属火,肺属金,肝属目,脾属土(脾胃属土),肾属水,那么,心是离卦,肾是坎卦。我们只讲心和肾的关系。我们看一下它们之间的关系,这是一个五脏相克图,当然我们还可以把圆周一画,这一画以后就是相生,火生土,土生金,金生水,水生木,木生火,形成这样一个图。

神奇的坎卦

下面讲坎卦。坎卦很重要,它是人的命根,中间一阳爻是人的命根。命根为什么重要？先提出一个假设，提出一个问题：它是不是我们老祖先想当然、没事干、闭门造车造出这么一个东西？当然，开始时的符号不是这样，以后慢慢演变为这样。我们看幻灯片。大家在学校上生理卫生课，看的时候羞羞答答，但在这里不会。精子与卵子相结合的时候，是不是这个形状？一阳在内，两阴在外，是不是？再看看刚才我们的想象，父与母相结合，是不是一阳在中，两阴在外？

再看看实物——莲蓬。这个蓬可以看成是离卦，离中虚。莲房里面是莲子，莲子很关键，实际上命根也就是莲子。莲子中间是什么颜色？绿色。它外面是白色的，皮在内，绿在里面。你看看这个，因为太阳通过光合作用，它显示绿色，得阳气，它中间是不是这样？

再举一点。孙悟空的金箍棒是定海神针，定海神针是金，也是一阳。它在水里面，来自东海龙王那里，它本身就是一个坎卦。然后到孙悟空手里，被藏到耳朵里面，又是一个坎卦，因为耳朵是通肾的，肾是坎卦。为什么？写《西游记》的人非常有讲究，这里就得到体现。为什么不放在鼻子里面？（众笑）你们想一想，把针放到耳朵里面，弄不好就把耳膜捅破了，但他不存在这个忧患，他随便扔进去金箍棒就藏着，为什么？金箍棒就是他自己的东西，不是身外之物，

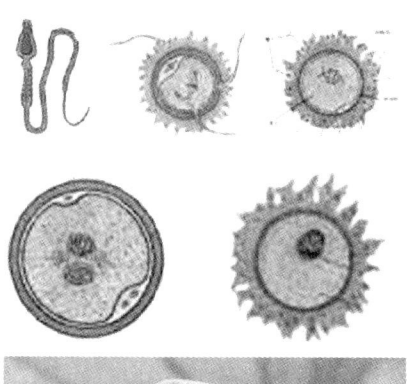

而是身内之物。这个定海神针，这个金箍棒就是身内之物，是自己的东西，是"坎中满"，是中间一阳爻，没有妨害。

这是举几个例子看看坎卦的神奇，我们从坎卦上看性，看命，还要看情。性也好，命也好，情也好，全是从这个里面来的。所以命根很关键。

我们还要回顾一下上次的故事。两个和尚碰到一个女子要过河，女子过不去，求两个和尚背过去。一位和尚毫不犹豫把她背过河。背过河后放下走了一段路，另一位和尚还在那里笑，笑什么？笑话他犯戒了："你怎么能随意背一个女子？"这个和尚说："我早就放下了，你怎么还没放下？"这个故事说明什么？

女子是阴，河水也是阴，一个和尚正好

是阳。这个和尚他中间一阳不起，就是一念不起，他没有起淫心，淫的念头没起，所以只是不动的性，不是命，所以他是本来的先天之坎卦。但是另一个和尚呢？他虽然没有背，但是他一阳浮起来了，浮起来以后他就成为命。性是不生不灭，不诟不净，不增不减，但是命有增减，有生老病死。

一阳不起为性，
一阳浮起为命

这里有一个禅宗故事。有一位老婆子，也是一位真有修行的老婆子，她遇到一位和尚，在一个庵里面住着，老婆子供养他二十年，怎么供养？经常派一位女子给和尚送饭。送了二十年以后，老婆子要试一试和尚。老婆子对那个送饭的女子说："你今天去送饭的时候抱住他，看他怎么说。"那个送饭的女子回来说，她确实抱住了和尚，但是和尚说了什么呢？"枯木倚寒岩，三冬无暖气。"——你虽然抱着我，但是我是一个枯木，你只是一个寒岩，冷冰冰的，就像三冬腊月天那样，一点暖气都没有。和尚的意思是说："你看我多正，我修行功夫多好，一点都不起念头。"和尚以为自己的修行功夫很高，没想到那老婆子一听，就说："这个俗子。"一气之下把和尚赶跑，一把火就把这个庵烧掉了：我供养你二十年，你还是枯木！

这个故事与刚才那个故事正好是相反，为什么？修行修行，你修成一个枯木也不对。（众笑）要修成什么？阳气还是阳气，而且阳气还要越修越壮。你现在已经成了一个老头子，成了一个僵尸，拒绝一个女子当然没有问题了。那就是说，不是你的修行功夫好，修行修行，修的是你的阳气，阳气越修越壮，你不是枯木，她也不是寒岩，而且有暖气，这时你的心念依然不动，才是真正的修行。

这里面有一个辩证的东西，就是说不要走极端。佛教是生动活泼的，中华传统文化也都是生动活泼的，就是上次讲的，孔子讲过的"无可无不可"，老子讲过的"无为无不为"，佛教里面的"非法非非法"，就是这些东西。我们不应该机械地看问题，我们不要活在概念、定义这些窠臼里面，我们必须要跳出这个窠臼。

当然，我们在读书阶段要"为学日益"，要多一些基础性的东西，多一些知识的积累；但是到一定程度，一定要跳出来，跳出来才能化得开，能化才能生。五行相生相克里面有个"化"，化以后才能生呀。创新境界是化以后才能生，这是很关键的东西，跳不出来就化不开，化不开就不能生，"见山只是山，见水只是水"，这是不行的。所以这个东西给我们很大的启示，禅宗的公案非常活泼，要是读禅宗公案，能得到很多启示。

石猴与美猴

我们再看看水和火的关系。《尚书》："水润下，火炎上。"火是向上炎，水是向下润。"水流湿，火就燥。""燥万物者，莫熯乎火。"这里有一个"燥"字，这个"燥"字说明什么？这就是刚才讲的我们明自己的心。我们能不能明自己的心？与那两个和尚相比较，我们属于哪一个和尚？我们是放得下的，还是放不下的？我们是枯木还是什么？我们来比较比较。

孙悟空，空是虚的，虚是离卦，正好离卦中间是虚的。孙悟空有心，为什么？孙悟空是猿猴，猿猴就是心猿，猴为心性，他是心猿——心猿意马，所以他有七十二变。猴王——心王，美猴王是什么意思？又变一下，变什么？美者，善也；猴者，心也——善心之王。实际上，唐僧是"善"，真正没有孙悟空这个"美"还不行，《西游记》里面讲的好多东西，都有很多的内涵。

孙悟空——空，虚也。

猿猴——心猿——猴为心性
猴王——心王——美猴王
　　　　　　　　↓↓
　　　　　　　　善心

"花果山福地，水帘洞洞天。"花果山上这个福地里面，水帘洞是什么？中间是虚的，是离卦；洞天，你看，洞洞还有一层天，天为阳，这又是坎卦。李鞍钢先生讲《西游记》与《易经》、与道教修行的关系，讲得头头是道，精彩纷呈。以后有机会请他来讲一讲，他是专门研究这个的。

水帘洞又叫紫云洞，紫云洞相当于人身上一个紫宫。人身上从这个地方数起：璇玑、华盖、紫宫……紫宫两边有神藏。紫宫是穴位，紫宫这个穴位正好是心里面，心王藏在紫宫，所以这里又对应上了。心猿心猿，孙悟空是什么？是心猿，所以心猿意马，有七十二变。

孙悟空第一次发现水帘洞的时候，带着众猴到了水帘洞，看那个水帘子。众猴不知道里面是什么，于是打赌：谁能钻进去就推他为王。孙悟空是不是一个筋斗云一下子就进去了？一下子就闯进去了？不是，他是瞑目蹲身三次——

《西游记》里面描述的。"瞑目"是闭目观心,"蹲身"就是坐禅止息。

"坐"字很重要。有人讲,二人为"天",二人为"元",二人为"仁",还有二人与一个"土"合起来为"坐",二人加一个"工"又念"巫"。这个"坐",坐在那里干什么?为什么讲"坐禅"?

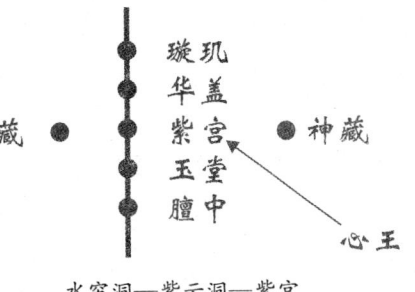

水帘洞—紫云洞—紫宫

就是说,坐在那里是为了调整阴阳平衡,坐禅的目的是调整阴阳平衡,所以"坐"字里面有这个信号。三次观心以后,他一下子就跳进去了,发现里面有洞天。这些小细节是很有意思的,但其中的细节我们不能一一展开。

"自此,石猴高登王位,将'石'字隐了,遂称'美猴王'。""石"变成"美",变成"善"了,为什么?"石"是它的实体,是原来的那个性,现在猴为心,又变成心了,先天变成后天了。

石猴是先天之心猿,无善无恶;美猴是后天之心猿,知善知恶;石猴和美猴就有区别了。这个心,我这里是借鉴的东西,是大家很关心、很熟知、很有兴趣的东西,目的是什么?讲讲故事吗?不是。我们借这个东西来明我们这个心。我们这个心是心猿,我们要跟孙悟空比较一下,比较一下"知善知恶"。

无门关

玄奘大师曾经向太宗皇帝上表说:"愿托虑于禅门,澄心于定心。制情猿之逸躁,系意马之奔驰。"这里有一个"情猿"和"逸躁",有个"躁"字在里面。再回头看我们自己这个心是什么心?躁。回到我们今天,急躁、烦躁、浮躁,再恶劣一点就叫暴躁,所以我们要戒骄戒躁。"躁"字有来历,古人都会讲究,甚至天上神仙也讲究,西方极乐世界也讲究。这个问题很有意思,当然我们是从汉字上讲,以后专门讲汉字的时候再讲。

心猿——七十二变:心思、心念、心系、心绪、心情、心灵;野心、良心、爱心、贪心、妄心、淫心……还有很多心。何止七十二心?正因为心中有七十二心,才有七十二念;有七十二念,才有七十二变。变是从念起的,没有念,怎么去变?我们念念不断,实际上是时时在变。经常是这样:几天不见面或者几年不见面,见面以后,一定先看看变化有多大。实际上我们经常是没有想到我们时时在变化,我们为什么会变老啊?像我这样头发都变白了,也就是我的念头太多了,变得太快了。我现在想多一些休息,变慢一点,后面我会讲到这些东西。

回到"小心—命门"。我们的命门在哪里?我们的生命之门在哪里?在小心而不是大心。小心在哪里?第二讲已经讲得很清楚,在我们两个肾之间,两肾之间为小心,两肾为两翼,所以要小心翼翼,所以经常要告诫自己"小心翼翼,小心谨慎"。"谨慎"的"慎"有一个"真",就是说,如何做到小心?守住一个"真"。如何做到放心?你就把心放在当中,而不是放到边上。放在哪个地方?放在两肾之间。这是《黄帝内经》里面说的,我讲过多次了。

现在你们看看,这里有一个"无门关"。刚才讲命门,命门在哪个地方?为什么现在讲"无门关"?这是一个转折,由命门转到无门关,我们要想到一个东西——由性转为命,还有门。为什么?人出生以前为性,出生以后为命,由性到命过了一个门,但是我们这个命还回头去见那个性,我们这个命还回归于性,返璞归真,回到性上去,结果找到了门——无门。

"无门关"是什么?实际上"无门关"是禅宗的公案。赵州老和尚下面有一个和尚问他:"狗子也有佛性也无?"和尚答:"无。"结果参来参去找不到门,所以叫"无门关"。这个地方是怎么说的?问:"狗子也有佛性也无?"答:"无。"为什么?本来佛讲了:众生都有佛性,蛇、虫、蚂蚁,连恶鬼、神仙都有佛性——众生都有佛性。他都问:"狗子也有佛性也无?"狗有没有佛性?这实际上要

连起来。"狗子"是什么呀?指人,这个人变了,把他叫狗子,他变了,这个人还是人吗?是人还有佛性吗?人都变狗了,他的佛性是不是还有呢?

实际上这个里面是这样问的:他人性都变了,是不是佛性也跟着一起变了?这个问题怎么去答?你讲它还有,那又执着于为什么连人都不如?你讲它没有,又违背了佛教的教义。怎么去答?还是赵州老和尚回答得非常巧妙。

"无"是什么意思?"无"是一个语气词,"无——"。他接着问者的口气来:"狗子也有佛性也无——?""无——。"寺院里早晨敲钟,"咚——",转而

就为"无——"。我在寺院听了三十五天，早晨起来我们仔细听钟声"无——"，你天天听它这个"无——"。参来参去还是找不到一个门。"无——"，就是你去悟吧，天天"无——""——悟"，你就开悟了，这就是参。

怎么去参这个"无门关"？要以后天离坎之耳目，见先天父母之根性。见性，怎么去见？看后天的离坎之耳目。什么是后天耳目？坎卦为耳，离卦为目，看《易经》应该能够看得出来吧？实际上这个性如果有目的话，是为肝的，肝上有病是看眼睛，眼皮翻过来看看这个。那么耳朵？肾虚就耳鸣。这里面还是性与目连起来，耳目就是坎离。耳目是什么，这个里面就出来了。

真阳之"炁"与五谷之"氣"

孙悟空火眼金睛为目，为什么为目？他这个目——火眼金睛是哪来的？就是从炁里面来的。"炁"字我上次讲过，上面是"无"字，"无"的甲骨文是一个人打喷嚏的样子，或者是打饱嗝这个样子，所以下面"灬"就是火，像一个茶壶放在炉子上烧开了，它打喷嚏。

火眼金眼——目——炁
　　　　　孙悟空
大耳朵——耳——氣
大肚皮——气
　　　　　猪八戒

如果下面"灬"改成"心"字，这就是古代的"愛"字，以心为爱，你真正爱他也打喷嚏。爱到什么程度？爱到三天不见面就互相打喷嚏，这就是真正的爱，一种原始的爱，一种本来的爱。我们现在非要讲"我爱你"，非要说出口。古代不用说"我爱你"，那时候打喷嚏就行了。（众笑）火眼金睛在炁里面。

火眼金睛是哪里炼出来的？是在八卦炉里面炼出来的炁。这个炁从哪里来？八卦炉，这是真阳之气，三昧之火炼出真阳之气，在宇宙未开之前就有这个"炁"，无极阶段就是这个"炁"。无极以后到太极，一旦到了太极，"气之初也"，那就是"氣"了。这个"氣"为什么加"米"字？一般这个"氣"是什么气？脾胃里五谷轮回产生的氣，那就要加"米"字旁，是五谷轮回之氣，是脾胃化五谷的这个氣。猪八戒，大耳朵——坎卦，大肚皮——五谷之气，耳朵

坎 ⚏ ——→ 坤 ⚏

耳为什么会聋

离 ⚎ ——→ 乾 ⚌

目为什么会盲

```
用九    乾卦    见群龙无首，吉。
上九    ━━━━
九五    ━━━━
九四    ━━━━
六三    ━  ━
九二    ━━━━   见龙在田，利见大人。
初六    ━  ━
```

和气，这个"气"产生是这个"氣"，它都有象征，都有说明。

心为神之藏——悟空，中间是空的，虚的；精为体之能——悟能，中间就是能量，正因为是能量，能量一过急，他就控制不了自己，所以猪八戒就好色，戏嫦娥，而且好挑唆。能量是好东西，就像电——电是能量，电是好东西——但是危害性也极大，这是一样的东西。意为气之流——悟净，巽卦，为风。风是一种气流，风是一个和气，所以沙僧两边能讨好。

金箍棒为坎中之金，金能生水，又藏于水。耳朵会不会聋？耳聋的原因是坎中之一阳已经虚了，还原为坤卦。还原为坤卦为什么不好呢？因为这个性是不能用的，成为先天之坤卦。一旦变成先天之坤卦，性为无为之体，就像那个电流，开关没开以前电流是不作为的，所以耳朵聋，它的这一阳爻不能补充它的耳目。

目盲是因为什么呢？离卦中间一阴闭塞了，又还原于先天之乾卦；这个乾卦又是先天，先天又是不作为——所以这个里面有它的来历。虽然我们在这个方面都不是残疾，但是在生活中，经常会遇到耳和目出现一些小的毛病，这都是有的，那就是阴阳平衡的问题。这个阴阳平衡的问题要找哪个地方？还是从肾上去找原因，不要找错了对象。找谁？找肾。

我们刚才讲"见性"，应该怎么见？"见"，应该还有一层意思，是"现"。乾卦的九二是"见龙在田，利见大人"，用九是"见群龙无首，吉"。在这里为"见"，现了以后才能见，不现出来是见不到的。所以首先是现，如何现，这是一个过程。

"耻"为什么是"恥"？

除了"现"，还有一个"听"。这里我要重点讲一个东西。聪明的"聪"，圣人的"圣"，还有听话的"聽"，上次都讲过，这里面还要讲一个东西——恥。古代的"耻"字原来是这样写的，是"恥"。这好像与耳朵有关系，耳朵是坎卦，为什么是坎卦？坎卦又连着一个肾，为什么？肾又是命——命门，这是什么东西？

人的聪明不聪明在于耳朵，能不能成为圣人也决定于耳，有耳顺以后才能成为圣人。一个"聽"字说明你还必须要德，还要有内圣外王的这种历练和修为，而且圣人是"南面而听天下"，不是"观"天下。"听"字有这么多，这些都是从好的方面说的。

圣人南面而听天下
↑
聪 —— 聖 —— 聽
耻 → 恥

再看"恥"字，难道与前面那几个字不是同义词吗？应该说是同义词。为什么？"知耻"，如果叫"无耻"，那就麻烦了，所以《论语·为政第二》里有"道之以政，齐之以刑，民免而无耻；道之以德，齐之以礼，有耻且格"。我们讲"八荣八耻"，就是来自这个里面。"道"就是引导，"道之以政"，仅仅是一些政治层面的东西；或者"齐之以刑"——用刑法，那么老百姓是可以想办法避免的，但是没有耻辱。为什么？他明明知道他要去避免，绝对不要触犯，为什么？他明明知道他不想犯法，但犯了法以后他不知道。经常看到有一些人，特别是年轻人，最后违法了，他不知道，这个事怎么不允许做呢？这个事怎么是违法的？不知道为什么不能做。

在座的有读过法律专业的吗？大部分没有，当然学法律的除外。我们不懂律法条文，但是我们从来不违法，原因是什么？有耻。知耻比懂法律还关键，从小就有"耻"在心里面主宰着我们。这个耳—心，耳朵与心连起来，这个心与母亲心连着，从小母亲教你知耻。"耻"就是说，真正一个好孩子，他做了错事，脸红了，红到耳根上。是不是这个道理？红到耳根上来了，嗯，这是个好孩子——他知错了，他有善根。是不是这个来历？这些来历都在我们生活中。

汉字连得都很好，这个"耻"字连得好，你用耳朵来听自己这个心，就能做到"止于至善"，你用心就知道哪些事能做，哪些事不能做。这不是法律在规范我们，而是自己在规范自己，所以"自主管理"是最根本的管理。

"八荣八耻"，好像是一个政治口号，我说不是。这是胡锦涛总书记发出的号召吗？这是一个政治口号吗？我说不是。是什么？是因为我们每一个善良的人、每一个正直的人都已经具备了，但是，自己有很好的善根、很好的美德往往是视而不见，自己这些优势、这些很好的东西、这些隐藏的宝藏，往往被忽略了，被随便地玷污了，你还不知道。所以，总书记像一家之长、一家的母亲那样，以慈悲的胸怀提醒大家："你们看看你们自身吧。"

我是这么一个感受：作为一个老百姓，我是以一个百姓的心，去体验领袖的心，我认为这是慈母之心。所以，"八荣八耻"不是政治口号。什么是成熟的政治家？他成为一个慈悲的母亲，以一个母亲的胸怀，以天下百姓心为心，这样的领袖就是成熟的政治家，而不是看你玩的政治手腕有多么高明，不是。

不知道大家认可不认可？（大家掌声热烈）

"听"花

这个心我们明没明？这个性我们见到没见到？我们的性是从哪里来的？这里有几朵花。2005年我在泰国开会，刚刚下雨，等雨停，突然我在屋檐下看到这些花，每朵花都是这样卷起来的，这么一层一层地卷。看到这个我突然就想到《易经》里面孔子讲的一句话："圣人南面而听天下"。我把《易经》里面参不透的话，经常装在脑海里，还要画一个大问号。突然看到这个以后——噢，圣人不是观天下，而是听天下！

我一看这个花，卷呀，卷呀……卷了以后又展开，展开……它在运动，有运动就有声音。那个声音是我们的耳朵能听到的吗？我们再去听一听那种声音，那种声音绝对是一首美妙无比的音乐。花开得这么美，它的音乐一定是美的，我们用心去体验。如果经常用心去体验大自然，体验身边的事，你的悟性从哪里来？悟性就从这里来，只要心无旁骛。我确确实实都是用这个心。

旅游的时候，人家看了这样看那样，看那些浮躁的东西，我没有。我观察那些细微的东西，对那些东西我是津津有味，时时再现。我女儿现在把这些花做成了电脑桌面，我欣赏这个东西。这个里面有一个东西，我们如何真正做到有心人？我们的心要纯净，与大自然相融相通，与大众相通，与我们的民族、国家相息。

从作息入手

我们这个性——父母的根性，一朝分娩之际这是根性。一朝分娩以后，性又变成命。但是在孩提时代，性与命是混沌时期。但一旦涉入世俗以后，这性命又生情，又有情窦初开，在这种情况下，性就与命交上朋友了——性命、性情，性与情又是混沌时期了，又粘缚在一起，离不开了。当性情定型以后又成为性格，但是当人一旦有一定觉悟以后，从性情中看出性相了，又看出情与性开始剥离了，到了开始觉悟的程度，回到日损，损之又损，就到了剥离阶段。到了这个时候，才是真正修心养性，修行真正开始了，那么离开悟已经不远了，回归于父母的性海了。

根性 → 性命 → 性情 → 性相 → 养性

一朝分娩之际　　性命混沌之期　　性情粘缚之期　　性情开始剥离　　回归于父母性海

父母之根性

那么，回归于父母的性海有门吗？没有门。门在哪个地方呢？无门关。无门关，它真的是无门关吗？刚才讲了无门关，我们现在就要来闯这个无门关。

如何闯？从哪里开始？刚才讲了一个方法，从作息开始——养性、修身、作息。养性是为了修身，修身养性要颠倒过来。从修身开始，修身是为了养性，但是修身从哪里入手？从作息入手。"息"字上回讲了，"息"字上为鼻子，下为小心。作息就是三个东西，

作息
- 把好钥匙——管
- 锁好心锁——息
- 守好命门——小心

管好一把钥匙就能管好呼吸之道——管道，呼吸的管道就是这个。管好你的心锁就是"息"，守好你的命门就是"小心"。

这三个东西怎么去讲？从胎息讲起吧。胎儿时候有胎息。出生以后你睡不着觉，失眠要数息。坐禅要从数息开始，数息是数呼吸，数呼也好，数吸也好，一呼一吸，数的方法有好多种。数息是为了调息，调好之后就守住它，就是守息。守好以后就能得到养，养好了就能听——听息，能听息。最后，说止就止——止息。

那么，体验要从哪里入手？要从作息入手，作息要从"作"开始。刚才讲了一个过程，这里还有我们曾经一起参禅的，确有体会，但是我的体会没有他们深，所以我不敢妄谈。真正想得到这个东西，我们还要到禅堂里去体验，但是我们不能天天坐禅堂，那我们要把自己的日常生活变成禅堂，真正把宗教的禅、佛教的禅变成生活的禅。生活中如果能做到数息、调息、守息、养息、听息，然后能止息，那就能作息了。

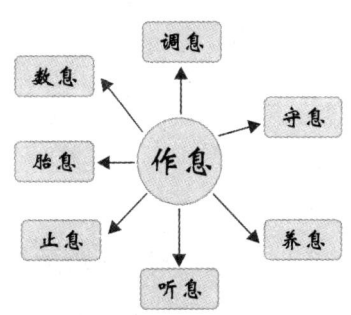

什么叫作息？上次讲了，"日出而作，日入而息。凿井而饮，耕田而食"——作息、饮食。这是古人的诗——尧诗，是尧舜时候一位八十岁的老者唱的一首歌。那么我这里给大家一个"起居有时，作息有常，饮食有节，刚柔有度"。管理也是刚柔。为什么？前面都讲过。"刚柔有度"有时候在生活中还是很关键的。日常生活中处理一个问题，处理一件事，经常是一个问题：刚和柔没有把握好，老是过了——或者是柔太过，或者是刚太过。如何保持刚柔的中庸，这是一件很难的事，而且是生活中一个大的课题。如何做到刚柔有度？现在我把这个空间留给大家。在我们的生活中，大家能够体验到如何做到刚柔，也就是《系辞传》里面讲的一句话"动静有常，刚柔断矣"——刚柔来断。这个事情该怎么做？是在刚和柔上来断，来决断，来选择，来判断这件事，是该用柔还是该用刚？用到怎样一个度？我是从理上讲一下，因为时间关系我不能去展开。

如何做到有度？问问谁？问问我们的鼻祖吧。有人经常讲："是鼻祖。""鼻"与"祖"连起来，为什么能连起来？鼻又称为祖。鼻是自己，那么，祖又是什么？鼻是上呼吸之道，祖在下，是什么？是先天。郭沫若先生、李敖先生，都特别喜欢这个"且"字，为什么？就是刚才展示的三十多米高的那个阳元石，"且"就是那个东西。翻开郭沫若先生和李敖先生的书，他们两位津津乐道的就是这个。为什么？古人生殖崇拜，祖先的生殖器崇拜，性的崇拜，那是非常崇高的。

你会呼吸吗？

有一位剪纸的专家，剪纸是她的绝招，她拿了一张纸以后，随手就剪，当堂送给我一张剪纸，这是中国的文化。她讲了她的奶奶，是农村妇女，一个大字不识，祖祖辈辈地传承。她奶奶在家里经常剪，她看了都不可思议，为什么？她剪出来的东西，往往是男女情爱的题材多。为什么？古代人不像现在，有电视看，有很多文化生活，还可以走出家门。古代妇女不能随便出门，而且还包了小脚，在家里待着，经常思念丈夫，在这种情况下，怎么样去排解自己的思念之情呢？怎么去寄托情思呢？剪纸。拿着一把剪刀，随便一剪，就把自己的男女之情全剪出来了，剪出来的就是艺术品。

她这么一讲，我服了，为什么？妇女思念丈夫，如果起淫心的话，她的剪子就拿不稳，就会颤抖，根本就剪不出这么细腻的活。这个剪纸绝了，这一点你们服不服？别看她思念丈夫，不是今天的人那个思念丈夫——男女之情，她那个心是那么清纯，而且是那么稳，拿着剪刀很细腻地剪，剪呀剪，那种追求是什么样的追求？那种崇拜是什么样的崇拜？那是什么样的心态？我们今天有这种心态吗？坐得下来吗？手不发抖吗？不发颤吗？心不烦躁吗？她一点浮躁都没有，这样的心态，我们只能够用心去体验。我们还要做一回她的体验，如果不做一回，可能还体验不到。好厉害啊！鼻祖、鼻祖，我们千万不要忘记我们的祖宗。

庄子说："真人之息以踵，众人之息以喉。""息以喉"是什么？这是今天要讲的主要东西——作息、呼吸，《黄帝内经》里面讲了好多，还有好多老中医的书都分析了我们今天的呼吸。为什么一般人的身体健康程度有一些打折扣？在哪个地方打了折扣？呼吸到中脘这个地方回来了，这是个小心脘，在脾胃的口的上面，呼吸就是这个。"息以喉"，为什么？这个里面有东西，我们再看个比喻，就像一条鱼吸了水，再从鳃里面呼出去一样。

"息以踵"，是不是从脚跟这个地方呢？不是，它是入命门而与祖气相接。祖气在哪个地方？就是父母连体的"小心"那个地方，两个肾中间是命门，命门为小心，元精、元气、元神都藏于此，这个地方是祖气。这个吸下去以后，一下子与祖气相接，就真正成为一息，这就是"息"了——不然的话，仅此是"吸"而已，很短——只有在这个地方才是息。所以，主持人、播音员练什么？

刚才给我送花的这位女士，在中央人民广播电台做主持人，她给我讲了这个故事。她怎么讲？前天晚上在我家里讲，我听得聚精会神，讲得太好了。她给我说，吸气的时候，腹部这个地方要绷紧。气吸下去以后，腹部是什么感觉，都有要求。尤其是早上要练这个功，你的气从下面起来，你的声音就有底气，底气就足，你的声音在下面，而不是外面。所以说，如果你老是气在喉部这里，你讲话的声音就是轻飘飘的。（模仿）如果底气吸下来以后，发出的声音那就是浑厚有力的。（模仿）（大家掌声）这个息下来以后与祖气相接。

小道理与大道理

经常有人讲，必须在空气新鲜的地方才能练深呼吸。这个是不错，但不是绝对的。为什么？这个地方虽然空气不新鲜，我们还可以做一些比较短的、比较浅一点的深呼吸。为什么？你真的正气到这个地方来，从这里吸取的大多是阴离子，吸取的是真阳气，污浊之气是吸不进来的。为什么？用肾呼吸自有分辨能力。

这个里面有一个虹吸效应，它有选择，因为你的祖气里面是纯正之气，所以吸进来是纯正之气，通过喉咙，通过这个管吸气，我们要明白这个道理。《黄帝内经》里面讲，是肾在吸气，肺在呼气，所以要经常练深呼吸。这里有个比喻——"如磁石吸铁而同类相亲"，"同类相亲"是什么意思？都是轻清之气，所以水为至阴——阴离子。

苏联科学家做了一个试验，把小鼠放在一个有充分阴离子的环境里面养，结果它的寿命延长了50%。阴离子是哪来的？就是说，真正深呼吸，与祖气相通，你才能真正吸阴离子。是不是这么回事？吸"水"，我们能吸阴离子；但是呼"水"，你只能呼出浊气。我们不仅仅要喝水，还要吸"水"。

就像讲风水，在风水书上有几句话是怎么说的呢？"风水之法，得水为上，有山无水，休要选地。"有山有龙脉，但没有水，你不要去选地，这里没有好地——没有水。看起来是龙脉，但是这龙脉是枯的，它没有水，为什么呢？因为龙要水来养，龙无水它怎么活呢？有生气吗？没有生气。所以水是很关键的。肾就是水。为什么肾为命门？道理就在这个地方。

上次有位老先生说，我讲的东西是大预测，预测也在里面，生物也在里面，看风水也在里面，看面相也在里面，好像什么都在里面；实际上只要把握一个东西，把作息把握好了，把人身上的上太极，也就是外太极，和内太极，这两个太极搞清楚了，把鼻，就是"自"，和"己"搞清楚了，把"息"搞清楚了，就是把握了一把锁，把握了一把钥匙；把这个东西搞清楚了，其他东西都能举一反三，触类旁通，都是可以融通的。

理是相通的，小道理归大道理管，把大道理搞清楚以后，其他的道理全"挂"在这个里面，一把钥匙管很多的钥匙，那就可以开很多的锁。不是今天学这个，明天学那个。好多学习班、培训班参加了很多次，回过头来还是不能靠岸。我总结了一下：为什么有人一直心里不踏实？因为心始终不能靠岸。

你"靠岸"了吗？

为什么不能"靠岸"？今天不知大家靠岸没靠岸？看看这个"爽"字。"爽"字是什么意思？《说文解字》："爽，明也。""爽"的甲骨文正好是两腋之下，两腋清明、清爽就为爽。这个"明"字，我们从先天八卦来看，日月为明就是坎离为明，也是水火为明，也就是水火相济了。你的两个腋下很清爽，周身都清爽，是什么意思？真正在呼吸的时候，练到养息、守息、止息，练到那个程度的时候，不仅仅靠鼻子呼吸，周身的毛孔都在一张一弛，都在呼吸。

所以我们经常看到：哎呀，我腰疼，很麻，很胀，在哪个地方有些酸。疼、麻、胀、酸，原因是什么？就是这一局部的毛孔没有张开，里面的污浊之气排不出去，在里面生胀、发麻。实际上不是大病，但是长期下去，就会形成大病，营卫之气嘛。营气在脉络里面，卫气在脉络外面，营气为轻清之气，卫气为浑浊之气，浑浊之气在脉络外面，也就是皮肤下面。如果你呼吸能调整得好，经常呼吸调整好了，能通过毛孔的一张一收，把周身的浊气都排出了，每一个部位的浊气都排出了——周身就清爽。

人逢喜事精神爽，实际上做好"息"了也能精神爽。一旦得到这个爽，那就是《心经》里面讲的："揭谛，揭谛，般若揭谛，般若僧揭谛。"意思是说，到了，到了，彼岸到了，大家都到了。不知道大家到没到？（热烈掌声）

明心见性的目的，就是要到彼岸。彼岸在哪里？彼岸就在此岸呀。还能到哪一个彼岸？彼岸就在此岸，只有在此岸来登彼岸，登上了彼岸再回头看，噢，自己！

"自己"与谁相连？与母亲相连，所以第九讲是"厚德载物与自强不息"。"厚德载物"是谁？母亲。"自强不息"是谁？父亲，但实际上还是自己。大家知道这也是一个大的课题，但是离不开今天的内容。今天的课就讲到这里，谢谢大家！（热烈鼓掌）

第九讲　厚德载物与自强不息

"寻找"游戏

今天是第九讲,也是这一个系列在北大的最后一讲。实际上在我的计划里面,在我多少年来的规划里面,它仅仅是一个开头。整个"太易自主管理"是一个大的系列,暂时在北大告一段落。实际上,自强不息与厚德载物,还有心量和福报等,都在这个里面。

第九讲"厚德载物与自强不息",关于这个题目大家并不陌生。"自强不息,厚德载物"是清华大学的校训,而且在我们的生活中经常提到,使用频率也很高,但要找出它的来处,说得很清楚,这并不是我们平时都关心的课题,不是不知道,而是大家一般没有去关心。这里我借这个机会跟大家做一个沟通。

有人认为,《易经》不是科学的,因为科学是分科的科学。那么我们看看《易经》是不是科学的,我们现在就用一种游戏的方式来看一看。

我们首先要找来处。怎么去找?用现在的电脑很好查,但是用这种方式,我们还是不得其要。要查,我们还是用一种原始的、朴实的方式,穿过时间的隧道,走进老祖先的思维通道。这个中间就像一个迷宫,也是一个非常奇妙的宫殿,进了这个大门去找,怎么找?你们可能以为,这个东西大概是很好找的。其实不然。

北大的一个同学给我讲了这么个故事。他回家后,家里有一个长辈对他说:"你现在到北大上学了,我以后有事就到北大找你。"他说:"我留个地址给你吧,到时候你给我打电话,我去接你。"长辈说:"不用接我,那还不好找吗?我一到北京就去北大找你。"他说:"不好找。"长辈说:"那有什么不好找的?好找,不用接!"

在他的印象中，北大是什么呢？可能就像山村里的一个小学，一进大门，迎面是办公室，两边就是两排教室，反正问一问也就到了。当时我听这个同学讲的时候，他觉得这个长辈确确实实是好笑，不敢笑。但是这说明了一个时代差异。差了多少代？差了多少年？我们与我们的老祖先到底隔了多长时间？如果把《易经》也比作北大这所大学殿堂，我们现在走一走，走进去，是不是问一问就到了？我们走进去看一看。

一进《易经》的大门我们就问一问"厚德载物"与"自强不息"这两个词的出处。人家说，你们要找的这两个词，一个住在北门，一个住在南门。"厚德载物"要到北门去找，"自强不息"要到南门去找。为什么？先天八卦，乾卦在南，坤卦在北，"自强不息"是乾卦里面的，"厚德载物"是坤卦里面的。

那么，先找乾卦吧，到乾卦里去找"自强不息"。这又要分类，这个必须到《易传》里面去找。整个《易经》有两个大部门，一个是《易经》部门，还有一个是《易传》部门。《易经》分了上、下，《易传》也分上、下。到了《易传》里面，还要到《易传·上》去找。部门分得这么细。

找到了《易传》以后，问你找什么，你说："我要找'自强不息'。"一查，说："哎呀，你还要到《象辞》里面去找。"于是又找到《象辞》这个部门。为什么呢？因为《易传》有"十翼"，"十翼"就是有十个部门，有《象辞》《彖辞》《系辞传》《说卦传》《杂卦传》，还有《文言传》，有这么多部门。到了《象辞》一问，他讲：我这里还有"大象"和"小象"，你到底找哪个？"自强不息"是在"大象"里面。好，到"大象"里面找，找到了。

"大象"是什么？"大象"是解释卦象的。"小象"是描述爻象的。整个乾卦有六个爻，整个卦象都是纯阳爻，这是它的象。里面有一句："天行健，君子以自强不息。"一看，哦，查到了，它的出处在这个地方。费了这么多周折，终于找到了"自强不息"。

再找"厚德载物"。出来后又走到北门，找到坤卦，在坤卦里面找。还要到《易传》里面找，又找到"大象"，在"大象"里面找"厚德载物"。这个词的真正的来处是："地势坤，君子以厚德载物。"

大家对这两个词的来历是不是有一个印象？它分门别类，分得非常细，分到最后它是大象里面的，大象是描述卦象的。王树人教授讲"象思维"，这就是"象思维"。

"牧人"人——母亲

我们今天要先讲"厚德载物",后讲"自强不息"。为什么?先讲母亲,后讲父亲。

有人一直在辩论:"是先有鸡,还是先有蛋?"我的设想是先有蛋。蛋是什么?蛋是谁下的?是母鸡下的。那么,是先有母鸡还是先有蛋?我们还是从三十多亿年前,从第一个单细胞产生的时候来追溯起。这里就不多讲了,我想还是先从母亲讲起。

"中国母亲",这是很大的一个课题,我们一起来体验一下我们中国母亲,只能是从历史上和卦上来初步体验一下。这里提一个问题,也是大家经常问到的一个问题:"东西方文化的差异,或者说中国与西方文化的差异,在哪个地方?"是不是在这个里面也能找到一个差异?这个差异是多方面的,这个是不是也是其中之一?

看一看母亲,从姓氏上来看中国母亲——中国姓氏和西方姓氏之间本身就有差异。

神农氏——"姜"姓
轩辕氏——"姬"姓
少昊氏——"嬴"姓
虞舜氏——"姚"姓

姓——母系血统

中国的姓氏,首先是姓母,是母姓,而不是父姓。查《百家姓》中带女字的,除了姜、姬、嬴、姚这四个以外,其他的都没有:神农氏——"姜"姓,轩辕氏(黄帝)——"姬"姓,少昊帝——"嬴"姓,虞舜帝——"姚"姓。这些都带"女"字,这就是母系血统,而不是父系血统。

大家知道,原始社会到旧石器时期的末期、新石器时期的开始,母系氏族社会已经形成了。当时男人的作用主要是狩猎、捕鱼,担负一些安全工作;很多的工作女人真正起了重要的作用,不仅仅是养育子女、繁衍后代,同时还担负了家庭事务。你们到大地湾文化遗址一看就知道,一进门有火塘,火塘有一个洞,洞里面有一个火种罐,女人在家里守着的就是这个火种罐。

女人还要做很多其他的事,特别是要带一班孩子,因为那时候只知其母,不知其父,母亲要带着一个很大的家族。《说文解字》里面解释"母"字:"母,牧也。"牧羊人呀,母亲是叫"牧人"人,就是一个放牧的,带着一大群孩子。对这个"牧"字,有的专家津津乐道,跟我说了一句话。他讲,著《说文解字》的那个许慎先生,这一句太形象了。当初母系社会是那一种形态,母亲拖儿带小的,不但有女儿,还有女婿,不但有儿子,还有媳妇,她全部带上了,这一大串子亲戚,她就像放牧群一样。这个太形象了。

《红楼梦》里面的贾母,她后面是一大串,是不是?这个大家庭里,最高的长者、最权威的就是贾母。为什么？"每"字。甲骨文里"每"字上面就加了一个头饰，这个头饰是什么东西呢？这个头饰像一个什么？古代人喜欢把荷叶往头上一戴，往两边一披的那个东西，有点像这个。"每"字与"美"字的音是相近的，戴上这个也是为了美丽，同时也是为了遮太阳。但是以后，成了"每"一个，因为这个"每"是一个群体，要一个一个地分。只有谁能分？只有母亲能分得开这种直系系统，其他人分不开——只有母亲分得开。

寻找"母亲"的踪迹

看一下后天八卦。后天八卦很有意思：东边是震卦，震卦为雷；西边是兑卦，兑卦为泽，泽就是江河湖海。合起来正好是雷泽。先天八卦合起来是日月，后天八卦合起来是雷泽，"雷泽"是什么意思？我为什么要把这个提出来？我们看一下历史。

"太皞庖牺氏，风姓，代燧人氏继天而王。母曰华胥，履大人迹于雷泽，而生庖牺氏于成纪。"燧人氏的母亲是华胥氏，华胥氏也是在天水。"胥"是什么意思？当时有一种叫庖也叫瓠的果子，就像现在我们见到的丝瓜，是很长的瓠子，华胥氏就把那个瓜做成酱，"胥"就是酱，这个酱很好吃，它是一种发明。当时华胥氏也许是少女，也许是中女，但是那个时候不像现在，现在是一夫一妻，那时候只知其母不知其父。

"履大人迹于雷泽"，现在大家都在争，雷泽是在天水，在山东，还是在河南？因为生伏羲的地方是在雷泽。由于华胥氏这个年轻的女子，追求燧人氏这个男子，所以就寻着他的脚印去找，找到了丛林里面，于是就生了伏羲，生在成纪县，就是现在的秦安县，就是我们上次祭女娲那个县——天水市秦安县。大地湾文化遗址也是在秦安县。这是《史记·三皇本纪》里面记载的。

再看看女娲。华胥氏生了伏羲，又生了女娲，他们是兄妹，以后又成

为夫妻。这幅照片是女娲祠，在过去的成纪县，也就是现在的秦安县。女娲祠所在的地方，也就是诸葛亮失街亭的那个地方，上次祭女娲就是在街亭旁边。女娲祠门口铺上红地毯，既有公祭，又有民间的祭祀。

这个女娲像，女娲到底是不是这个样子？经过比较，我发现一个问题，有一个特点：到伏羲庙里去看，伏羲是火眼金睛地瞪着大眼睛；这里呢，女娲也是瞪着大眼睛。我又做了一个对比，与什么对比呢？从印度传过来的佛像、菩萨像，他们都没有打开眼睛，因为他们是竖着耳朵听，是听音。在这个里面去比较，文化差异也还是有的，因为塑像就有不同。

女娲洞的洞口不大，但是里面很大，里面一直穿得很长很长，呈葫芦状，一个葫芦又套一个葫芦，刚刚钻过一个瓶颈，突然又一下子展开了一个葫芦斗，又钻进一个很窄的地方，一下子又很豁亮，就像一个大厅似的，始终是钻来钻去，始终是这个葫芦状。在不开放的情况下，洞口一般就堵起来了，因为附近的孩子在里面玩，出现过问题，所以暂时把它堵起来了。

看了女娲，我们又突然一下子跨越到春秋时期，也许这个跨越幅度是太大了，实际上也不大。这是颜母祠，3月25日在北大开始讲"太易自主管理"以前，我就曾去看过那里，我认为这次讲座的前后，缘分特别好。在讲这个课以前，3月18日，我和我女儿一起到曲阜，因为我们杂志要出一期孔子专刊，要到那里采点，我们就直奔尼山。

尼山是当年孔子的母亲颜氏求子的地方，不是颜回的母亲，是孔子的母亲颜氏。她在尼山求子，以后又在那个地方生下了孔子。我们那一次特地赶到颜母庄去看颜母祠。颜母祠不大，但是门上锁了，生了锈，进不去。有一位村民对我们说，旁边有个洞能进去。旁边的墙已经打穿了，我们钻了进去。钻进去一看，这种景象，这是"文化大革命"时被糟蹋的景象，一直还没有恢复。

这幅照片是当时拍的，回来在电脑上才发现。这是当时的颜母祠后面供颜母像的墙壁，墙壁上是古代那种白浆，那种白浆本来是非常牢固的，但是现在却成了这个样子。这是自然脱落的，非常清楚。你们看像什么？像老虎，这上面两个眼珠子非常清楚，那个模样和真的老虎一模一样，这完全是巧合。这一点是肯定的：不是人为的，完全是自然的。但是这个又说明了什么问题？为什么会有这么一个现象？这是两个眼珠子，还有鼻子，显现得清清楚楚，这是青砖和青砖之间显现出来的鼻子。

圣人是怎样教育出来的？

下面我们要领略一下颜母的风采——这是一位伟大的母亲。大家知道，中国历史上有三母，第一讲就讲了，今天是最后一讲，我们又要回到这个问题上。中国为什么会出孔子？为什么联合国的教育基金奖设为"孔子教育基金奖"，这是唯一的，为什么？为什么孔子在世界上排名，无论是哪次，都是在圣人、伟人之列？为什么他是一个政治家、教育家、思想家，千古不朽？

孔子三岁丧父，他的父亲是在六十六岁时娶他的母亲的，当时他母亲才十六岁，当时是奇迹，但又不是奇迹，差五十岁不是奇迹，今天可以说已经打破这个纪录了。（众笑）从这个里面我们可以想象，当时我为什么直奔尼山？就是为这个去的。我就一直在思考这个问题：如果没有这样一位伟大的母亲，没有家庭的启蒙，孔子可能不是这个孔子。因为他三岁丧父以后，他的母亲就迁居到了曲阜。

曲阜是什么环境？简单地介绍一下，曲阜是当时鲁国的国都。在春秋时期，在周王朝的时候，鲁国的国都是什么地位？用王宫舞蹈的仪规来说明。当时周王朝可以在宫廷里表演八佾舞，八佾就是一行八个人，排成八行——八佾舞。但是，诸侯国只能演六佾，贵族家里只能演四佾，否则就是越制——但是鲁国可以演八佾。这就说，在众多诸侯国中，鲁国可以说是很特殊的。它的特殊，不是由于它的国力特殊，而是因为它的文化。鲁国是周公的封地，《易经》爻辞就是周公写的，可见曲阜城当时的文化氛围。

孔子的母亲迁居在曲阜城里，是郊区吗？不是，住在阙里。阙里是什么地方？王宫门楼前面的那一条街，就叫阙里街，可以说是中心的中心。孟母为了教育孟子，要三迁才到位；颜母为了教孔子，一迁就到位，这是了不起的一件事。

颜母配不配教育出这么大一个圣人？我们从下面几点看。

第一，孔子父亲的第一个妻子——正妻，生了九个女儿。在中国古代，只有女儿没有儿子，男人就可以休妻，可以把妻子送走。以后孔子的父亲又娶了第二个妻子，第二个妻子生了一个儿子，但是这个儿子的腿是跛的，是残疾呀，这还不能继承,所以他到六十六岁不得不向颜府求亲。颜府有三个女儿,但是大女儿和二女儿看到他是一个老头子,就不肯出嫁,这个时候她们的父亲很为难。

当时三女儿颜征在,才十六岁,她对父亲说:"女儿在家随父,父亲决定,那我就去吧。"她嫁到孔府了。孔子的母亲出嫁以后生了孔子,孔子三岁时父亲去世了,颜母迁居到曲阜城里时,她丈夫的二夫人已经去世了,只剩下一个瘸腿的儿子。颜母把他同样带上,视同己出,像待自己的儿子一样,依赖纺线,为他人做小工,洗衣服,用这些来养活两个儿子,并将瘸腿的大儿子一样送去读书。是不是德?

第二,因为颜氏的父亲是知书识礼的,她在家里就识字,所以孔子小时候的识字教育,就是她做启蒙教师的。

第三,我认为是比较重要的,当时孔子在曲阜城里面经常接触的是祭祀活动,因为当时的祭祀活动和一些大的国事活动很多,他经常去看那些祭祀仪式,看得如醉如痴,回到家还要把家里的家具全部摆出来,按照祭祀仪规,自己去演,自己去模仿。他母亲不但不阻挠,不但不骂他,相反还到街市上去买很多的玩具让他摆,把自己家里都摆满了,在那里演绎。就这样,孔子从三岁开始就接触这些祭祀仪规,而且亲自实践,从小就在家里如醉如痴地进行演绎。你们想一想,这是什么教育?比较一下我们今天的教育,今天的家长对孩子的教育,也许从中能得到一些启发。

《论语》与算盘的关系

为什么孔子到二十岁第一次做官——管仓库,就管得那么出色;第二次叫他做乘田吏——管牛羊,他也做得那么出色;所以第三次又升官——管人口,全国的人口归他管,一年就管得鲁国人丁兴旺起来,也同样管得那么出色?所以说,孔子不仅仅是一位政治家、思想家、教育家,同时也是一位管理学家。

他周游列国,就是想把自己的管理理念告诉那些诸侯,用这些方法去管理天下。但是诸侯们不能采纳,最后孔子只好开坛讲学,传授给弟子。孔子的这些弟子都是做什么的呢?以后都是做管理的,有管理地方的,有管理国家的,也有经商的——都是做管理工作的。

"日本现代企业之父"叫涩泽荣一,人们为他修了一尊铜像,铜像一手托算盘,一手托《论语》。为什么会这样?《论语》为什么与算盘并列?为什么与企业挂钩?日本人为什么会把《论语》看得这么重?从这尊铜像我们可以想象,

《论语》里面讲的是管理理念。从《论语》就可以推想到,颜母这个启蒙老师太伟大了,与孟母三迁、岳母刺字相比不在其下,而在其上。但是这位伟大的母亲,她的事迹鲜为人知,为此,我们还要实地多做一些访问。

体验中国母亲

这是孔圣人出生的山洞——夫子洞。这个洞不是很高,稍稍弯一点腰就能钻进去,里面也不是很大。有多大呢?现在的一部小轿车能开进去,就这么大,能开进去,但是出不来。(众笑)因为当时孔子的父母要求子,求子就要许愿,还要还三次愿。最后快要分娩了,但第三次愿还没有还,还要去还愿,要去尼山还愿。还愿时突然要分娩,找到这个洞,就在这个洞里面生下了孔子。这位圣人的第一声啼哭,就是从这里传出来的。

我一到曲阜,一下火车,几个小时就到了这个地方,然后再去颜母庄拜访颜母祠。我最喜欢到这些真实的地方,虽然看不到什么东西,但是可以体验,可以去想象。我们要多一些想象,这些想象对我们今天来说太重要了,我们不仅仅是停留在文字上、书本上、书斋里,真正是要体验这些东西。

还有一个论证。大家知道,慧能大师一个大字不识,他和我们的伏羲大帝一样,一个大字不识,都是天下第一大文盲。我们可以想一想,慧能大师是一个樵夫,听了《金刚经》一句"应无所住而生其心",为什么听了这一句就开悟了?难道说是突然的吗?有一句话叫"冰冻三尺非一日之寒",难道是突然滋生?他没有读过书,一下子就开悟了?我认为,这离不开家庭的教育。慧能大师的家庭教育来自谁?还是他的母亲。慧能大师的父亲也是在他生下来以后就不在了——他父亲是一个官员,被贬到岭南去了。我们可以想象,这又是一位伟大的母亲。

想一想我们中国的母亲,看一看中国的母亲。今天在座有好几位年龄都是

三十三祖慧能大师

在四十岁、五十岁以上的,即使是二十多岁的年轻人,也同样能够想象到,如果是来自农村的,就知道还有很多母亲是文盲。在我的人生体验中就非常多,特别是我自己的母亲。她们是真正的文盲,但就是她们承载了我们中华传统文化,她们是真正的传播者。为什么?厚德载物。什么为"厚"?厚者,时间的积累、历史的沉淀,这个"厚"我们要搞清楚。当然,这要谁来传承呢?这个传承男人只占一半,女人要占一半。但是在中国,女人占的不仅仅是一半,而是占了一大半,为什么?

中国是农耕文化,农耕文化是谁主天下?那时候的天下是谁主沉浮?是母亲主沉浮。农耕生活起源于母系社会时期,翻开历史——这里有很多学历史的同学——那个时候为什么是母亲当家?因为她们是农耕文化的主宰,是她们在起作用,播种也好,收获也好,这都是她们承担,都是女人承担,农耕形成了文化。

工业文明、工业革命以后,所产生的是哪些东西?工业文明带来了很多的方便,但是它的副作用远远超过了正面作用。我们农耕文化有多少副作用?它的副产品有多少?首先农耕文化无污染,对自然的破坏作用没有。我们可以想象得到,这是我们的母亲,是她们在承载中华传统文化。现在中国的很多边远地区,在农村地区,还有许多文盲女人,她们真正是在承载,你真要去看看就知道,她们非常伟大,她们身上有非常朴实的东西。

为什么菩萨像到了中国都是女人像?是什么原因?

佛像到了美国，全部像美国人。有人对净空法师讲："师父，美国人学佛把佛像改成像美国人。"净空法师讲："好啊，像美国人，美国人感到亲切呀。他们都去拜嘛。"哎呀，好亲切！但是到了中国，菩萨像全是女人像。中国四大佛教名山的菩萨，除了九华山的地藏王菩萨之外，都是女人像，文殊菩萨、普贤菩萨、观世音菩萨，还有大势至菩萨，都是女人像。为什么是女人像？不是说那些菩萨是女人，女人像即慈悲相。我们中国还有一句话，父为严父，母为慈母。无论是在谱系里面，在墓碑上，还是在牌位上，都是这么说的，严父慈母——母为慈，这都是一种传承。

"地势坤，君子以厚德载物"，"坤厚载物，德合无疆"，还有老子说的"上善若水，以柔克刚"，这都是赞扬母亲的。前面两句都是坤卦里面的，后一句是《老子》里面的。

学习母亲的厚德

我为我们的母亲——中国的母亲，简单地列一下她们的母德：勤劳、节俭、朴素、温柔、和顺、宽容、奉献、任劳任怨……特别是母亲，在家里和睦家庭，要与丈夫和好，与公婆和好，与子女和好，还要与邻里和好。这些都是我们母亲的厚德，是她们的德行——母德。这个里面有时间的厚，时间的厚是上下八千年的文明；还有空间的厚——中国人口众多，民族众多，这是空间的厚。我们起码有五千年的文明，西方不承认。我讲我们有八千年的文明，谁作证？大地湾文化遗址作证。

另外，最关键的一德是教子。不知道你们承认不承认，不论是男同学还是女同学，我们人生第一位启蒙老师，是不是我们的母亲？我是深有感触的。我母亲一个大字不识，我父亲是读古书的，虽然在许多方面，我不是贬低我的父亲，但是我绝对崇拜我母亲，我母亲在很多地方超过了我父亲。我父亲读书，虽然字写得还不错，但是读书的人啊，由于经验方面，他有很多谋略的东西。我母亲呢？她不是，她就很实在，从我姥姥那里遗传下来的实在，很朴实的，没有变，她没有一种虚伪的东西。

最后有一件事，能盖棺论定地说明我母亲一生。我深有感触的就是，我们村子里有一个常年要饭的，身体有残疾，家里很贫穷，只有哥哥嫂子。每一次要了饭回家，都要从我家门口过，都要和我母亲说说话，但他说又说不清楚。这里我给大家道个歉，当时我的心态不是那么好，还有我的弟弟、妹妹，包括我父亲也一样。这个人几乎每次都赶上我们吃中饭。吃饭的时候，他本身是一年也不洗澡，从来没洗过澡，而且鼻涕和痰常有，讲话也不清楚，身上有味，是很难形容的。

但是，他每次跟我母亲说话，我母亲是一边吃饭一边跟他说话，我那时简直是难以忍受，（众笑）但我母亲就很平常，她还经常给他洗被子，为他补衣服。

按照辈分来说，我应称他为叔叔。这位叔叔在我母亲去世的时候，每天围着棺材哭一次，到他自己去世前，他还经常到我母亲的墓地去哭，讨到的东西还要送到我母亲墓前。这是一点。

另外一点，我父亲前面有两位妻子，我母亲是第三位。第一位当时是抱养过来的童养媳，第二位结婚一年后就去世了。我母亲把她们两位的母亲当作自己的亲母亲一样看待。我母亲去世的时候，我要接三家的舅舅，我要跪三次，我自家的舅舅自动退后："你先接他们。"邻里都夸赞，为什么？这是不是一种德？所以我认为，这个东西对我来说，可能是我人生中最宝贵的财富。

如何延长我们的寿命？

前两天有一位女士问我一个问题，问得非常好。她问："人行善能不能延长寿命？"我当时回答："能。"但是有一句话："好人命不长。"这个话怎么说？这个世界上很多事也不是绝对的，但是有一点可以肯定，好人行善是能使寿命延长的，但是这个寿命我们怎么理解？一个是身体发肤的寿命，还有一个是精神的寿命。

大家知道，雷锋，发肤的寿命只有二十多年，但是他精神的寿命还在延续，只举这一个例子就知道。这种精神的寿命是不是我们就不重视？精神的寿命与我们没关系，人都死了还管那么多？如果连这个都不看重的话，那就是说，既然不看重这个精神的寿命，那么在为人处世的时候，虽然是一条生命，虽然寿命尚在，但生命的意义和光环已经是黯然失色了。是不是这么回事？从这就能看到，我们的文明为什么能源远流长，我们的母亲为什么能够承载这么大的文明——中华文明。

当然，也不否定我们的男性，但是有一个东西我们要考虑到：一旦到父系社会以后，就开始有战争了，在原始社会里的战争就不是那么回事，那时要温和得多。

如何延长我们的寿命？有一种说法是"好人不长寿"，但是有一种好人也在加寿,这可以肯定,我岳父就是非常明显的例子。算命先生说他寿命只有五十九,他现在已经是七十多了,他还健在。他自己就认为他是行善的,是做好事的。

以上讲的是"厚德载物",以中华母亲为例。

谁是"大人"?

"天行健,君子以自强不息"是阳刚之气。"飞龙在天,利见大人","利见大人"就是一种精神,不要只看"飞龙在天",就忽略"利见大人"。"利见大人",先利于大众,才能得利于大众。"大人"这个解释,凡是在易学著作里面,通常解释成大人物、贵人、有道德修养的人、有权威的人,有很多这种解释。但是对这些解释我都没有采纳,我一

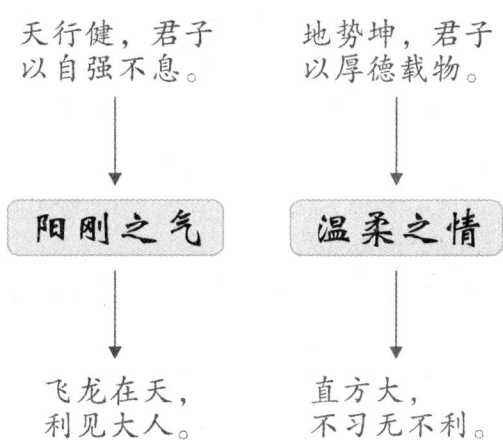

直在寻找现代人能接受的一种解释。最后我是怎么解释的?我想用"大众"和"众人"这样的解释。

当然,这样解释要有理由,不能没有理由。理由就是,在尧要禅位的时候,他对大臣们说:"我们这一次不一定非要在王宫里面找,我们可以到平常百姓里去寻找。"结果大臣们都推荐了舜。

舜当时是一个平民百姓,他的继母和继母生的弟弟,对他态度相当恶劣。但是舜不是以怨报怨,而是以德报怨,不但没有跟他的继母和他的弟弟闹任何矛盾,而且把这个家庭团结得非常和谐,所以远近闻名,于是就"利见大人"。这时尧也说:"我也听说有这么一个人,好啊。"他把自己两位公主嫁给舜,最后把自己的帝位也禅让给舜。

舜是先有利于哪一位大人呢?是不是他身边的众人?是不是他身边的大众呢?如果没有身边的大众给他传颂,他能见到尧这个大人吗?能自己也成为大人吗?这是一。

第二,曹操做官不是通过考试的,他是通过举孝廉。那时候有一种制度,一千个孝子里面推选一位,结果推选到他,是由民众选举的,是民众互相传颂的。

谁是"大人"？你讲是一个大人物，是哪个大人物？谁是大人物？搞不清楚。贵人？天天在家里等着贵人来，或者到大路上守株待兔，去等一位贵人？这些都不对。你讲是有道德修养的人，但是现代人怎么修养呢？好像也没有一个模式。

我想，我们应该团结我们身边的人，要像舜那样，要有这么一种心态。你能做到这一点，那么你也能像舜一样。当初是"六亿神州尽舜尧"，今天是十三亿神州尽舜尧。

"地势坤，君子以厚德载物"是坤卦的象辞，"直方大，不习无不利"是坤卦六二爻爻辞，上次讲过，今天又讲一次，从这个层面来点评一下。

"直"，上次解释成圆，今天从另外一个层面来解读。"直"，堂堂正正做人，但是大丈夫能屈能伸，这个堂堂正正与能屈能伸不矛盾。有人问过我一个问题：自强不息与中庸有没有矛盾？如何既做到中庸，又做到自强不息？有没有矛盾？

直 → 堂堂正正为人 → 大丈夫能屈能伸

方 → 规规矩矩做事 → 处事可方可圆

大 → 平平安安过日子 → 小日子与大日子

首先过好小日子，才能过好大日子。

"方"，规规矩矩、方方正正做事，处事可方可圆。处事的时候怎么样做到可方可圆？内要方，外要圆。内要方，就是对自己要求要严格，要有原则；外要圆，就是对他人要随和一些，多看人家的优点，多看自己的缺点。对他人要圆，对自己要方。

"大"，过大日子。大日子是怎么过？平平安安过日子才是叫大日子，并不是有钱才叫大日子。前年回老家有人给我介绍说，我的一个堂弟盖了一幢新楼房，他让我讲句话。我只讲了一句话："楼房盖起来一年旧一年，培养人才一代胜一代。"现在老家把我这句话流传下来了。我们老家前几年确确实实是很少出大学生，近些年是捷报频传，为什么呢？觉得我这句话有道理。你盖楼房，盖起来后它就是往旧的这个方向发展，你培养的人才就会向好的方向发展，是不是这个道理？这是一点就破的东西。如何过大日子？大日子要从小日子过起。小日子要如何过好？这里有文章，到后面我讲一下我自己的经历。

现在讲"自强不息"，我想从我个人的问题、个人的经历上来讲。我讲"自主"——最后不讲自己似乎是一种坐而论道——当然时间有限，只能是给大家一个提示，不知道可不可以？讲自己是不是可以？

我讲自己，讲我的自强要从我的自卑讲起。我有很多的自卑，到现在还有自卑。第一个自卑——体弱。我出生后没有喝过母亲的奶，但是要饭的奶喝了不少。来了要饭的只要她有奶，我母亲就用白米饭供养人家。我体弱，一岁到九岁天天有病。从十岁到三十六岁，是年年有大病，而且非常有规律。是什么规律？暑假闹病。我是教书的，但是哪一年暑假要是有公益活动，或者县里通知我去参加写作——我是喜欢动笔的人，当时我父亲还没有平反，但是我在我们县还很有名气，有一些烈士事迹，还有写戏剧啊，搞通讯报道啊，只要有这些活动，不知道怎么回事——我绝对不生病。再一个是身上生疖子，身上就像身经战场的战士一样斑痕累累，不知道是怎么回事。但是到四十四岁以后就开始不折腾我，向好的方向转变了。

我三十岁的时候，我们的一位领导讲我，他怎么讲？"三十岁的年龄，六十岁的身体。"他回过头来讲我们另外一位同事："你是三十岁的年纪，六十岁的性格。"为什么把我们俩做对比？我们俩是同学，他待人很温和，非常的谨慎。我们俩同年，但是我没有他谨慎，做事的时候风风火火，还最喜欢出风头。我从小学到中学每一年的成绩单上，特别是小学成绩单上，优点很多，缺点只有四个字：骄傲自满。（众笑）

但我有我的自卑，又有我的自傲，这是一种双重矛盾。我自卑是因为我的身体不好。在我们殷家大屋，我家是第一个盖新房的，因为我父亲在外面工作，我们家从河南面迁到河北面，是一家独居。所以河那面的一大群孩子老是欺负我，这一欺负我就产生自卑。

再一个是因为父亲的历史问题，因为我父亲是"历史反革命"。你们知道，那个时候地、富、反、坏、右属黑五类分子，那时只准老老实实，不准乱说乱动。"文化大革命"一开始，那时候我初中毕业，喊的口号是："龙生龙，凤生凤，老鼠生儿打地洞。"所以说，我的自卑是从"打地洞"的自卑开始的。这个自卑对我来说有很长时间，特别是"文化大革命"期间。这十年中，我在第一讲就提了一下，我在学校读书应该说是很优秀的，我上小学时六个年级——六个大班，那是我在中心小学，每次县里来了检查组，或是外面又来了参观团，如果只有一个学生代表讲话，那绝对是我。我那时候三年级、四年级就出类拔萃。但是在"文化大革命"中，靠推荐上大学，靠推荐招工、招干、当兵，这些都没有我的份。你们想一想，那时年轻，十几岁、二十岁，正当要前途的时候，眼睁睁地看着一个个同学、一个个同伴走了——飞黄腾达，特别是他们回家过春节的时候，那一种的炫耀，那一种的得意。我是一次又一次地泪往心里流，你们

可以想一想，每一次我能得到的是我母亲的安慰。最后父亲离休，拿到离休证跟我说了一句话："你现在要闯一闯，就大胆地闯吧，我相信你的人格，我以我离休的资格为你担保，大胆闯吧。"他知道我要释放，但是这种自卑不是一下子能克服的东西。为什么？

尽管我的学历不高，一直到现在我是初中毕业——无论什么人问我，我都说是初中毕业，为什么？那时候我没法上高中，我的大学梦从此破灭。从初中回家的第二天，早上起来，看着我那一堆书我痛哭一场。心里突然产生了一个念头：再也没有机会上学了。为什么？只因为"老鼠生儿打地洞"。痛哭以后，我母亲劝我。等我父亲干活回家，我就要求给我一间房子，把家里推磨的那间房打扫出来给我。我从那一天就开始自学了，我在拼命了，我这个命是拼出来的，你们到我家乡就知道。

家乡人还在传说我妻子为我洗脚的故事。我在洗脚时看书，冬天洗脚水冷了我不知道，每次都是妻子为我洗脚穿上鞋。我走路看书，过桥看书，上厕所看书，躺在病床上还是看书。我的女儿出生，我坐在床边上，靠着我夫人，手上还捧着一本书，书的名字叫《珍泉》，我的女儿名字就叫珍泉！（大家热烈鼓掌）

我听了这样的掌声，每次得到大家的鼓励，每天得到读者的来信或来电，我认为这是我的再生父母，我感激不尽。我什么时候能够证明自己？所以我说："心里有多大的社会，社会就会给你多大的空间。"这是我人生的体验。我没有去抱怨这个社会，我也没有为我的学历不高而去买假学历。有人提议过，我说我不必要。我非常羡慕你们，非常羡慕你们有文凭，羡慕你们上了大学。第一次走进北京大学的那种心态我一直保持到现在，我没有淡忘，每一次都一样，因为我的大学梦对我是刻骨铭心的，这个就不多讲了。（大家热烈鼓掌）

我的自强建立在自学上，我的自学首先是一种精神，是什么样的一种精神呢？每一次看到我的同伴、我的同学飞黄腾达、远走高飞的时候，我暗暗地告诫自己：留给我的唯一一条路只有自学。我如果连自学都放弃了，就一无是处，一事无成了。我每一次都是这样告诫自己的，并不是说我不优秀，并不是说我没有这个条件，并不是说我不想为这个社会做一点贡献，也许是历史在考验我。这是我的精神。

同时，我不是埋怨我的父亲，不是抱怨我的父亲，我的父亲非常伟大，但是那时候，我在自学，他在阻拦。这不能怪他，因为他就是吃了读书的亏，他不读书就不会做官，不做官就不会成为"历史反革命"，他是这样一个因果推理。回到我身上，我一写毛笔字他就吓得不得了，甚至动员其他人劝我不要在家里写字，不要舞文弄墨。要我去学缝纫，学木工，到处给我找人去学手艺，连教书都不让我教，非常害怕我走了他这条路。我不怪我的父亲，我认为我的父亲有他的苦衷，也是为我好。倒是我母亲给了我精神，为什么呢？母亲身体不好，每一次我在房间里看书，她非常想我帮她一把的时候，她走到门口望一下，看到我在那里写或者是读书，马上就回去了，她把所有的重活一个人顶着。我现在还历历在目，非常后悔。为什么？我知道母亲体弱多病，想我去帮一把，为什么不去帮？想起这些我非常后悔。

我的方法是什么？我是讲今天的方法。你们知道，我买了很多的书，我的书有多少？你们都知道，堆在那个地方。即使是我在五年前买的书，我买书的时候很挑剔，在买的时候我就留下印象，就输入了我这个"电脑"（指自己的头），买回家以后就往那里一堆，一次也没动过。但是五年以后，或者六年以后，写东西，思考问题，想到某件事，我认为那本书里面一定有，我就会找那一本书。我不记得那本书的书名，也不记得作者，但是我一找就能找到那本书，我就知道那本书里面有我需要的东西。这是怎么回事？因为我对书太痴迷了，在我选择它的时候，在我掏钱的时候，它已经刻在我脑子里面，出现在我的阿赖耶识里面。

你们知道，人的第八识是阿赖耶识，也是种子识。为什么有些东西我们的记忆一刹那就过去了，有的记忆能储存几天，有的记忆永世铭刻？原因就是阿赖耶识在起作用。第七识是末那识，是管选择的。你一个命令叫它储存多长时间，末那识知道哪些东西放到第一格，哪些东西放到里面仓库去，它分得清清楚楚。很多东西都放到我的阿赖耶识里面，但是很多东西我连阿赖耶识、末那识都不过，前六识都不过。为什么？我家属要我一起逛商场，我真不知道商场里有什么东西，逛了半天我没看到什么东西，一点印象都不留。我就怕跟我的家属逛商场，她就怕跟我逛书店，（大家笑并热烈鼓掌）你们说有意思吧。

我现在的学习方法是什么？钻进去，一定要钻进去，然后一定要跳出来。我研究《易经》，并不是像一般的人，从古到今有关《易经》的书一本一本地去读，一本一本地去考据，除此以外不去管它。我不是那样，我由这个里面钻进去以后，又跳出来，然后在考古学、甲骨文、训诂学、音韵学，还有人类学、历史、地理，甚至从音乐里面去找规律，与西方的哲学做对比，等等，从很多东西里面去找。有些东西如音韵学是很难弄懂的，我现在就在自学音韵学，这很难，但是我并不是要做音韵学的专家，我是要寻找我所需要的东西。我是带着一个问题、带着一个课题去寻找，我天天都要解决一个小课题。到今天，到现在，我一直认为自己还是小学生，我还在自学。

我认为，无论你是博士也好，是博士后也好，自学对你应该还是第一；无论你工作经验有多丰富，你的年龄有多大，我认为你在工作上第一还是要自学。因为，我们所面对的、面临的很多问题，是从来没有接触过的，是课堂里、教科书里从来没有过的东西，那些东西都需要我们从头学。对我们每一个人来说，是"活到老，学到老"。对于自学我的体会是，首先要自信。只有自信才能做到自强，才能自力，才能自立。这个力量是从哪里来的？今天你们看看，我在这方面有没有一点自力？这个力是哪里来的？尽管它是那么样的脆弱，尽管它是那么样的浅薄，但它也是一种力，这种力来自我的自学。我的自学所获取的不仅仅是知识层面，到今天我可以说，我更追求的是悟性层面。

我的自强还建立在自主上，我的自主又建立在什么上？感恩的心态。什么叫感恩的心态？我在任何时候没有抱怨过父母，虽然那个时候好像是因为我的父亲而使我前途受阻，但是我从来没有埋怨过我父亲，也没有埋怨过这个社会，因为我们一定要以感恩的心态生活。如果我们生活在抱怨之中，我们的生活肯定是黯淡的。就像面对一座大山，你大声地喊叫："我抱怨你！"大山回答的同样是："我抱怨你！"它的声音比你的强得多。如果你喊一声："我感谢你！"大山的回答同样是："我感谢你！"那种回应也是非常强大的。我们的生活如何选择？选择哪一种心态就会有哪一种状态，就会有哪一种境界。我们的生活选择丰富多彩，选择一种光环，选择一种辉煌，那你就要感恩。以感恩的心态对待一切，那么你所得到的回报，是更多的人对你的感恩。

我的自我定位在哪个地方？我的定位就是我的自信，定位在社会的发展、国家的进步、时代的趋势上。为什么？改革开放一开始，我家里就开始订报纸。在学校我有一个特点：每天吃早饭的时候我不跟着大家一起吃，我蹲在校园门口去等邮递员送报纸，渴望他早点来。到星期天那一天，还要骑着车子赶到邮局取上那一份报纸，要不然我这一天晚上也非常难耐，因为国家大事对我来说心心相系。今天，看电视必然要看的就是《新闻联播》，当然还有中央10台的

《百家讲坛》。必读的报纸就是《参考消息》，它对我来说最重要。为什么？你们如果经常去读它，能形成一个什么？我每天到八点就要去买《参考消息》，拿到《参考消息》以后，你就能训练自己的分析能力。因为《参考消息》上有很多对国家和国际形势的分析，你经常去读它，就能对国际形势了如指掌、胸有成竹，同时也就有一个新的分析能力，一个新的分析事物的思维平台了。所以我认为如果我们每一个人把自己隔离在我们国家的进步、时代的发展之外，那么我们就会边缘化，被孤立。正如胡锦涛总书记所说，如果是边缘化了，是自己把自己边缘化，而不是其他人，他人没有能力把你边缘化。

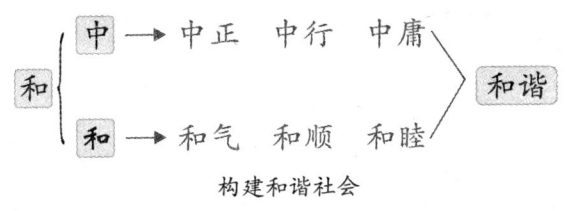

构建和谐社会

构建和谐社会，上次讲过"中和"，"中"有中正、中行、中庸，"和"有和气、和顺、和睦，再到"和谐"。但是在生活中如何去做到它？如何融进这个东西？如何使它成为我们生活中不可分割的一部分？这个不仅仅是一个公式而已。我认为首先要从心量做起，福报来了要有心量来载，再大的福报没有相应的心量去载，这种福报是假的、虚的、暂时的，可能是昙花一现。所以我的人生体验是："心量有多大，福报一定会有多大。心量，是社会大众共修的心量；福报，是社会大众共享的福报。"

心量有多大，
福报一定会有多大。
心量，是社会大众共修的心量；
福报，是社会大众共享的福报。

人生理念

为什么这样说？我现在有一个好家庭，有一个和谐的家庭。我家七口人，到过我家里的人都知道，那种和谐的气氛使很多人都感动。2005年在北大讲课的那位九十岁的汪老教授，他到过我家，他不止一次地讲："我一定要去宣传你这个家庭。"马来西亚易经学会会长和副会长第一次到我家，一下就感受到了，很多人到我家去都感受到一种和谐。有一对母女，女儿三岁，这个三岁的女儿每一个礼拜都要到我家去，她们春节就在我们家过。她们为什么会这样？我认为这有一个"和"。这个和气从哪里来？从心量中来。

我认为，这是很大的一个福报。你们知道，现在有很多专家、学者——在座的你们以后也是专家、学者——最羡慕我一点，我每次考察或开会，都带着女儿，有时也带着儿子，他们就非常羡慕。像美国的老教授，他有两个儿子和两个女儿，但是他有一种说不出来的无奈，是什么？他有几万册经典图书，传给谁?两个儿子、两个女儿全部是经商的,只认钱不认书。(众笑)所以他无奈,他只好在有生之年赶紧建一个图书馆,献给洛杉矶的侨胞们。他接触我们以后,就认了我女儿为干女儿,把他好的宝贵的资料都要一一地传承给我女儿。2004年在你们北大百年讲堂就举行了一个传承仪式。

还有一位天文学家,七十多岁了,他积累了很多很多资料、天文知识,一生的心血。他跟我没有多讲,只讲了一句话:"我儿子是做面包的。"不是说做面包不好,不是这个意思,他所羡慕的是我家里有一个传承。

再说说我现在的想法。我有很多东西,我不仅仅是传给我的女儿、儿子,这都是缘分,以后你们谁愿意都可以。刚才还有一位要拜师,确实有很多人要拜师,我不接受这个仪式,我们都是学生,都是老师,人人都是老师。当然我最怕人家叫我"大师",有一次有我的讲座活动,有人把我的讲座称为"易学大师讲座",我看着"大师"那两个字就毛骨悚然。(众笑)这是什么心态?可能像有女青年,听到有人叫她"小姐",她马上很害怕,这是不是一种时代的变异?我们要互相学习,并不是谁尊谁卑,无论在什么时候我都是以这种心态,来传承我们中华传统文化,为我们的老祖先,为我们中华民族的伟大复兴,为我们人类文明的传承做一点能做的事。我能做多少就做多少,大家共同来做,不存在拜师不拜师,我不搞这一套。

我现在真不去追求那些物质的,我不怕没有饭吃,我始终在讲:"当你在为这个社会做事、在为大众做事的时候,绝对不会没有饭吃。"只要有饭吃就太平,就安定,就知足,知足才能常乐,才能随遇而安。

在一次活动上,晴空万里,空气也很新鲜,但是那种树花,那个毛毛满天飞,我们用一句话来形容,"卷起千堆雪",因为正好是在一个树林里面开展活动。吃午饭时我们躲到屋里,屋里也是那样的毛毛飞舞。在这样的情况下,好几位女士一直在喊:"我的皮肤会被感染。"有很多的抱怨。我就轻轻地说:"不抱怨,正好是机会。"我正好用这种环境来磨炼自己——凡是在逆境中,凡是自己不适应的环境,无论是什么样的环境,我认为正好借这个机会磨炼我的平常心。平常心一起,心量就拓宽了。心量为什么说是福报?因为它能化解很多很多的风险,化解很多很多的烦恼。有两位剪纸老师,听过我的话,顿时对我肃然起敬,似乎烦恼和怨恨烟消云散了,并送我两幅剪纸作品。

当你遇到一个突发事件,当你面临一场灾难,当你面临一种危险的时候,如果你没有在平常磨炼过来的这种心态,那你该怎么办?如果你在平常真正磨炼出这种好的心态,你面临什么都能化解。大家都知道,在很多生死关头,无论是在战场上还是在平时,还是在矛盾之间,都出现过这种现象。特别是我们敬爱的周总理,如何躲过特务的暗杀?特务举枪的时候,面对周总理一身正气的时候,他的手软了。如何化解这个风险的?你们看过很多镜头,面对刺刀、面对枪口、面对恐怖和

威胁,你只要有一种坦然,置生死于度外,你面前就有一个坦途,什么东西都能化解。这是一种力量啊。这种力量是谁给的?是自己磨炼过来的。我经历过很多的风险,这些风险我都是这么熬过来的。你只要能熬过几个生死关头,绝对不是一般的心态,绝对不是一般的毅力,你的成功绝对不是一般的成功。

为什么这个课题我能讲上百讲,甚至两百讲我都能讲下去?原因是我有很多很多想讲的东西。你看我每一次做的准备,特别是前几次,好多东西我做了预备都没有讲,好多东西我都想讲。曾经很多人到我家去,一坐四个小时不动窝,我可以和他聊四个小时,互相切磋,互相启发,原因是什么?不是从知识层面上来,而是从你的认知上来的,认知哪里?还是息息相关的东西。你们想一想,我们为什么要追求那些虚渺的东西?

现在讲"占卜",占卜灵不灵?不错,我们不能否定《易经》占卜的功能和它的灵验。它的灵验我从来不否定,但是我们不要依赖它,为什么?因为你不能把握它,你不能掌握它,你就不要依赖于它。因为你要真正掌握《易经》这样高深的东西,这样一个非常奇妙、奇特的框架来占卜人生,那要穷一生精力。历史上只有一个邵雍做到了百分之百,但是他到四十五岁上还没有成家立业,还没有找夫人,为什么?他的精力全部用在这个事情上,只有这样他才做到了百分之百。如果我们每一个人真是做到了,我们这个社会会成为一个什么样的社会?我们想一想,把这个账算一算,既然不能掌握它,就不要依赖于它。那么我们依赖什么?依赖我们自己。

我跟你们说,如果从我的坟山和屋基看,我登不上这个讲台;如果从我的八字上算,我也登不上这个讲台。如果你们把我的八字拿去请人算,人家就会说,

这个是什么人？这个人不该登上这个讲台。我说什么？人要超脱，要超越自我，命运是能超越的。这个超越的力量来自哪里？来自自己平时的磨炼。所以我刚才讲到不合群的时候，有人瞧不起你，忌妒你，欺辱你，挖苦你，还有在背后捣鬼的，很多这样的情况，我渐渐学会一个东西：我把你们都当菩萨，在心里供着你们。为什么？因为我开始不是这样做——恨！但是恨了以后我自己发现，这个恨错了，因为我一看到他，就仇人见面分外眼红，他对我父亲是那么样……一见面就恨，恨的时候突然我反而聪明了，我这个恨不是恨他，是恨自己。为什么？你在恨的时候，他不知道你在恨他，你对他不伤皮不伤心，一点都没有伤害，你伤害的是你自己。伤害自己，我这做的不是一件糊涂事吗？从那一次以后我就学聪明了。

以后学佛，佛教上讲把所有的人都当成菩萨，是来成就你的。当你把他当菩萨，他在瞧不起你，在欺辱你，甚至在打压你，在挖苦你，就在这当下一刻，你不在乎，你不计较，你不怨恨，实际上你已经超过他了。再过几年，但且看他，他还是那个他。这个我们都有经验，关键一个东西，到时候你把他当作菩萨，你就成就了自己的菩萨心肠。有了菩萨心肠，那你有什么不能成功？有什么心量不能实现呢？我说句实话，我现在很多事真是心想事成。为什么？我为了这一次讲座，一个月要讲九次，你们想一想，好不容易啊。讲系列，有多少校外的人来到北大讲系列？非常不容易。我每一讲都是诚惶诚恐，如履薄冰。我为什么能够讲到今天？现在可以讲我还算是心放下了。

有位台商太太跟我商约，约我每个星期三下午给她们讲一次《易经》。我为此制订了一个计划，又定了一个"学员守则"，严格要求，布置作业，不能迟到、早退。但是她们松散惯了，她们接受不了，协议中止了。现在看来，实际上是成就了我。

清华大学继续教育学院安排这个星期五下午有课，但是由于人员突然变动，暂时把这个时间又往后调了，这又成就了我，不然我哪有精力一心一意讲这九讲呢？

还有缘分。正好我们开讲之前，我们主编要我们到曲阜去，又拜了孔子，还拜了颜母祠。正好在这个中间，天水市来电话邀我去参加祭女娲，那儿有一个公祭，而且那个论坛让我第一个发言，戴着大红花，踩着红地毯，祭奠女娲。我不讲一点假话，当时我是代表你们给女娲鞠了三个躬，我心里就是这么想的。

（大家热烈鼓掌）

昨天上午对我来说，又是一次成就，因为第八讲、第九讲对我来说太重要了，我实在是攥着一把汗。昨天正好徐惊蜇同学给我联系，到郊区参加一个活动，有车子来接，有车子直接送到北大。那里是一个非常好的环境，空气那么新鲜，只安排我一个人演讲，就是我一个人讲，半个小时。我怕讲过了，最后讲了二十三分钟。昨天讲课我精力充沛，从哪里来的？这都是在成就我。你们看，不知道是怎么回事左右逢源，这是从哪里来的？我的心量。我家有佛堂，我跟你们说，每次走的时候我都要在佛堂里拜佛，我要代我的讲课听众礼佛三拜。这是什么？为什么是这样？祈求一个人的福报太渺小，只有祈求大众的福报才是真实的，我们有共命啊。

我历来讲一个"共命"。有人问，"共命"这个词是从哪里来的？《弥勒经》里面来的。"共命"是什么？还有一个"慧命"，只有把自己的命运融合在社会大众中和国家的命运中，你才能得到慧命，这是很关键的。所以，我今天想要大家把我这个人生理念一起来大声朗读一遍。2005年我在曼谷"第八回世界易经大会"上发言，我从讲台走到前台，问大家能不能把这个人生理念齐诵一遍，大家真的读得非常好。我想从北大传出去这种声音，不知道大家是不是可以？（大家鼓掌示意）

让我们一起来朗诵这个人生理念，好不好？众答："好！"（殷老师起头）"心量有多大，一起！"众齐诵："心量有多大，福报一定会有多大。心量，是社会大众共修的心量；福报，是社会大众共享的福报。"祝愿在座的每一位和你们全家福报绵绵，我们中华传统文化源远流长！谢谢大家！（大家热烈鼓掌）

这里有很多都是第一次听我的课，我想借这个机会献给大家一支歌，是不是可以？（鼓掌示意）我年轻的时候喜欢唱歌，现在我唱得不好。（众笑）这个歌名是《寒山僧踪》，下面对歌词内容做一个解释。

晚上有一位客人去访问禅宗的寒山、拾得。大家知道，寒山、拾得就是像济公那样的疯疯癫癫，很有名的。当时山间只有一片朦胧雾气，这个时候就想到是"水月镜花"，就像水底的月亮、镜里看花，心念在浮动。为什么心念浮动？都把事事看成真的，实际上事事都是假的，所以想起了《心经》里的一句话："空不异色，色不异空。""空"是发展变化，事物都是发展变化的；"空"不是没有，不要误解，佛教讲的"空"是指发展和变化。"回眸处"，回头一望，眼睛为眸。噢，"灵犀不过一点通"。"天地有醍醐在其中"，"醍醐灌顶"这个词大家知道，"醍醐"是什么？从牛乳中提炼出来奶酪，从奶酪中再提炼出来的才是醍醐，醍醐是万药之王，能治百病。"寒山鸣钟"，大家知道，这有诗作证。"声声苦乐皆随风"，人间的苦、乐皆随风飘去。"君莫要逐云追梦"，云也是假的，你去追的都是梦幻。"拾得落红","拾得"这个名字有意思,"拾得"是拾起来,得到了。我拾到天上掉的一个馅饼,我又得到天上掉的这个馅饼。下面是"落红",又落下去了。"叶叶来去都从容",今天我们人是来去匆匆,但是年年这个叶子长了又落了,它来去都非常从容。为什么从容?它是按大自然的规律,什么时候开始长叶,什么时候开始落叶,它都来去从容,按照自然规律。"君何须寻觅僧踪",为什么还要去寻觅这两个和尚的踪影呢?不要去寻踪了。他们在哪里?在每个人的心里。

在这样好的环境,也不叫献丑吧?(大家热烈鼓掌)

附《寒山僧踪》词:

夜客访禅登峦峰,山间只一片雾朦胧,水月镜花,心念浮动,空不异色,色不异空。回眸处灵犀不过一点通,天地有醍醐在其中。寒山鸣钟,声声苦乐皆随风,君莫要逐云追梦。拾得落红,叶叶来去都从容,君何须寻觅僧踪。

弘扬中国特色，构建和谐社会

第十讲　以"中"为用，坚持科学发展观

"和谐"与"中和"

今天我讲的是"弘扬中国特色，构建和谐社会"。这个题目本来是国际易学联合会秘书长跟我约好，为易学培训班准备的，但是这个课题还要报批。在他们还没有研究好以前，我想在这里先提交给我们各位同学研究、探讨。因为我们国家今后是你们在研究，你们在探讨，所以希望也在你们身上。

这里我要说明的是，我并不是从构建和谐社会理论的层面上去讲，因为报刊、网络等媒体上关于这一方面的讨论大家已经看得很多，从这个方面理解，大家都是我的老师，比我要高得多、深得多。所以这里只能就我个人理解的心得和体验跟大家一起交流，有不对的地方请批评。

"构建和谐社会"是胡锦涛总书记提出来的，有六项内容。总书记于2005年2月21号下午在中共中央政治局集体学习时指出："要加强对我国历史上关于社会建设理论的研究，按照去伪存真、去粗取精的要求，努力做到'古为今用'。"如何做到"古为今用"呢？季羡林先生1999年在《易学和长江文化》这本书的总序里有一段很有趣的话，他的意思是，从"五四"时候起，我们是"拿来主义"，这是鲁迅先生说的，到今天我们仍然是"拿来"。西方的东西我们学得不少了，但是西方对我们的东西是不是"拿来"呢？没我们拿得这么多。这位老前辈很风趣地说："将来世界一旦有事，我们中国是站在优势的地位上，这是毫无问题的。外国人不来拿，怎么办呢？我认为我们要采取'送去主义'，我们主动送货上门，把我们研究中国优秀文化的成果，其中当然包括对'长江文化'的研究，译成外文，拱手送上。"

2004年，我在人民大会堂两次聆听了全国人大常委会许嘉璐副委员长慷慨

激昂的讲话，他谈到我们要弘扬中国传统文化，而且有了具体的实践。有老前辈为我们做出的榜样，有国家领导人指引方向。所以今天我用这个大标题，是想从中取其一点，谈谈我个人的体会。

提取哪一点呢？我认为，无论是"以人为本"、"科学发展观"，还是"构建和谐社会"，这一系列的口号和理念，都是围绕建设中国特色社会主义来的，要不断地去发展我们中国的特色。中国特色里面有特色思维，特色思维里面有特色话语体系，在这个话语体系里面有仁、义、礼、智、信、道、德、真、善、美……

这些话语体系有几个特点。第一个特点是自成系统，像"道"和"德"，其本义在开始出现的时候，并不是以词组形式出现的，而是单个的词，以后才成系统了——道德；真、善、美也是单个应用的，以后成系统了，连起来了。"中和"也是一样，从单个的词以至构成系统。"仁、义、礼、智、信"也好，"道德"也好，"中和"也好，"真、善、美"也好，它们之间又构成大的话语体系，这是第一个特点。

第二个特点是普适性。在我国少数民族地区同样沿用这些话语和思维。

第三个特点是应用的广度。以"和"字为例，一个"和"字的应用就很广泛，家庭的"和睦"，"和气"生财，以至世界的"和平"，应用很广泛。

第四个特点是应用年代久远。从新石器时代早期一直到现在，有八千多年的历史了。所以，这应该说是中国特色之一。在这个话语体系里面，我挑出三个字——"中、和、本"，这三个讲座分别是：以"中"为用，坚持科学发展观；以"和"为体，构建和谐社会；以人为"本"，齐家治国平天下。这三讲分别提出六个问题，这六个问题我想和大家一起来讨论。

第一，坚持科学发展观。那么，社会发展之路，有没有捷径可走，为什么？

第二，科学的概念。我们能不能给它一个比较符合我们中国特色的定义？构建和谐社会仅仅是人际关系的和谐吗？和谐的传统观念和现代观念有什么区别？

第三，我想提出两个问题：1. 国家以人为本，人以什么为本？2. 我们以人为本，以什么样的人为本？

这是三个讲座中想提出来讨论的，我这里不做回答，不做阐述，只是从我个人的角度提供一些思考，让大家共同来讨论，也是我向大家请教的问题。

"中"与"中用"

今天第一课从"中"字开始,重点讲以"中"为用。中庸思想是我们传统观念里面的方法观,也是儒家学说所倡导的方法观。我们首先来看看"中"的甲骨文,中间一竖像一面旗帜,这个旗帜叫"建中",也叫"立中",就是竖立在氏族比较集中的一个地方,或众人集会、活动的地方,作为一种标志,或用来测定风向,这是"中"的本义。

当然,"中"的第二个本义,就是"中的",

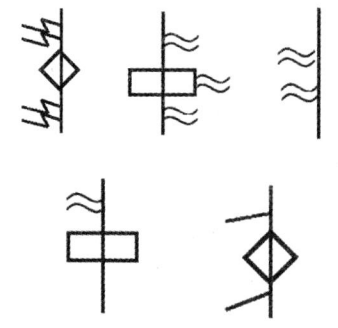

甲骨文的"中"

"中"是动词,读"zhòng",就是墨子讲的"中用"。

在古代经典里面,"中"字比比皆是,这里不一一列举了,仅举《中庸》里面的一段话:"喜怒哀乐之未发,谓之中;发而皆中节,谓之和。中也者,天下之大本也;和也者,天下之达道也。致中和,天地位焉,万物育焉。"这段话要展开讲也要一节课,今天就不展开了。

殷旵在北京采访吴清源

顺便讲一下,2005年3月6日,有一个很好的机缘,我国围棋界第一次拿了一个应氏杯冠军,冠军是大家熟悉的常昊九段。围棋泰斗、九十二岁的吴清源先生,应邀从日本飞到北京做总裁判。我们在昆仑饭店拜见了他,他的秘书牛力力五段接待我们时说,给我们三分钟。结果我与吴老一握手,开口就问吴老:"您的围棋境界很高了,听说现在又在研究《易经》?"一谈到《易经》他就神采飞扬,激动得不得了,讲了三十二分钟。

围棋泰斗吴清源题字

这三十二分钟，对于一位九十二岁的老人来说，相当于一天的时间。

他有一本书，叫《中的精神》。他对"中"有一个解释："'中'这个字，中间的一竖将左右分成两部分，这两部分分别代表阴阳，阴阳平衡的一点正好是'中'。"同时，吴老给我题了字，虽然是软笔写的，但是也非常难得，这个题字为"中和"。他研究《易经》从什么时候开始的呢？是从八十岁才开始，孔子五十岁学《易》，他八十岁学《易》。他说争取活到一百岁，而且夜以继日地学《易》。但他仍像儿时那样，从背诵开始，在言谈中他引用《易经》原文，流利自如。

"中庸"与"中用"

大家对"中医"、"中国"这些词比较敏感，我这里只讲一句话："中医"的"中"的原意不是"中国"的"中"的意思，而是"符合医理"的意思，它的初解在《汉书》里面。

再讲"中国"，"中国"又是什么概念呢？甚至有一些人认为，我们中国人夜郎自大，自封为中央、中心，全世界以我为中心。其实不然，不要错会了老祖宗的本意；但是叫我来给出一个准确答案也很难，我只能给大家展示一个东西，大家来共同体验。

我这两年到伏羲的故乡天水、安阳及山东曲阜去过多次，特别是天水这个地方太让人着迷。伏羲为什么在这里出生呢？我们来看一个东西。

首先我们看看中华人民共和国地图。你们看到黄河和长江，黄河向北绕了一个规则的"几"字，长江向南绕了一个不规则的"几"字，中间正好是北纬36度一线。

这一特色是我看天气预报时发现的，主持人身后那幅简明的地图中间空荡荡的，只有长江、黄河，正好是两个"几"字。这一下折射到我的灵感中来，我们不讲我们多么伟大，我们只讲我们有特色，我们的两河竟这样有特色。这对我们理解这个

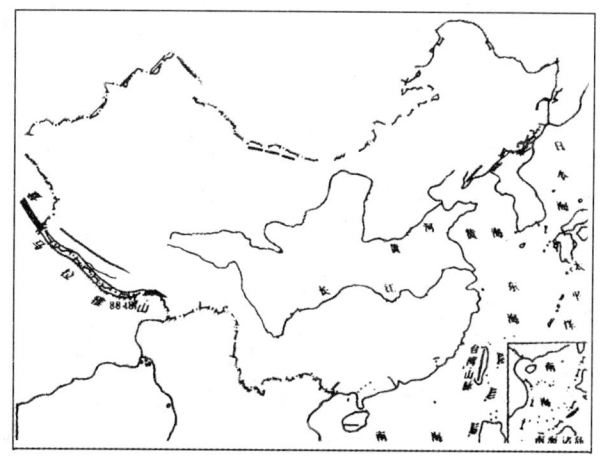

长江黄河图

"中"是不是有一点启发?

长江那个"几"字我没有去过,黄河这个"几"字我去过。每次去兰州,总是思考一个问题:为什么黄河到了兰州,不滔滔向东,而是转道向北绕一个大大的"几"字形?它那个滔滔向东的位置让位给渭河,渭河从兰州东边的鸟鼠山发源。渭河有特色,源头是鸟鼠山,鸟和老鼠同穴,《水经注》中名为"鸟鼠同穴山"。大家知道,渭河与泾水汇合处,是泾渭分明,这是源头和源尾的特色,而中间又有一个卦台山,卦台山东面有一个三阳川。

卦台山

大家知道伏羲生在天水,《水经注》里有记载,天水就是现在的秦安县。从这张地图看到,这条河叫清水河,上游有女娲洞,那个地方有个三阳川,《水经注》里也有记载。这个地方有大地湾文化遗址,清水河在遗址前绕了一个"S"形。那是在中国发现的新石器时期早期文化,仰韶文化是新石器中期,大地湾文化最早,是第一期。大地湾文化也分为四期,第一期经碳-14测定为公元前六千二百二十年,距今八千多年。

这条清水河由东向西流入葫芦河。葫芦河由六盘山发源,从北向南流入渭河的地方正好是卦台山西侧,也正好是伏羲仰观天文、俯观地理的卦台山,卦台山上有伏羲庙。我们走上卦台山往下一望,六十平方公里的三阳川盆地上,渭河穿流而过,像一个大写的"S"形,叫人看了非常震惊。2002年首届中华伏羲文化研讨会期间,我们和文化部原副部长、九十多岁高龄的周而复先生,走上卦台山看到这一景观,他像小孩子一样激动不已,让他坐着休息,他还颤巍巍

三阳川

地站着凝望山下的三阳川，那动人的情景是可想而知的。如果有机会去看一看，山水见证了八千年前的历史。有人说伏羲文化不是信史，只是传说。但是卦台山还是那座山，渭水还是那个水，风土人情还是那个风土人情。我这里不讲考证，只讲感受。你们感受到了什么？

从这个地方，我们能不能感受到一个"中"呢？我们能不能回答这就是"中国"的"中"呢？我们不做结论，只是一种感受而已，启迪而已。2004年我们第4期《中国民族》英文版发了一幅照片，在《感受中国》专栏里。大家来看看这个照片。你们能感知这张照片像什么吗？像不像人身上的血管？像血管。这是航拍的黄河主流和支流照片。这个杂志联合国所有官员和专家人手一册，驻华大使人手一册，还有世界著名大学和旅行社都要准确送到。让他们来感受黄河像人身上的血管，这可是一幅天人合一图啊！这些东西只能是感觉，我们不能妄下结论，

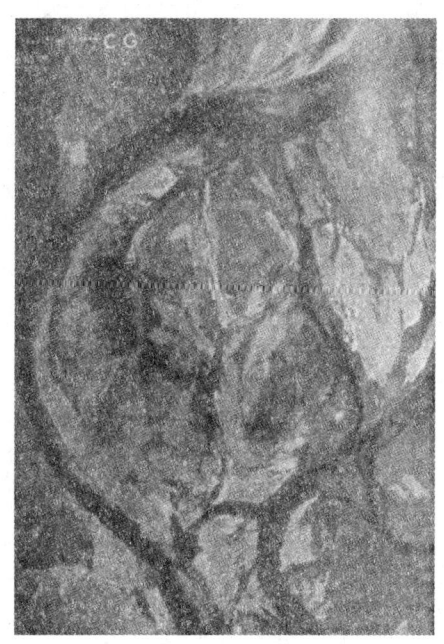
航拍黄河的主流和支流　图（1）

航拍黄河的主流和支流　图（2）

结论往往是有争议的，感受才是真切的。

关于"中"有很多概念，如"中国"、"中华"、"中原"、"中心"、"中间"、"中央"等等，抽象一点就是"中正"、"中道"、"中庸"、"中行"、"中用"、"中和"、"中极"（即北极）等。为什么还有个"中极"呢？因为有"二十八宿"和"四象"。"四象"就是青龙、白虎、朱雀、玄武。这里面的概念，大多数是来自《易经》。下面我再讲讲《易经》。

人生最高境界——见群龙无首

《易经》是一本什么样的书呢？我先简单地做一下介绍：《易经》是人类文明史上唯一的一本以原始符号和原始图像为主，以文字为辅的图书。现在能找到这样一本依然留下原始符号的书吗？我们可能都认为《易经》的主体是"元亨利贞"、"潜龙勿用"这些文字，其实不然，因为这些文字仅仅是起辅助作用的，它是解释阴爻阳爻的，解释六十四幅卦象的，离开了符号和图像，文字就是空的，所以这样的书在人类文明史上是唯一的，也是我们中华民族对人类的贡献。所以西方著名学者荣格（C.G.Jung）评价《易经》时说："谈到人类世界的智慧宝典，首推中国的《易经》。在科学方面我们所得到的定律，常常是短命的，或被后来的事实所推翻，唯独中国的《易经》亘古常新，相延六千年之久，依然具有价值。"

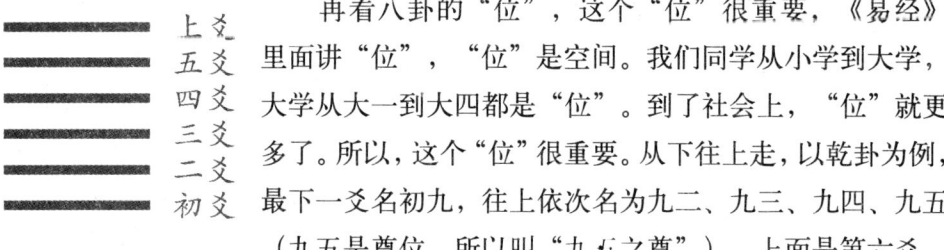

再看八卦的"位"，这个"位"很重要，《易经》里面讲"位"，"位"是空间。我们同学从小学到大学，大学从大一到大四都是"位"。到了社会上，"位"就更多了。所以，这个"位"很重要。从下往上走，以乾卦为例，最下一爻名初九，往上依次名为九二、九三、九四、九五（九五是尊位，所以叫"九五之尊"），上面是第六爻，不叫九六，而是叫上九。

初爻为开始，二爻为初露头角，三爻是继续努力，四爻或进或退，五爻是"飞龙在天"的"九五之尊"，上爻表示末，即事物的终结。中间四爻代表过程，初爻表示始，上爻表示终。正如《大学》所云："物有本末，事有终始，知所先后，则近道矣。"

例如乾卦，初九是"潜龙勿用"，九二是"见龙在田，利见大人"，九三是"君子终日乾乾，夕惕若厉，无咎"，九四是"或跃在渊，无咎"，九五是"飞龙在天，

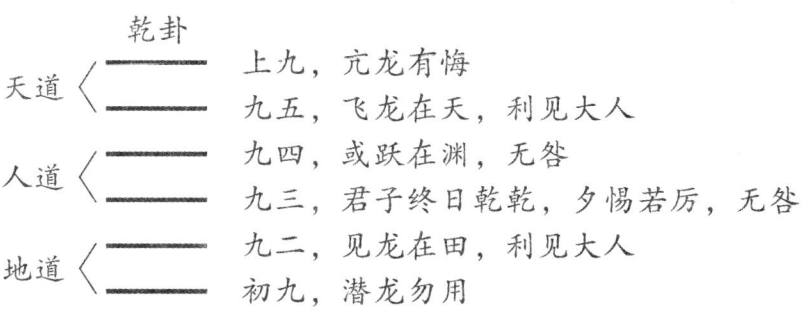

天道、地道、人道

利见大人",上九是"亢龙有悔"。

常有人找我题字,我常写一句话:"飞龙在天是人生的最高境界吗?"我认为"飞龙在天"不是最高境界,"飞龙在天"非常好听,但它不是人生的最高境界。在座的同学们已经是"飞龙在天"了,你们还要追求最高的境界,最高的境界是什么?是"用九"里面的"见群龙无首"("见"读"xiàn")。真的是无首吗?这里有很多的人生哲理,以后我们再说。

你们看看卦象,从下到上六个爻位,分别代表地、人、天,又名为地道、人道、天道,或名为地才、人才、天才。有人会说,《易经》的卦辞、爻辞是周文王和周公写的,真正经文里的卦辞和爻辞,并没讲地道、人道、天道啊,这是不是后人附会的呢?实际上卦辞和爻辞里面讲得清清楚楚。我们看乾卦:"潜龙"是潜在地底下,水在地下嘛;"见龙在田"是显现在地上面,就是地道。"飞龙在天",就是天道。再看中间,九三爻里面的"君子"不就是人吗?只有人有困惑,天和地是没有困惑的;只有人有"咎"与"无咎"。你们看,上下四爻都没有"无咎"一词,唯有人道的三、四爻有"无咎"。

"中正"与"中行"

爻辞里面讲得清清楚楚,分得清清楚楚,所以孔子《系辞传》开篇即说:"天尊地卑,乾坤定矣。卑高以陈,贵贱位矣。"为什么开头这样说呢?开始我们很多人不理解孔子为什么发这样的感叹——"天尊地卑",认为孔子这个人很容易激动,开头就"天尊地卑",就像我们现在有些同学,发出"啊……天尊地卑"的感慨。孔子五十多岁还这样感慨,实际上他不是凭空而发,他是从哪里得来的?你们看,卦象上有。在哪个地方?

"人"字不在人道上,三爻和四爻没有一个"人"字,二爻"利见大人",五爻又是"利见大人"。二爻和五爻有一个特点,它们是上下两个卦的中间,把这个卦分为上下两卦的话,上面三爻,下面三爻,二爻和五爻正好是上下两个卦的中爻,一个"人"字在地道上,一个"人"字在天道上,这就是人类从直立行走那一刻起就顶天立地。"天尊地卑","尊卑"不是高低贵贱,不能把今天的引申义附加在上面,它的本义是自然的尊卑。

再看看《说卦传》里面有一句话:"参天两地而倚数。"为什么说是"参"?五爻为奇数,一人头顶着一片天,这就是"参",参天大树、参天、参地。"两地",两只脚立地,二爻是偶数,所以是"两地"。"参天两地",全表达出来了。所以,我们传统文化，承载了大量的自然信息和人文信息，但是近代以来，常被一些人怀疑，认为是后人附加的。这里我讲一个故事。

近代著名历史学家顾颉刚先生，他考证到大禹是一条虫而不是一个人。当时国民党政府的教育部长陈立夫就跟他说：顾先生，你给我们考证一件史事吧，你能不能考证一下大禹的出生年代？顾颉刚先生说：好！他很快就考证出大禹出生的年代。陈立夫在一个公开场合当众宣布说：我们感谢顾教授考证出了大禹出生的年代。大家都会心地笑了，因为顾先生说大禹是虫，早为众人所知。所以我们对古人的东西在没有搞懂以前，千万不要乱加质疑、歪曲。

从卦象上、从爻象上已经清楚地分了奇数和偶数，奇数为阳爻之位，偶数为阴爻之位，阳爻之位表示"刚"，阴爻之位表示"柔"。

此时我们能看出六爻卦象的"中"，在上卦和下卦的中间为"中"，叫"中行"。还有一个"中正"。什么叫"中正"？第二爻是下卦的"中"，二爻是偶数，应该是阴爻的位置，得阴爻为"正"。如果是阳爻便是"中而不正"。第五爻是上卦的"中"，五爻是奇数，是阳爻的位置，得阳爻，叫"中正"。乾卦中九五为"中正"，坤卦中六二为"中正"。那么"中行"是什么概念呢？"中行"在很多易学论文里面一般很少见到。从卦象上看，有两个卦，上卦又叫外卦，下卦又叫内卦，有内外、上下之分。上下和内外之间，应该有一个"楚河汉界"，中间有一个中轴应该叫"中行线"，当然我们不能把它看成一个绝对的"中行线"，为什么呢？因为讲到"中行"，六十四卦里唯有四卦里面讲"中行"。

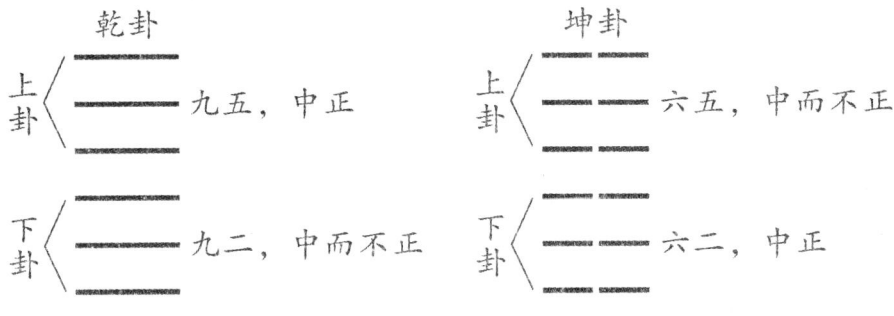

中、中正

中行之卦

哪四卦呢？一个是泰卦，泰卦表示通畅。三阳开泰，"天地交而万物通，上下交而其志同"，"九二，得尚于中行"。

再看复卦，表示复兴、恢复。"反复其道"，"七日来复"，"六四，中行，独复"。

益卦是讲增益的。"凡益之道，与时偕行"，"六三，有孚中行"。

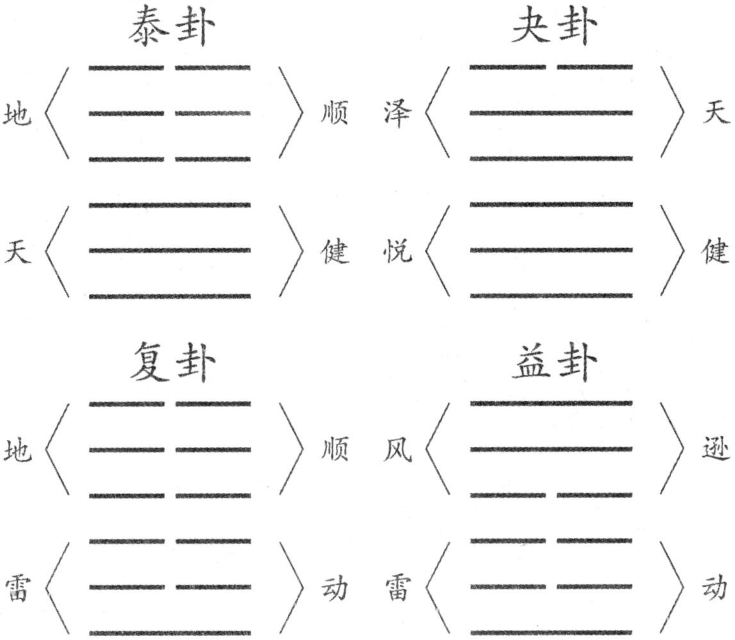

泰卦
地〈☷〉顺
天〈☰〉健

夬卦
泽〈☱〉悦
天〈☰〉健

复卦
地〈☷〉顺
雷〈☳〉动

益卦
风〈☴〉逊
雷〈☳〉动

还有夬卦，讲决策、决断的。"刚决柔也。健而说（悦），决而和"，"九五，中行无咎"。

这四个卦讲到"中行"，这四卦有什么共同特点？为什么独有这四卦讲"中行"？这四个卦有一个最大的特点：泰卦和夬卦的下卦都是乾卦（三个阳爻），复卦和益卦的下卦是震卦，震卦代表雷，乾卦代表天，天和雷都是很刚强的。那么要做到"中行"，肯定要以柔来克刚，泰卦是以坤卦来制约，夬卦是以兑卦来制约，复卦是以坤卦来制约，益卦是以巽卦来制约。你不是很刚强吗？没问题，我给你牵制，互相牵制，以柔来牵制刚，这样就达到"中行"了。

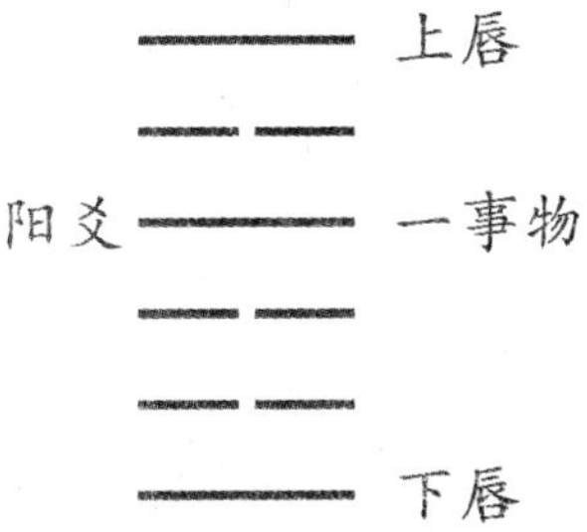

另外，还有两卦在《象辞》里面，是孔子讲的"中行"，而不是经文里面讲的，是孔子解释《易经》的时候讲到了"中行"。这两卦一是噬嗑卦，一是未济卦。

噬嗑卦的卦象看似一个张开的嘴巴，九四阳爻

―――― 上唇
阳爻 ―――― 一事物
―――― 下唇

噬嗑（咬合之意）

像一个实物,含在中间,一咬就咬合了,中和了。

未济卦与既济卦正好相反,既济是成功了,济是指渡河,表示已经渡过了。为什么最后还来一个未济呢?周而复始,原始反终,"既济"的成功是阶段性的成功,从全局、总体来说,新的"渡河"又开始了,所以说"未济"表示尚未渡完。未济卦里面九二爻"曳其轮,贞吉",这是什么意思呢?

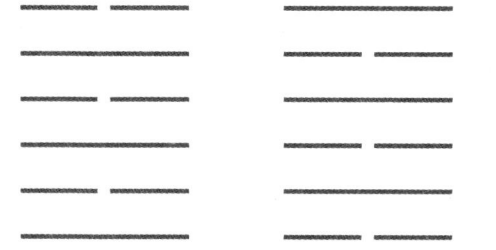

既济(已经渡完) 未济(尚未渡完)

这里面有意思了,你们想一想,已经是未济了,为什么还"曳其轮"呢?把这个轮子牵制一点,就像自行车的闸要紧一点,为什么?因为不是结束而是新的任务又开始了,刚刚开始,是阳爻,阳为刚,有一点偏激,所以要牵制一点——这里面不是制约它,而是牵制它,很有分寸。

既济表示成功,代表终;未济表示尚未成功,代表始。原始与反终之间不正是"中行"吗?从这里可以看出中国传统观念的整体思维,只有从整体思维中才能分清原始反终、周而复始的"中行线"。

"中行"与发展观

这里讲"中行",里面就有很微妙的东西,我们好好去体验,才知道这中间的科学性。这个发展,怎么去发展?2004年,我在柏林禅寺拜见明海大和尚,你们都知道,他是你们北大哲学系的老校友,他给我一个任务,讲了两次,他让我回去好好研究一个东西,研究什么呢?他说,我们传统文化里面似乎没有"发展"这个词,实际上我们应该有"发展"这个观念,我们传统文化的发展观念又是什么?我当然不敢怠慢。明海大和尚虽然年轻,只有三十七岁,但我对他是高山仰止。前天我在北师大与一位博士生导师谈起这一命题,他说有,我们有发展观,他立即举了很多例子。他是一位心理学专家,说得确确实实。但这里我无法展开,只能用两幅图来表示。

"科学发展图"很明显,表示科学发展必须做到"统筹"、"协调",同时还要以和谐的社会环境作为大背景。再看下面"中行发展图"。

这幅图初看有点专业,不好懂,我把它归纳为三条:一是"中行"的概念,上、下两卦之间为"中",沿着中行线行进为"中行";二是空间的概念,以中行线为准,上至上爻,下至初爻,中间四爻的空间都是发展的空间;三是发展的概念,中行线明确了,空间明确了,那么沿着中行线发展,是直线顺利行进吗?不可能,只能是曲线发展。

"前途是光明的,道路是曲折的。"这是毛泽东主席的一句名言。我年轻时就喜欢读毛主席的书,为什么?因为世界公认毛主席非常伟大。伟大在什么地方?返璞归真。在中国革命的非常时期,他能将马克思主义的基本原理与中国革命的具体实践相结合,不是盲目崇拜,也不是盲目模仿。他明白,马克思主义在我们的土壤上,必须结合中国的特色;离开了中国的特色,就没有了文化背景,没有我们中华传统文化作背景,就成了空中楼阁,孤家寡人。说这个话在"文化大革命"时是会受批判的,今天不会,因为我们一

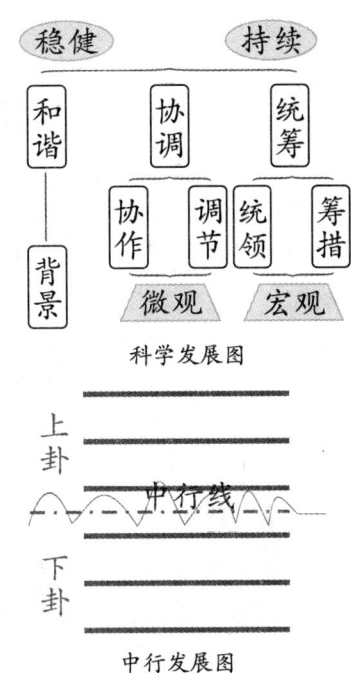

科学发展图

中行发展图

定要响应新一代领导人的号召,那就是客观地看问题,实事求是地以人为本,一定不能空谈,这才是科学发展观。

在第一届伏羲文化研讨会上,我讲过一个问题。我讲研究伏羲文化,一定要以人文地理为背景,离开这个大的文化背景谈伏羲文化,只能是传说而已。再看看前面那幅"中行发展图",人生之路、社会发展之路,绝没有捷径可走,即使有人走得比较顺利,也有坎坷。2004年雅典奥运会上,我们的女排就是在0∶2落后的情况下奋力拼搏,最后险胜俄罗斯。如果打得很顺,便没有了悬念,绝对没有今天女排之梦,如此深受国人的欢迎。正是因为打到第四局以22∶24落后的时候,眼看就要一球死亡了,马上就要回家了,在这种情况下,在关键时刻,她们不放弃,"女排精神"发挥出来了,转眼间反败为胜,第五局定了下来。中国人的这种精神让世人感动,这就是中国的特色。

所以"中行"并不是直线,也不是分界线。它是什么?是曲线。人类发展是在曲线中进行的,但这个曲线无论是向上向下、向内向外、或动或静、或刚或柔、或快或慢、或高或低……都是对立的两种力量,这两种力量不能平均,有时候"动"的力量大一些,有时候"静"的力量大一些,在这种牵引游动的情况下,造成了曲折,造成了曲线。这个曲线是两种力量形成的、拉扯的。但是这个对立不是讲阶级斗争的那种对立,而是统一的对立、和谐的对立。

这种对立和对抗要讲条件,什么条件?不要过。《易经》上经中有大过卦,

下经中有小过卦。有发展空间，空间有多大？你看，乾卦的下爻"潜龙勿用"，上爻"亢龙有悔"，这两爻中间都是你的发展空间，可以上下、内外自由地发展。你在二爻和五爻之间即使过了也是小过，但是如果过了五爻和二爻就叫大过。小过可以"不远，复"，可以纠正，可以恢复；大过就有危险。有人认为，过了初爻和上爻为大过。不是！即使是大过还能生存，过了初爻和上爻连生存的机会都没有了。所以说，那不仅仅是过了初爻和上爻，不仅仅是开除了地球籍，连宇宙籍都开除了，你到哪儿去生存？这里面的道理就在这个地方，既有曲折的空间，这个空间又有它的限制，绝对没有限制的空间在宇宙中是找不到的。

没有空间不能发展，没有限制的发展又是盲目的发展，因为有"中行"在那里上下牵引、内外协调，就是"中行"总在那里面忙忙碌碌，在动和静、刚和柔、快和慢之间忙忙碌碌，在那里做斡旋的工作。所以这个"中行线"非常累，累得不得了，没有它我们的发展可能就有更多的弊端。当然我这样说，是一种提示，不是想把这个当成一种定义，我们没有定义，只是启示智慧的东西，所以说这个里面它是一个曲线，这个曲线以后讲"和"的时候还要说，这里就不多讲了。

"中孚"与"和悦"

讲到"中"还有中孚卦，《尔雅》里面解释"孚"字就是讲诚信的。为什么要加一个"中"字？这很发人深省。做人诚信是好，讲诚信是我们每一个人的本分，但是诚信也不能过了，诚信过了也不是真诚信，就像有人说话，太谦虚就是假谦虚了，所以诚信也不能过。还要有"中"，"中"字不是随便加的，如果有哪一位质疑"中孚"，不是搞错了吧？那就麻烦了。

再讲一下小畜卦和大畜卦。"畜"为止的意思。为什么？"畜"是积蓄，畜起来以后，又要止，畜过了也不行，像水库里的水，蓄水蓄到一定水位还要排洪，不排洪也不行。所以有一个"止"的东西在里面。小畜卦叫"风天小畜"。小畜、大畜的下卦都是乾卦，乾卦是刚。"天行健，君子以自强不息。""不息"也要有一个约束，小畜是小止，用风来止；大畜以山来止，这是大止。你看，这就是我们传统思维中的发展观。

《尚书》里面也有这个东西，一个国家只有三十年的积蓄不为强国。按照国民储蓄来说，三十年不生产，还有储蓄，但是积蓄也不能过，也还要止。所以现在我们国家有宏观调控，粮食调控也是其中一项。

我们再看看既济卦和未济卦，既济卦是已经渡过，成功了，未济卦是尚未渡过，还要再渡。在这种情况下，我们能看出周而复始，还要循环地发展。这

巽 ⟨≡⟩ 风、止　艮 ⟨≡⟩ 山、止

乾 ⟨≡⟩ 天、健　乾 ⟨≡⟩ 天、健

个发展不是射线发展，还是要原始反终，循环往复。

上次我在这里讲过，六十四卦不是直线排列，而是圆；三百八十四爻也不是直线排列，也是圆。既然是圆，那么乾卦初爻的潜龙和未济卦上爻的小狐，正好是终与始的交接点。你们看，首卦乾的初爻是潜龙，末卦未济的上爻是狐，是小狐，尾巴已经被水浸湿了，头也没入水中了，全部沉于水中。爻辞是"濡其首"，但是没有凶，也没"咎"这些词，什么意思？既然是沉于水中，小狐又不是两栖动物，没入水中了为什么不是凶？这个原因是什么？是狐狸善变，它没入水中没有问题，它在变，经过千年修炼，变成什么了？看太极图便明白了，狐变成了阴阳鱼。

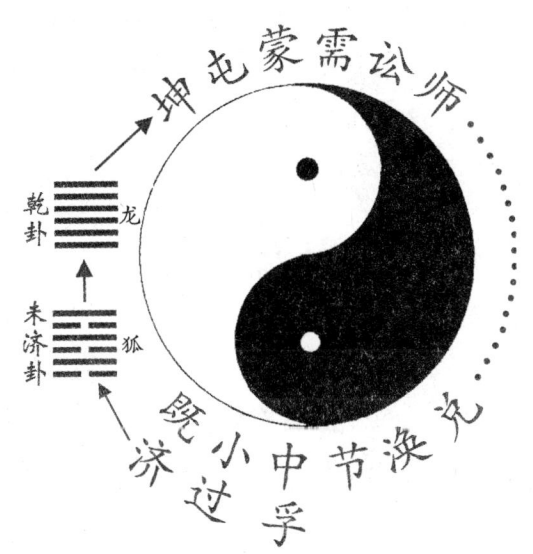

鱼又在变，变成什么了？看乾卦初爻便知，鱼又变成了龙，开始是潜龙，原始反终，又返回到"潜龙勿用"。

古代最讲修炼，修炼过程难道不是发展过程吗？道教炼丹用汞和铅炼，真是炼丹吗？不是，是炼自己的心性和思维呀！有人不知道，认为服下丹就能长生不老。其实是错的，为什么？因为那只是借汞和铅冶炼的过程，模仿这个过程来修炼自己的内功，炼精而化气，炼气而化神，炼神而还虚，炼虚而归真。服用这种丹能长生不老吗？不能。为什么？因为修炼的是身心，而不是汞和铅；重要的是修炼的过程，而不是结果。只要功夫到，结果自然成。所以，这是修炼过程，也是一个发展过程。北师大一位教授跟我说，中国有发展观念，就是老子讲的："道生一，一生二，二生三，三生万物。"生生不息，这不就是发展观吗？

"规"定形,"律"定音

我认为"道"是源头,源远流长;"生"是缘起,佛教讲"缘起性空"。前两天香港理工大学潘宗光校长,给你们讲了"缘起性空",他讲得非常好,相信在座的很多人都听了这个课。什么叫"缘起"?物质都是化合而成,是各种条件化合而成,水也是其中一个条件,空气也是一个条件,温度也是一个条件,各种各样的因素、元素合起来,才生成另一种物质。因素、元素就是"缘",也叫条件。事物都是依缘而生起的,"道生一,一生二,二生三,三生万物"就是一个"缘起"的公式。所以"道"是本体,"生"是缘起,"一、二、三"是过程,"万物"是结果。我们现在往往只看结果,不看过程。看这一棵树婆娑多姿,看它满树莹花,看它满树挂果,只看到花和果,但是它的根呢?它的"根"是由当初的种子萌发的那个芽,那是"本"。以后我们还要讲到。所以,我们应该回到"本"上,"本"就是刚才所提到的"道",那就是它的源头。

有人认为:三生万物,我做到"三"正好,做什么事都取"三"这个数,因为三生万物嘛!其实单独一个"三"不能生"万物",它有过程,有缘起,有源头。我们的发展难道是无根之木、无源之水吗?我们的发展不能空谈。什么叫科学发展观?科学也不能是一个空的口号,不是抽象的,也不是孤立的。

什么叫协调?什么叫统筹?温家宝总理在《政府工作报告》里面讲得非常好:科学就是要统筹,就是要协调,就是要讲平衡,平衡还要找到它的平衡点。很多东西,在我们人生中,在我们学习中,在以后的求职中,等等,在很多方面都用得上的。它可大可小,大到国家大事,小到修身齐家,日常百用。

我们来看这个图,中间是"道",两边一边是"规",一边是"律","规"和"律"有意思。这个"规"可以从新疆出土的伏羲女娲图中看得出来,伏羲右手执规,女娲左手执矩。联合国曾经用它做过一个杂志封面。"规"是规矩,是定形状的。没有规矩,无以成方圆。这个"律"呢?有一点意思,律在古代是指音乐。"四书五经"中《乐经》没有留下来。这个"律"是十二支竹管,长

伏羲执规,女娲执矩

短是根据"三分减一、三分增一"定的。黄钟是六个阳律之首,大吕是六个阴律之首,叫黄钟大吕。黄钟九寸长,其他根据这个"三分减一、三分增一"形成了十二种长短不同的管子。又用芦苇里面的膜——叫葭莩,吹笛子用竹膜——的灰填塞到这些管子里面去,按照一定的方法、一定的规则埋在土里面,一年十二个节气来临时,地气上冲,依次冲开每支竹管里的葭莩灰,并发出十二种不同的音声。

旧时堪舆先生找地穴,在日落以前,挖一个一寸见方大小的坑,土挖出来以后,用筛子筛成细末,又填回坑中,抹平,不紧不松,到第二天太阳升起时去观察,凸起说明地气旺,地脉也旺。反之,则说明地脉弱,这种地方连植物生长都不会旺盛。这并不是迷信,是有一定道理的。因为不理解,所以就成了迷信,盲目地信它了。真正知道它的所以然,就不会迷信,就会按照它那个方式,符合它的规律。

所以"律"是定音的,定六阴律、六阳律。"规"定形,"律"定音,合称为"规律"。有规、有律就是"道","道"本身是"大音希声,大象无形"。这是《老子》第四十一章里面的话,很有意思。"大象无形"好理解,宇宙之大,你能看到它的形状吗?什么是"大音希声"呢?地球自转速度之快可想而知,但地球上的人却听不到声音,难道地球自转没有声音吗?不是,而是声音太大了。

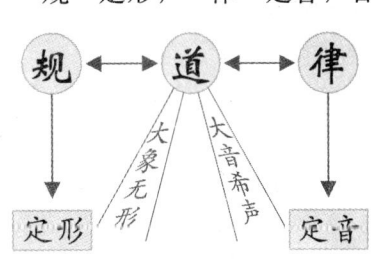

根据今天讲的这个"中"和后面讲的内容,我们最后讨论一个问题:什么是科学?《辞海》里面有一个定义:"广义,凡有组织有系统的知识,都可称为科学。狭义,专指自然的科学。"我们这里也要讲广义的。但是,我今天为下一次讲座提一个问题,一个是向大家请教,再一个是我们共同来讨论。为什么?因为近来社会上,特别是学术研讨会上常常出现这个词。到底什么是科学?能不能根据这个"中"的理念和"规律"的本义,来给"科学"下一个比较简明一点的定义?请大家谈谈自己的看法,我想下一课我们先讨论这个,大家发表意见,说说自己的观点,谈谈如何促进社会和谐。我想知道大家有没有这个兴趣。因为"科学"这个词被某些人神化了、架空了,一架空就增加了一些模糊的东西。我们不是跟谁过不去,我们也不要跟自己过不去,所以要搞清楚,不能盲目,不能迷信。科学更不能迷信,我们要有自己的认识,这是我的想法。

这里我要重复一下我对"和谐社会"的认识。如何构建和谐社会?首先要培养我们的心量。心量有多大，福报一定会有多大。心量，是社会大众共修的心量；福报，是社会大众共享的福报。哪怕是一滴水，也是我们共享的福报。所以，我们的科学发展观、构建和谐社会，都要落实在我们行动之中，我们的爱国也要有实际内容和实际行动。因为时间关系，我讲的这些是为后两次讲座做一个铺垫，可能杂了一点，有的讲得不好，请各位老师、同学、嘉宾朋友批评、指正。

谢谢！

第十一讲 以"和"为体，构建和谐社会

《易经》是个"百宝囊"

刚才高先生（讲座讨论发言者）讲到爱因斯坦，也讲到我们传统文化，用了直观的、确确实实的感受，这里我也借用这个来回答刚才北大几位同学的问题。《易经》不能说它是"科学"的，也不能说它是哲学的。怎么来定义呢？大家还在讨论之中——有人说它是一个"百宝囊"，但实际上这里面我们应该很客观地去看，因为《易经》里面有一句话："天生神物，圣人则之。"当年的牛顿就是"圣人"，那个苹果是"天降神物"，牛顿"则之"，创立了"万有引力定律"。你讲《易经》是"科学"的，它又不是。你讲它不是"科学"的，它又是对"科学"的启发。怎么来认识《易经》呢？我们都在探讨之中，因为它博大精深，一眼看不到它的底，所以它能源远流长。

刚才高先生发现一个宝物，这个宝物挺有意思。这个看起来是一株茅草，实际上《易经》里面有。你们不都讲《易经》是占卜的吗？我们远祖是怎么占卜的呢？泰卦里的初爻爻辞说："拔茅茹，以其汇，征吉。"是什么意思？关于解释，高亨先生是当代《易经》的权威，他解释"拔茅茹"是拔去中间的杂草，把有害于农作物的杂草拔掉。研究《易经》七十多年的金景芳先生讲：拔去这一根茅草，带动那一根茅草，这是根与根的带动。

我很崇拜这两位"易学"老前辈，但是有一点心得。《系辞传》曰："易与天地准。"《易经》怎么与天地准？有一天我在路边发现茅草，突然想到小时候在家乡，这样茅草的根拔出来是白色的，一嚼有甜味，这只是春天才有，冬天没有。我马上想到泰卦，泰卦是十二消息卦之一，代表立春、雨水两个节气。古人不知道二十四节气的具体时间，什么时候要播种呢？没有依据，怎么占卜？

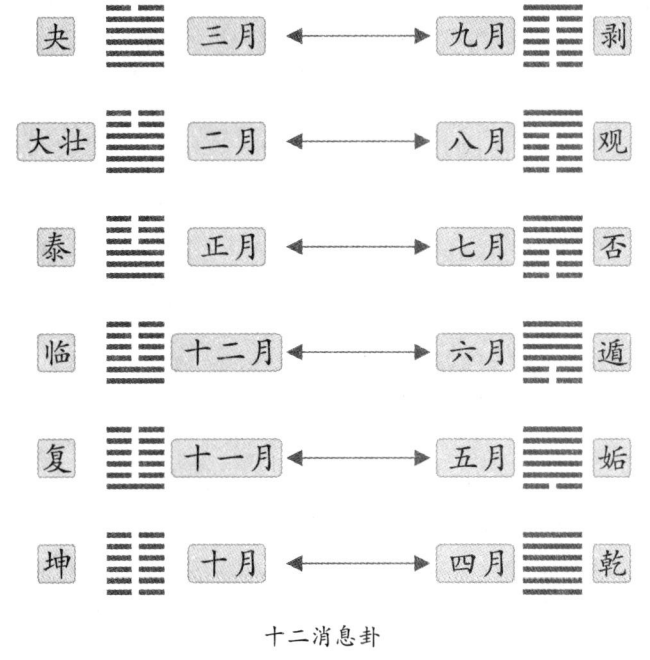

十二消息卦

不像现代人用铜钱卜卦，古人不是这样占卜，而是走出大门，随手拔一棵茅草，看看这个茅草的根萌动的情况。大家都知道，植物冬天是长根的。为什么？大气里阳气到了农历十月份以后，就开始收敛于地下，阴气慢慢上升于地上。阳气到地下去，因为根一年辛辛苦苦吸取养料，衰竭了，需要阳气为根送去温暖，同时滋养那些微生物。阴气又要升上来，凉风像电扇一样，这一年长枝长叶开花结果，也要让它们散散凉，也要让它们有一个休养生息的阶段。

我这样想象，"拔茅茹"就是看它的根萌动的情况，它开始萌动，就说明阳气开始上升了，可以播种了。这充分说明我们古代先人是非常讲究科学的，起码算是一种科学的态度。刚才有一位同学讲这是一种"科学精神"，一种"科学的态度"，也算是一种"科学的方法"。

用音乐讲"和"

第一课主要是展开，讲到《易经》，讲到"中行"、"中正"。在易学界都知道，"中行"是中间一条线和两个"人"字，表示顶天立地，这是我初步研究的一个东西。国际易经联合会郭老师也是易学专家，他对我说这是一个很好的东西。美国九十岁的老教授说："这个东西一定要寄给我，非常好！"

上一次讲话做了一个抛砖引玉，今天讲"构建和谐社会"的时候，我不想人云亦云，我想从音乐讲起。为什么用音乐来讲"和"呢？这中间也有我的老师的指点，我个人也下了一番功夫，但是不太成熟，今天我也做一个抛砖引玉。

我讲课尽可能做到这一点，不是讲知识，而是尽可能多讲一点悟性的启迪，尽可能讲我自己的人生体验和修行的体验，我自己有体验的就多讲一点。因为我也是喜欢听讲座、喜欢读书的人。无论是读书还是听讲座，关键是能触类旁通，从中得到一个悟性、一个启发，可能影响人的一生。我也听了很多老师的讲课，也看了很多书，余秋雨先生对我的悟性启迪很多，一个悟性可以改变我的人生，使我人生有很大的升华。我每次都谈到这个问题，都认为悟性是关键的。那是十年前，我与一位老者谈到《易经》，他说我对《易经》真是精通，我说精通都是假的，悟性是真的。学开车的人知道，你在驾校里不可能学精学通才上路，你只是学一些基本常识、一些基本要领就上路了，上路以后很多方面还要靠你的悟性——悟性才是真的，精和通都是假的。希望今天我们有一些互动，在互动中，我们共同来悟自然的规律，悟人生的规律，体悟和谐的心态。

这个互动不知道效果怎么样，今天也只是一个尝试，刚才大家已经讨论了一个"科学"的问题，我们现在就不多讨论了，我只展示一下。

"定音"与"定心"

这里讲"规律"，"规律"是我们中国特色的"规"和"律"。"规"是当年伏羲女娲图上的"规"，现在还在用它。"律"尽管现在没有用，但是现在的定音你们知道，在大的音乐厅里面举办很高级的音乐会，其他的乐师已经坐好了，各自在那里给自己的乐器定音，下面听众在那里等待，这个时候谁来了呢？指挥来了。他一来就有一种幽默感，一上台所有乐师全体起立，这一起立，观众是什么心态呢？指挥一行礼，这个时候不是"定音"而是"定心"。台上"定音"时是闹哄哄的，下面观众也是心里不平静，老是很焦急地等待。指挥一到，大家都是一个心态，掌声一起，大家安下心来了，安安心心地欣赏吧。"定音"和"定心"有一个过程，所以说"规"和"律"有我们中国特色，而且今天还在用它。"规"是"大象无形"，"律"是"大音希声"，这两句话都是老子对"道"的描述。"规律"在"道"中，在中间，它们两边是对立的两个方面，也有中国特色。《老子》里面很多相互对立的东西源于《易经》。阴阳、动静、刚柔、得失、福祸、快慢，这些都是对立的。我们中国的对立统一，是偏重统一，而西方偏重于对立，所以他们讲斗争，而我们偏重于讲和谐。

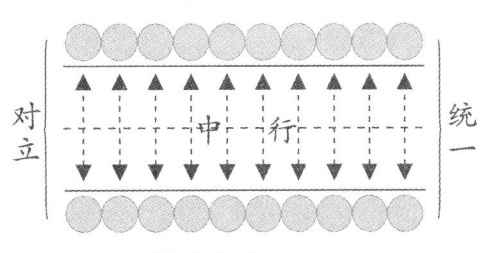

"中"与对立、统一

如果把我们股市和社会发展，与金融管理这张图表联系起来，按照刚才讲的,就有一种曲折,上次我讲是"在曲折中前进,在曲折中发展"。这也就是毛泽东主席说过的"前途是光明的,道路是曲折的"。

如果把五线谱放在上面就是一首乐章,人类社会从音乐开始,孩子降生到世界上第一声啼哭就是一种音乐。

再看发展观——科学发展观。什么叫发展观呢?既然要科学发展,就讲到了"五个统筹":要统筹城乡发展,要统筹区域发展,要统筹经济社会发展,要统筹人与自然和谐发展,要统筹国内发展与对外开放。这是温家宝总理在《政府工作报告》里讲的"五个统筹"。我就不多讲了,因为我上次讲了,凡是现在期刊、报纸上的东西我就尽可能不讲,大家都比我懂得多,理解得多,再讲就是班门弄斧了,我讲一点我自己体会的东西。

和谐思维

下面讲一个"中"的思维模式,这个模式也要展示一下。这是"象"的思维模式,同学们讲得很直观,我们利用直观分析事物的发展。"象思维"是社科院王树人教授倡导的,他是我的恩师,所以我一再体验他的东西。王教授原来是研究西方哲学的,"文革"后他又回到中国古典哲学命题里。东西方哲学思维一比较,他发现西方是概念思维、逻辑思维、理性思维,我们中国人则是象思维、原创思维、悟性思维。"筹"是筹划,筹划是一个逻辑思维过程,但它也离不开原创思维,没有原创就没有根,就没有归宿。无论怎么变,变到最后还是要有一个归宿,就是和谐。和谐思维也就是"和"与"和(hè)",后面要讲到。

船山先生(王夫之)讲,阴阳不但是对立的,而且是和谐的。我们社会发展的目标是稳定发展、持续发展。大家一般都要提到协调发展、稳定发展、持续发展,我认为协调、稳定和持续不能并列,因为协调是一个方法运作,而稳定和持续应该是我们的目标,当然也是一个过程。什么样的发展才算是科学的呢?如果你把稳定和持续这个抽掉了,也谈不上科学。发展是否科学,我认为应该用是否稳定、是否持续来检验。协调只是一种操作过程,但是这里有一个大的背景、大的前提,应该是和谐。一个公司要发展,首先要讲凝聚力,

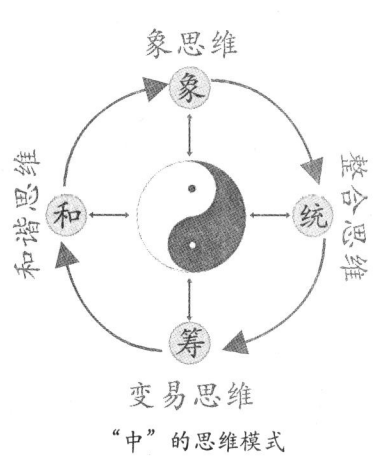

"中"的思维模式

凝聚力是和谐的环境、和谐的背景。所以这里面有一个和谐的问题，如果没有和谐的气氛、和谐的背景，谈发展可能就没有大前提了。

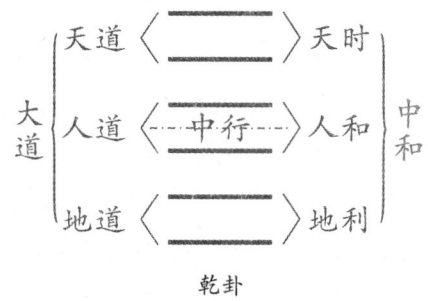

乾卦

这个协调也应该有分解，即协作和调节。在协作中还要互相调节，这是从微观上讲。统筹是统领，再就是筹措，没有统领和筹措，这个微观的控制是不行的。所以对这个东西我们应该有一个认识，这是一个过程。

今天主要讲"和谐"，"和谐"要从"和"字说起。《礼记》中说："大道之行也，天下为公。选贤与能，讲信修睦，故人不独亲其亲……"西周时期，周太史提出"和实生物，同则不继"的观点。到了春秋战国时期，诸子百家更是经常运用"和"的概念来阐发他们的哲学思想和文化理念：管子提出"畜之以道，则民和"，孔子提出"礼之用，和为贵"，孟子提出"天时不如地利，地利不如人和"，荀子提出"万物各得其和以生"，《中庸》中提出"和也者，天下之达道也"。

全国政协原主席李瑞环在中英贸易协会上演讲时，提出了五个"和"：表现在人与自然的关系上，强调天人和谐；表现在人与人的关系上，要和谐相处；表现在人与社会的关系上，崇尚合群济众；表现在各个国家的关系上，倡导协和万邦；表现在各种文明的关系上，主张善解能容。

佛教里面还有"六和敬"：身和敬——同住，口和敬——无诤，意和敬——同悦，戒和敬——同修，见和敬——同解，利和敬——同均。

"中行"得"人和"

再回到乾卦。乾卦里面是六个阳爻，分天道、地道、人道，得天道者得天时，得地道者得地利，得人道者得人和。天时、地利、人和，合起来就是"中和"。"中"的目标是达到"和"，达到"和"就是"大道"了，天、地、人都要达到"大道"。什么叫"大道"？《礼记》里有一句话："大道之行也，天下为公。"什么叫"天下为公"呢？大家都知道，2004年我在这里已经讲过。《大学》里面讲格物、致知、诚意、正心、修身、齐家、治国、平天下。这是一个过程，格物、致知是对物质世界的观察和研究；诚意、正心和修身是个体的提升，目标是用，用于齐家、治国、平天下。那么治国、平天下有什么标准呢？在《礼记·礼运》里讲到了"大同"和"小康"的标准：

"大道之行也，天下为公。选贤与能，讲信修睦，故人不独亲其亲，不独子其子，使老有所终，壮有所用，幼有所长，矜寡孤独废疾者皆有所养。男有分，女有归。货恶其弃于地也，不必藏于己；力恶其不出于身也，不必为己。是故谋闭而不兴，盗窃乱贼而不作，故外户而不闭，是谓大同。"

下面又讲到小康：

"今大道既隐，天下为家，各亲其亲，各子其子，货力为己，大人世及以为礼，城郭沟池以为固，礼义以为纪；以正君臣，以笃父子，以睦兄弟，以和夫妇，以设制度，以立田里，以贤勇知，以功为己。故谋用是作，而兵由此起。禹汤文武成王周公，由此其选也。此六君子者，未有不谨于礼者也。以著其义，以考其信，著有过，刑仁讲让，示民有常。如有不由此者，在执者去，众以为殃，是谓小康。"

这两段文字比较通俗，我就不多讲了。

"和谐"的愉悦

我重点讲"和"。"和"字在《易经》里面出现并不多，不像"中"字在《易经》里面出现频繁，"和"字只有两处，兑卦的初九叫"和兑，吉"，意思是和谐祥和而愉悦。在中孚卦里面，九二"鸣鹤在阴，其子和之"，这个"和"读"hè"。有人认为，这个鹤在那里鸣叫，它的孩子听到它的声音随声应和。有人理解为不一定是它的孩子，也可能是它的丈夫。作诗的人讲和诗，你写一首诗给我，我和一首诗给你。

诗是源于音乐的。历史上有六经——《礼》《乐》《诗》《书》《易》《春秋》，《乐》失传了，后来只有五经。在《礼记》里面，在《史记》里面，在《论语》里面都有记载，《论语》的开篇就讲了"音"和"乐"，这里面分几个东西。声、音、乐（yuè）、乐（lè），这是几个阶段。对于声与音，《礼记》和《史记》都讲了：只能闻其声不能辨其音是禽兽，只能辨其音不能得其乐是常人，只有君子才能得其乐（悦），只有圣人才能得其乐。我们怎么去体验这里面的东西呢？我想我们共同来体验。

《史记》里讲，声发于身，音发于心，我们在生活中是离不开音乐的，离开了声音就不能生存。国外的科学家做过试验，把几个人关在一间房子里，静悄悄的一点声音都没有。在这种情况下，他们待一个小时就感到受不了。两个小时就感觉到自己呼吸的声音，脉管跳动的声音都能听到，听到这种声音不是一种快乐，而是一种恐怖。三四个小时后门打开了，他们像逃命似的逃离那个无声的世界。这是一个心理问题。

噪音有益于人体健康，也有损于健康，总之，人离不开声音。"科学家认为，人们既要尽量减少噪音对健康的危害，同时也要创造一个和谐而又适度有声响的环境。"这是美国《侨报》中的一段话。你们可能想到我们地球没有声音，但是我们应该想象到，地球的转动是有声音的，地球也是一个大的物体，它的转速是每秒三十公里。这么大的转速能没有声音吗？这么大声音，它就是"大动为静"、"大音希声"。现代再怎么科学，但我们耳朵就是听不到地球转动发出的声音，自然造物就是让人耳听不到；如果人的耳朵能听到地球转动的声音，那人就无法生存了。超声波和低声波听不到，人们喜欢听的是祥和之音，这是一种体验。古人也是这么体验过来的，所以《史记》中讲音乐发于心，这个心与天地相应。

体验禅的愉悦

2004年我在柏林禅寺坐禅三十五天，五个"禅七"连着打。所谓"禅七"，就是每七天为一期（七）。从早上四点三十分进禅堂，到晚上九点三十分下禅堂，中午休息两小时，大部分时间在那里用功。几百人在那里用功，很多大学生都去体验禅的愉悦，而且都坚持下来了，还有位从加拿大来的学者，跟我住一个房间，大家都是认真去体验的。我在这三十五天中，体验了几个东西，每次进禅堂以后，那两道门一关，里面很大的空间，一百多人都坐在自己的禅床上，一条禅被把腿裹起来，一条禅被把肩也裹起来，在这种情况下，不准任何人吭声，叫"止语"。只有师父手持像尚方宝剑那样的香板悄悄地巡逻，如果

坐禅场面

谁在东张西望，谁发出声了，是要打香板的。那个时候腿也疼，发酸、发麻、发胀，最关键的是不耐烦，特别是最后的二十分钟、五分钟，简直是"度时如年"。

加拿大学者第一天回房间，悄悄跟我说（因为回房间也不能大声说话），他最后一分钟没有坚持下来，知道马上要结束了，实在坚持不了就动起来了。这三十五天我始终坚持没有动。原因是我的旁边是政法大学的一位老师，三十多岁，他一直在动，一动就把腿抱起来。我开始也想动，实在受不了，但是看到他总是动，而且我感觉他很痛苦，我想，你动也是痛苦，我不动也是痛苦，我何必要动呢？（笑）就这样坚持下来了。

坚持到第三天，我实在坚持不了了，为什么呢？我感觉恶心，一下子涌到胸口要吐，这可不得了。维那师讲过，禅堂里病倒了没有人理你。但是明海大和尚说，从古到今禅堂不会死人的，从来没有死过人。这样也就给了我一个定心丸，所以当时有一种想吐的感觉，但是怕破坏了禅堂的气氛，这还得了！我急了，这种急像热锅上的蚂蚁，但热锅上的蚂蚁还可以逃命。讲如坐针毡吧，如果真是针毡还可以挪一下位置，而禅床上却无法挪位置，前后左右都似悬崖。再一个你呼天天不应，即使你的亲爹妈，即使你的相好在你旁边，想帮你也帮不了，就像你们进了考场一样，全靠自己。进了考场，手能帮自己，脚能帮自己，嘴也可以帮助自己，但是这里不行，呻吟一下都不行，东张西望一下更不行，全都给你逼到心里了，这就是要你开发心灵的潜能。逼到心灵里面去又只有一条路可走，并不是逼到心灵里就活了，如果心里生杂念、妄想、邪念，那只能是自讨苦吃，自作自受。

我在那种绝望之中，突然想到我母亲，她为我吃了多少苦！我为什么这个时候这点苦都不能吃呢？为什么这个时候不能为我去世的母亲吃一次苦？好了，不到一分钟就平静下来了，想呕吐的感觉一下子消失了。如果我今天打了妄语，我对不起你们，这是真实的修行感受。

用平和的心体验禅

春节前我到王树人教授那儿去，跟他谈起这次感受，他很感动。他对为我开车的吴霞说，他读了我的书觉得我有儿童的心态，听了我讲禅，又觉得我有婴儿的心态，只有婴儿才能与母亲心连心。大家只有在什么情况下能回到婴儿的心态呢？只有在这种情况下。

截至2005年，柏林禅寺为什么"禅七"打了十三届？为什么大学生生活禅夏令营办了十二期，而且人一年比一年多，文化层次一年比一年高？因为大家得到了禅的快乐，所以这里面讲禅乐、讲禅味。音乐是由外部传到你心灵里，而禅乐是每个人生来具有的，把它开发出来，把你的杂念妄念损掉，损之又损，你的本善就显现出来了，它可以从内向外，还可影响他人，与他人分享。

殷昆与王树人在一起

我们到了寺院里面，就有这种感觉，到了寺院与进医院、进法院是三种不同的感受。虽然这三个地方都要求肃静，但禅堂要求更严格，不仅仅肃静，而且止语，止语就是不准说话，连斋堂（餐厅）、寮房（宿舍）过道都不许说话。进寺庙所有的香客，无论他在寺院外面怎么样地满口烦，怎么样地浮躁，怎么样熙熙攘攘，怎么样脏话粗话，一进寺院就不由自主地有一种潜意识，是一种敬畏的心态，一种虔诚的心态，一种自我净化的心态，粗话不敢说，声音

居士大众禅堂

放小了，脚步变轻了，心态开始平和了。进医院、进法院、进检察院有这种心态吗？我想大家可能都体验得到。

"禅七"的体验正如几位大学生所讲的，所体现的是我们对佛教有了一个正确的认识，破除了迷信，破除了对佛教的一种偏见。佛教不是迷信，是一种教育方式，一种心灵净化的体验。

声音是生活中的乐章

人的声音是生活中的乐章，为什么？从我的孩子喊我，我能体会出来，小时候是"爸爸"（奶声奶气），大一点是"爸爸"（有点僵硬），现在是"老爸"（老练），喊得有节律、节奏，带着感情。你们都能体会到，现在还是"爸爸"（奶声奶气），

那就不像了，一句"老爸"就感到很亲切，这就是中国语言，它有音乐的韵味。这个音乐是从哪里来的？是与生俱来的。有人认为音乐是人类发明的，是人类文明的一大创举，而许多人却不认可，认为它是自然的。是动物教给人的吗？也不是，它是自然的。我这里只讲风声、水声、雷声，人类模仿这三种声音。就说雷声，传说当年黄帝在涿鹿跟蚩尤作战，眼看要败的时候，得了一本"天书"，于是照"天书"布阵，用八百面鼓同时擂击，五百里外都能听到隆隆之声，使蚩尤的军队胆战心寒，不战而退。这个鼓的声音是模仿雷声而来的。

还有一种推测：我们的先民，饥肠辘辘，饥饿时肚子"咕咕"直叫，吃饱了，拍着肚皮"咚咚"有声，所以知道鼓由皮做，据说黄帝造鼓用的是鳄鱼皮。在《易经》里面有震卦，震卦代表雷，震卦的卦辞是："震来虩虩，笑言哑哑。"初九爻云"震来虩虩"，后"笑言哑哑，吉"。什么意思？开始雷声大作，使人恐惧；而后释怀大笑，谈笑风生。前后两种心态的对比，表现了古人对大自然既畏又敬的心理。

2005年有期《参考消息》报道有一位科学家说，闪电是净化太空的，它能把太空的一些辐射物做一次清扫，甚至有一个指标。你们可以看看这期《参考消息》。《易经》中的雷声是净化人的心灵的，一声震动，不但惊天动地，而且震撼心魄，使人对大自然有敬和畏，明白要尊重自然的规律，而害怕违背了自然的规律。这就是为什么在震卦里先怕后笑的原因，可见《易经》并没有讲高深的理论。

自然的大协作

巽卦为风，卦辞中讲小亨，风为什么是小亨不是大亨？我只能从我自己的体验来说。2003年我到天水伏羲故乡那里去采访，采访以后又到了仙人崖那个寺庙里去住了几天。原计划住一个晚上就准备走，我发现仙人崖的树远远望去像被风梳了一个大背头，我当时就联想到此前采访女娲祠时有一位老者讲到，伏羲生在风沟，

仙人崖

长在风台，以风为姓。我突然想到，难道这个地方的风就这么奇妙吗？所以我当时就决定留下来体验这里的风，跟老和尚说我再住两天，明天一大早我要上西崖体验风。

第二天早上，寺庙派一位年轻的师父，还有我女儿和一位摄影记者，把我送上西崖的半山腰。我带了干

仙人崖西崖的风沟

粮和水，还有手机、录音笔、照相机。我说不怕，你们下去吧，你们明天来接我，我要感受。我早就想感受风，多少年来有位老先生指点我，研究风水不仅是看风水，还要研究听风水。研究社会的现象，研究人的心理，不仅要察言观色，还要会听心理。中医里面讲望、闻、问、切，为什么是望不是看？医生看病是面对面，近距离，为什么说望？望里也有一个听在。

我一个人待在陡峭的山崖树林中，上午山林里面静悄悄的，一上午心态平静不下来。到了中午，我稍稍吃一点干粮，喝一点水，犯起困来。此时忽然起风了，一起风我来了精神，心也静下来了，静静地听，静静地感受。一直到下午三点多，将近四点，风渐渐停止，我也慢慢进入了一种忘我的状态，似乎感受到风有话要说，为什么呢？因为风也要发泄自己，也要展示自己，也要表达自己的情感。但是它自己无法发声，或者借助于山谷，发出呼呼的声音，或者借助于树林，发出哗哗的声音……同时树木花草也要借助于风，为什么？生命在于运动，树木、花草也是生命，也要运动，但是它们自身无法运动，怎么办？只能借助风来摇呀摇呀，这一摇就动起来了，它们就能生长，生命就在延续。

这一感悟使我震动：是大自然的大协作、大协调，而且是大的和谐。这种和谐如果能够移植到我们的生活、我们的家庭、我们的学校、我们的单位、我们的社会，乃至当代全球化的世界中，那么普天下都有了这种和谐，没有恐怖，没有战争，没有掠夺，没有污染，没有虐待，没有歧视……也许你们会说这是一种理想，甚至有人会说这是空想，是幻想。其实，只要我们每个人都有热爱自然、回归自然的心态，就会有真爱，有墨子讲的"兼爱"，有西方人称道的"博爱"，那么，这种理想就不会只是空想。（掌声）

2003年，我结识了一位中学教师，他自称是无神论者，是唯物主义者，我跟他讲佛教他听不进去。但是，他要我回答他一个问题，他突然问我："你信佛教，你怎么看待希特勒？"我脱口而出："希特勒是大菩萨。"他大吃一惊。为什么？你们想，地藏王菩萨有一个大愿："地狱不空誓不成佛。"希特勒即使在地狱最底层，即使最后一个离开地狱，地藏王菩萨也不能提前离开，最后也要带他到西方极乐世界去，那时，很多犹太人在那里迎接希特勒，他羞答答的，很惭愧地低着头，但是犹太人却说：到这里都平等了。

这种平等是一种容纳，一种宽容。在人类文明中，越是伟大的文化，越有包容和容纳。佛教是文化，和中华的文化一样可以海纳百川。

这种平等又是自然的。自然中的风与树木、与万物、与人都是平等协作的。今天，我们人类正是缺乏这种自然的协作，所以"和谐"也就缺失了，需要重新构建。怎么构建？我想，风与万物的自然协作就是我们的榜样。所以《易经》乾卦里的爻辞中，天道和地道里没有"凶"，也没有"咎"，只有人道讲两个"无咎"。只有人有分别，只有人有妄心、有杂念，只有人最不懂得自然的协作。其他物类，在同类中的优和劣的差距分得很小，只有人类富与贫的差距、智和愚的差距、尊与卑的差距拉得相当大，其他物类没有这么大。这是哪里来的？由心造的呀！所以我体会到，我们人类都把这个"心"放在平等线上，大家共同协作，那和谐就得到了。

有点遗憾，晚饭后，老和尚发慈悲心，派人把我接下山，怕野兽把我吃掉了，怕毒蛇咬了，又怕地上的潮气。我是很不情愿地下山了，到现在我还是耿耿于怀。

2004年甘肃省要我去为开发野林关写篇文章。我听说那里有原始森林，很想去那里听听原始的自然之音，于是慨然应诺。但是到了那里，非常遗憾，天天跟着县长问原始森林在哪里。县长说真正的原始森林他也没去过，没有路，他说想去但都无法去。我们人类今天的原始森林越来越小了，你想，一个污染源能够影响一大片，污染一大片。如果北京旁边，哪怕是五十公里以外，一百公里以外有一片原始森林，我们北京的

野林关

空气可想而知会好得多。

2005年我们想花两三个月时间，沿着黄河的源头，从伏羲、女娲、炎帝、黄帝、颛顼、帝喾、大禹、文王、老子、孔子等古圣先贤的故里，由西向东寻根问祖，再去体验。为什么呢？这种体验是人生难得的，仅仅是读读书本，我们坐在书房里读，看不到蓝天白云，闻不到鸟语花香，读的是前人一代一代引申过来的引申义、解释义，得不到真知识，更得不到悟性。有位北大教授提出，为什么当初庐山的白鹿书院培养出了那么多人才？他讲，我们现在的大学在城市里面，在污染了的环境里，得不到山水的灵气，感受不到自然的魅力。

我们感受了这个风，再讲水。这里我想借用唐代魏征丞相回答李世民的一句话，他讲："以石投水千载一合，以水投石无时不有。"什么意思呢？把石头投到水里面去要一千年才能融化，一千年是一个概数。但是以水投石呢？石头挡住了水的去路，水从上面漫过去，或者绕过去，或者从下面渗过去；绕不过去，漫不过去，就等着把你浸蚀掉，水的适应性强，老子称水有"上善"之柔，同时又有"克刚"之德。

《易经》有坎卦，坎卦象征水，卦辞说："习坎，有孚，维心亨，行有尚。"贵州有一位老先生打电话向我咨询：你书上讲坎卦的卦德是"陷"，但有的书上讲是"风险"的"险"。我说："险"也对，"陷"也对，有水的地方会下陷的，水有下陷的功能，又引申为"险"，"陷"是本义，"险"是引申义。

坎卦为什么说"维心亨"呢？"维"是维系，"亨"是亨通，"心"是什么？难道水也有心吗？这里借用《史记》中一段话，也许能有所启发。《史记》云："是故知声而不知音者，禽兽是也；知音而不知乐者，众庶是也；唯君子为能知乐。声发乎身，音发乎心？乐品其味，乐得其韵。"

我之所以引用这一段，是因为这是我的体验，对生活的体验，对自然的体验，对古圣先贤的理解，并希望我们共同来体验、来感受——悟性从感受中来。信不信水有心，能不能维系其心，能不能得到亨通，关键还要自己去体验，或者"板桥听泉声"，或者"岭树听江流"。

古人有和谐心态吗？

下面讲乾卦里的"元亨利贞"。

"元亨利贞"本是乾卦的卦辞，但是，其他卦里也频频出现，说明这四个字很重要，后人称之为"四德"。那么，这"四德"是怎么来的呢？我想就"元亨利贞"跟大家做一个互动。根据杨力教授的推测，这是一种秘密语，如果用佛教里面的话来说是咒语，就像"大悲咒"、"往生咒"一样。

我们跟一些老同志探讨的时候，用了一种个人的体验，一种什么体验呢？认为这是当时祭天、祭祖时用的祭词。这个"元"是领祭者呼礼时的用词，祭祀要有领祭者。"贞"是由大众一起来唱颂的。中科院有一位王老先生退休以后，回到老家搜集了很多祭祀词，把一些破破烂烂的手抄稿拿回来找我一起研究，把它重新整理，还送我一份，挺有意思。他说这是文化，不能失传。我说你是研究卫星发射的，怎么研究这个东西呀？他说这个东西是我们老祖宗的东西，他很感兴趣。

先做一下示范。这个"元"有两个意思：一个是开始，人之初，天地初开；第二个意思是大，广大，天地初开，广大无边。"亨"是万物亨通，"万物资始，乃统天"。"亨"为什么是"通"的意思？因为当初先民所处的环境里到处都是障碍物，大家喊着号子排除障碍，"哼"的一声，路通了，就地来一个简单祭拜——"谢天谢地"，这句口头语到今天还保留在人们的口语中。"利"是指利不利了。"贞"，有几种意思，一般是正固，实际上这里面还有一个天尊地卑，还有一个尊重的"尊"，尊重自然规律，还有一个遵守的"遵"，遵守自然规律。

开始，领唱者唱："元……"（古韵，下同）左边的一群人手上捧着供品，齐唱："亨……"表示万物亨通了，我们获得了食物，首先要敬天地。领祭者再唱："利……"这不仅仅是社会利不利，还有个人利不利。这时主祭者观看测日影的仪晷，日影正好与时刻（度）相合（正），于是齐声唱答："贞……"每个人发自内心。心正，心平和嘛，这个"平和"就有一个遵守自然规律的意思，当时有这么一种对自然敬畏的心理。我们今天用这个词吗？当然不是这样，但是这里有它的理念。他们的心态里面就是这个东西。这个是不是我们要演习一下呢？可以吗？我来领颂："元……"大家齐唱："亨……"再颂："利……"大家唱："贞……"我们就这样演习。（演习一遍）

我们现在再演习一遍，心里想着我们的心量宽不宽，福报大不大，万物通没通，感受一下天地万物通没通，我们的福报到没到，心态正没正。（演习两遍）

我们如果是这样演习，真正是身临其境，就能够想象到，古人的祭祀目的是什么。尽管有一种迷信的色彩，这个不可否认，因为当时的社会只进步到那个程度，但是还有一个最关键的东西，你们可以想到，先民们那个现场，是不是一种和谐的心态呢？这一点我认为大家能体验到，你们回去以后可以自己来体验。

我在天水伏羲庙采访的时候，伏羲庙的领导给我介绍说，每年在这里祭伏羲的时候，都有海外的同胞远道而来，还有台湾同胞送来伏羲像，又把这里的伏羲像请到台湾，因为伏羲是我们的人文始祖。

伏羲庙

祭祀的时候前面有一个炉子，我问，这个炉子是做什么用的？馆长介绍说，这是焚化炉，焚烧祭文的。祭文在每年祭礼时由当地德高望重的人来读，读完不能随便丢，这个炉子里面要铺上洁净的陶器，然后把祭文烧成灰，再把这个陶器捧着，很虔诚地倒到前面的河里随水漂流。他说现在这个仪式没有了。我们也参加了他们一次公祭，天水市市长朗读了祭文，读完以后大家都进庙依次礼拜，萌生一种神圣的感觉。但是，祭文没有烧，没有送到河水中去，不虔诚了，不圣洁了。我跟馆长说，我想人家海外的同胞千里迢迢而来，特别为了这份虔诚、这份寄托、这份祈盼而来，到了这里，就是要来共享、来体验，如果祭文跪着读，读了以后还放在圣洁的陶器里面，把灰放到江边随江水淌走，就是为了这个。这就是一个过程，这个过程不是迷信，使人联想到很多，让人有一种思考，一种心态的回归，一种心态的返璞。我今天在这里很想把这个祭祀做一个互动，让大家感受，也是想把它延续下去。

在这里既然讲到了《易经》，就必须讲《易经》的第二个部分，讲《易经》乾、坤两卦，这个怎么讲呢？讲和谐，乾、坤两卦是表示对立的。阴爻和阳爻，乾卦全部是阳爻，坤卦全部是阴爻，两种爻全部是对立，但也是统一的。这就是王夫之讲的阴阳向背。关于向和背，我想提一个问题：这里面讲阴阳向背，你们发现一个什么问题吗，关于阴阳向背，你们能不能提出一个问题？

那么阴和阳何为向，何为背呢？如何理解人心向背呢？

众答：阳为向，阴为背。

我认为这是对的，阳为向，阴为背，但是有时候也是互动的，如洛水之北为洛阳市，为什么呢？水之北、山之南为阳，山之北、水之南为阴。人们选择居住，是阳边居住，不可能阴边居住，这是科学的，古代风水上最讲究这一点。

圣人向阳而活，百姓向阳而居，这就是人心向背的本义。这其中还有很多的讲究，这里就不多讲了。

"用九"和"用六"

我们再来看看"用九"和"用六"。乾卦讲"用九"，九为阳，为刚，"用九"就是用刚；坤卦讲"用六"，六为阴，为柔，"用六"就是用柔。

我刚才讲了"向背"，向背就是对阴阳而言的，二者要区别对待，什么时候是向，什么时候是背；有时候要向着它，有时候要背着它；有时候必须顺其道而行之，有时候要反其道而行之。这个向背用的时候，可方可圆，能屈能伸，可刚可柔。这样才能得到"和谐"，才能得到"中和"，才能得到"中庸"。"中和"是体，"中庸"是用。"九"和"六"怎么来的呢？如果讲"九"和"六"，这里懂《易经》的人很多。我在讲《系辞传》时，是用大衍之数的计算方法说明的，很复杂，这里取其简，以河图之数来说明。

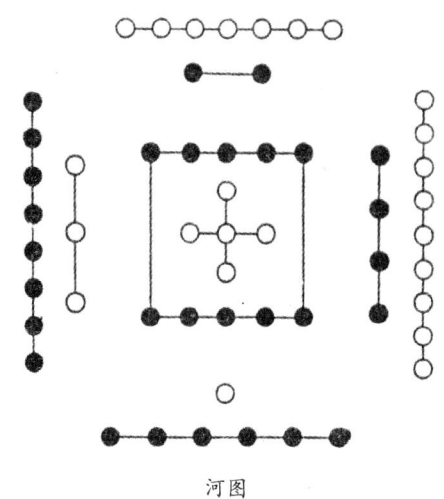

河图

看《河图》外围四方之数，两个奇数：南七、西九，奇为阳，阳取大数九，故"用九"即是用阳。再看两个偶数：北六、东八，偶数为阴，阴取小数六，故"用六"即是用阴。再看内圈，奇数北一、东三、中五，合计为九，偶数南二、西四，合计为六，与外圈吻合。这样看图说数、说义，一目了然。当然要弄明白为什么阳爻为"用九"，阴爻为"用六"，还要参考大衍之数。所以《易经》里面有"用九"、"用六"两个东西，也就是用刚和用柔。

如何用刚，如何用柔？这里我举一个例子。现在全国人大通过了《反分裂国家法》，这里面就有一个"用九"和"用六"的问题。用刚就是非和平手段，和平的手段是用柔。什么时候用柔，什么时候用刚，是《反分裂国家法》里面非常明确的一点，到什么时候该怎么用，清楚得很。当"台独分子"把我们的民族逼到悬崖边上，这个悬崖是国家和民族快要分裂的时候，再也不能退了，再退，就掉进国家分裂的深渊了。这不是某一个政党的事，而是十三亿大陆同胞和二千三百万台湾同胞共有的历史，是中华民族八千年的文化道统，也是我们中华民族的自尊。所以这个东西有一个标准，有一个界线在那里。在我们生活中，也经常运用，我后面要讲。

奇门遁甲灵不灵？

"用九，见群龙无首，吉。""群龙无首"，因为乾卦里有潜龙、田龙，还有或龙、飞龙、亢龙，所以说"群龙"。"无首"是什么意思？我这里用"奇门遁甲"为例。

2004年有一位河北的高官被枪毙了，这是个大贪官，一心想做边疆大吏，所以去请一位奇门遁甲的大师为他遁一下，看看他能不能成为边疆大吏。那个大师讲，不出三年五载就有大的升迁。他高兴了，一甩手就是五千元人民币。这位大师很机灵，他讲，这样吧，我们两个都六六大顺吧。而那位贪官不是补他一千而是三千，说干脆来个大发吧。这样大师得了八千元的遁甲费。结果正如贪官自己说的——发了，东窗事发了。有一天省委办公室打电话，让他参加会议。他坐在车上心里发毛，赶紧打电话给那位遁甲的大师说："快给我遁一下，我今天下午有没有问题？"大师马上用奇门遁甲占卜，说，没有问题，你放心吧。结果那个大贪官被"双规"了，进了监狱后悔莫及。奇门遁甲是什么东西？是哪儿来的？有一位在大陆讲"四书五经"的台湾老学者，我问他奇门遁甲来源是哪里。他也学过，而且他把奇门遁甲制作成程序做得非常好，到处给人遁。他说当然是《易经》呀。我说是哪一卦？哪一爻？他说不出了。我就没话说了，其实就是"用九，见群龙无首，吉"这一句里。为什么？我们看奇门遁甲（图）。

"奇"是指十天干中的乙、丙、丁，分别象征日、月、星，名为"三奇"。"门"就是生门、死门、景门、开门、休门、伤门、惊门、杜门这八门。"遁甲"是什么意思呢？十天干里面要摆九宫、摆盘子，十天干中除甲以外，每一天干占一宫，而甲却无宫可

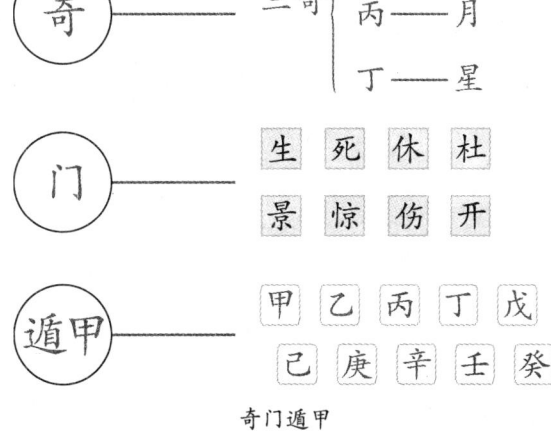

奇门遁甲

占。如果把十天干看作群龙，那么，在九宫里便是"见（现）群龙无首"了。甲为十天干之首，九宫中却无甲宫，这不是群龙无首吗？但甲无宫不到，哪一宫都能去。怎么去呢？遁着去，遁来遁去，来去无踪影，来去本自由。

历史上用奇门遁甲的大师诸葛亮有著名的"三借"：借荆州、草船借箭、借东风。大的战略上智借智取，但是在五丈原却失败了。以前每一次他都遁得很好，周瑜都识不破他的计谋，而在五丈原一交战，司马懿马上看出诸葛亮的意图，把他的计谋看得清清楚楚。无论蜀军怎么讨战，怎么骂，怎么羞辱，就是不出战，魏军就是免战牌高高挂起，跟你耗着，最后诸葛亮被气死在五丈原。诸葛亮被司马懿气死了，周瑜被诸葛亮气死了，为什么？这个时候他遁不了，本来诸葛亮平时用兵不需要摆九宫，他是依照规律，他已经熟悉到那个程度了。为什么五丈原不灵？原因是什么？很明显，从历史中翻一翻看一看，看看这个为什么——急功近利。他恨不得早一点扶阿斗，扶不起来也要扶，这是先主交给他的责任。他"鞠躬尽瘁，死而后已"，想早一点夺取中原，把阿斗扶为王。他急功近利，再也没有以前的平常心了。他以前在军中是羽扇纶巾，那样自如，那样一个平常心态，那样运筹帷幄。刘备急躁也能被他说服，关羽、张飞急躁也能被他说服，那时他心态非常平和。到最后他自己平常心没有了，急功近利了，这个"奇门遁甲"也就不灵了。由此可以看出，我们在生活中，要以自己的心态为本。你不能认为一个大师给你占卜了，你今天可以发大财。这样害处就大了。

2004年深圳来了一位统计局的干部，他下海了。他讲前年亏了几百万，亏的原因就是有人给他占卜，说他明年要发大财，财运很好。于是他就上项目，项目一上全亏了。我问他："如果你没有寄托在占卜上，你上项目时会不会认真评估呢？会不会上那么大规模呢？"他说："当然了，我当然不会盲目地上项目了。"你看他把自己的心交给了人家，把这个"本"交给了人家，"本"没有了，谁来给你做主呢？我会"遁甲"，会占卜，给你当一天的家，你给我交一天的钱，行吗？关键是当不了这个家。所以在这里我再强调一下。

我这里有一个想法：我们大家共同来做一个努力，还《易经》、还"奇门遁甲"、还风水文化于百姓日常生活当中，打破迷信的非理性思维，还日常生活一个理性思维，不要急功近利；如果你急功近利，《易经》也帮不了你这个忙，一点作用都没有。

坚冰与薄冰

现在讲讲乾、坤二卦的爻辞。乾卦是纯阳爻,坤卦是纯阴爻,我想阴阳对比着讲,先讲乾卦的初九爻和坤卦的初六爻。乾卦:"初九,潜龙勿用。""勿用"不是不用,而是为了大用;不是不为,而是为了将来大有作为。有人会问,你讲这句话是口号,是抽象的解释。是不是呢?经文讲得明明白白,讲你大有作为,不是鼓励你,不是哄小孩子,因为经文说"潜龙勿用"。潜龙也是龙啊,有这个"龙"字,就指出了你的前程。你这个龙是潜龙,比一般的龙都厉害。潜力大,后劲才大,当然会大有作为。所以这里面每一个字都有学问。那么如何看它的向背呢?

坤卦:"初六,履霜,坚冰至。""履"就是开始行动了,开始实践了,刚一踏上就是霜。这个好理解,万事开头难。我们同学一毕业就开始"履霜"了,你就知道万事开头难,事事艰辛了。所以我在《易经的智慧》的前言里就讲了,我女儿的同学,她在外地读书,来北京找工作,心想:我是研究生毕业,是香饽饽,到北京找工作肯定很好找。但是事与愿违。这个可想而知了,在人才济济的大都市,她不能如愿就有一点失落。她求我给她占卜,都是熟人,我给她占卜,可以。我问她,你是不是想一步就踏上金砖?你不想履霜吗?你怕履霜吗?这个单位不想去,那个单位待遇低,你想一步踏上金砖,是不是?我送给你几句话:"不要想第一步就踏上人生的金砖,哪怕是荆棘、坎坷、泥淖,你大胆地迈上去。当你终于踏上了属于你的那块金砖时,回首顾盼,步步都是金砖。"可能好多同学都有过失败的经历,但是年轻人的失败有含金量,老年人的失败才是真正的失败,没有含金量。所以我现在非常谨慎,没有办法,我失败不起呀!你们不要怕失败,大胆地去迎接失败,只要你们心态好,有一个为国奉献、为民服务的心态,即使失败,都是有重重的含金量,要正视这一点,不要怕。

不怕并非轻视,对困难要理性地正视。"履霜",霜是看得见的,"坚冰"也是预想得到的。但是还有一点看不见、想不到的,是什么?是薄冰,霜与坚

```
上九 ━━━              上六 ━ ━
九五 ━━━              六五 ━ ━
九四 ━━━              六四 ━ ━
九三 ━━━              六三 ━ ━
九二 ━━━              六二 ━ ━
初九 ━━━  潜龙勿用。   初六 ━ ━  履霜,坚冰至。

      乾卦                  坤卦
```

冰中间有个薄冰。你能预测到坚冰不是真预测，只有预测到薄冰才是真预测；敢于大胆履坚冰不是真勇者，只有大胆履薄冰才是真勇者；能履过坚冰不是真成功，只有履过薄冰才是真成功。有人会问，薄冰能履吗？什么人敢履薄冰？潜龙不怕履薄冰，也就是人们常说的如履薄冰、如临深渊，可见薄冰是可以履的。实际上在我们的现实生活中，很多事，很多关键的事比履薄冰还要惊心动魄。中国工农红军二万五千里长征是履过了薄冰。我们中华人民共和国在二十几年前经历了大动乱，那时吴健民大使在法国，法国外交部的人对我们的大使怎么说？"别急，还不知道再过几个月你们国家存在不存在？"那几个月可是国家的薄冰期呀！薄冰我们总算履过来了，我们现在是履坚冰的时候，所以对这个"履霜，坚冰至"我们应该反复玩其味，意味无穷啊！

女人与"不习无不利"

我们再看看乾卦九二爻和坤卦六二爻。

九二是"见（现）龙在田，利见大人"。同学们毕业以后，走上工作岗位，一展才华，初露锋芒，大家一片掌声：这个人有才华，不愧是名牌大学的学生。这就是"见龙在田，利见大人"了。利见什么大人，见过什么大人了？"大人"就是大众、众人，是大众认可你了。"见龙在田"，这个"田"指的范围小，初出茅庐。这个范围还在某一个单位、某一个地区，一个小范围以内，得到大家认可了。

再看看坤卦六二，"六二，直方大，不习无不利"，这句话是根据"见龙在田"来的。

我到天水去采访的时候，听说有一位老者讲，当年女娲不是补天，是补田。我一个晚上睡不着觉，第二天，秦安县委统战部的王副部长带我去拜访那位老者。汽车上路了，走到半路下了大雨，不能去。为什么？一去几天回不来，那里交通不方便。我一直很遗憾，没有拜访到那位老者。女娲不是补天，是补田，这个田有多大？为什么能流传到今天？我不能说把这个作为历史，不能说有一个大的发现，既然这位老者有这个说法，我认为我不能放过这个机会，总有一天我还要去访问。这个田不是一般的田，应推衍为大地。"直方大"，天圆地方的"方"啊！从中国古代天文资料分析，从伏羲六十四卦方圆图分析，古人的"天圆地方",应该是天在外,地在内,天分上下,地分四方。地分四个方位,是为了辨别方向,并不能证明古人把地当成方的。"四方"与"方形"是两个概念。我总觉得,我们中华民族先哲的原始思维是圆形思维。对《易经》研究越深,越会有这种感觉。

"不习无不利"这个"习(習)"字,上面是"羽毛"的"羽"字,下面的"白"字甲骨文指白米。有位汉字专家跟我们探讨,认为当初我们祖先为什么发现了稻子能做粮食,可能是看见鸟在那里啄食,一啄一吐壳,米就被吃掉了。大家都有这个观察,特别是麻雀,它啄稻子特有本事,一啄壳吐出来了,米吞下去了。人模仿了它,证明这个米能吃,以后祭祀的时候,在一碗米上插上鸟的羽毛。现在道教把神仙的牌位、神像插在米上,这是什么意思?

女娲补天

还是当初延续下来的东西。

"习"有很多引申的意义,"不习无不利"是无为法。我这里用吴清源老先生的解释,提供给大家参考。2005年3月6日上午,在昆仑大饭店,我请教吴老先生《易经》,他突然讲男人要学《易经》,女人不需要学。为什么?坤卦是指女人。男人要自强不息,不但白天要"终日乾乾",晚上还不能休息,

上六 ━━ ━━
六五 ━━ ━━
六四 ━━ ━━
六三 ━━ ━━
六二 ━━ ━━
初六 ━━ ━━

直方大,不习无不利。

坤卦

还要"夕惕若厉"。而女人(坤卦)是"不习无不利"。这里面不能说没有道理,吴老把话重复说了几遍:"男人要学,女人不要学。"我回想起来觉得很有意思。

完成任务要漂亮

再看乾卦九三爻和坤卦六三爻。

"九三,君子终日乾乾,夕惕若厉,无咎。""乾乾"就是勤勤,自强不息,就是刚才讲的白天勤勤恳恳,晚上"吾日三省吾身",反省自己。"厉",

```
上九 ——
九五 ——
九四 ——    君子终日乾乾，
九三 ——    夕惕若厉，无咎。
九二 ——
初九 ——
      乾卦
```

```
上六 — —
六五 — —
六四 — —    含章可贞，
六三 — —    或从王事，
六二 — —    无成有终。
初六 — —
      坤卦
```

对自己要求严格，自律、自励。后面讲"无咎"，这样就是没有咎害了。

坤卦："六三，含章可贞，或从王事，无成有终。"简单地讲，这个人办事漂亮，如果你们做实际的工作，你们要讲究办事漂亮，这事不但要办好，任务完成了，而且要完成得漂亮。"含章"，"章"是文字的辞章，有修辞、漂亮的意思。"或从王事"，就是要顺从规律，"王"不是指"国王"的"王"，而是指天道。乾为天道，坤为地道，地道必须顺从天道，因为地球是围绕太阳转呀。有困惑时，就要顺从事物的规律。

还有一个"无成有终"，这个有意思了，没有成功怎么有终呢？怎么有结果呢？这就是"无为"。这就是我刚才讲的，你们年轻人要知道"不习无不利"，失败是成功之母，也就是说成功是失败的儿子，失败是成功的妈妈。你看，这个话只能是年轻人能得到，我们老年人得不到，只能是有志向、有恒心、有才华的人才能得到。你们就是君子，即使暂时失败了，最后的结果还是胜利。

少说话，多做事

再看乾卦九四爻和坤卦的六四爻。

```
上九 ——
九五 ——
九四 ——    或跃在渊，无咎。
九三 ——
九二 ——
初九 ——
      乾卦
```

"九四，或跃在渊，无咎。"发展到这个程度，是进还是退？发展到一定阶段的时候，就有迷惑，就要重新思考，重新定位，重新调整。"跃"就是登上飞龙阶段，"退"就是退到群众中去。可上可下，能上能下。

六四爻是"括囊，无咎，无誉"。"括囊"就是把袋子的口扎紧了，这个袋口指人的口。这个时候要谨慎，尽可能少说话，多办事。如果出言不慎，刚刚到手的好运气会擦肩而过，就是因为失言，这个教训你们可能也经历过。所以只要做到"括囊"，就没有咎害。"无誉"是什么？"誉"是名誉，也就是说不要贪图名誉。"誉"也是"咎"的因哪，有时图名图誉，往往会带来阻力和麻烦。

括囊，无咎，无誉。

坤卦

"黄裳"——保持本色

再看乾卦的九五爻和坤卦的六五爻。

"九五，飞龙在天，利见大人。"飞龙在天，一个国家的领导人就是"飞龙在天"，一个地区的领导人是"见龙在田"，一个单位的老总也是"见龙在田"，一个班上的第一名是"见龙在田"，一个省里的高考状元，就是"飞龙在天"，即使"飞龙在天"也离不开当初的"见龙在田"。

飞龙在天，利见大人。

乾卦

"六五，黄裳元吉。"古代人称衣为上装，裳为下装，下装指的是裙子，古人用字很严谨。你不是"飞龙在天"了吗？——我们来看一看，我们经常也是那样评价一个人——你现在怎么样？还是那样谨慎吗？是不是在工作很顺利的情况下，就把以前忘记了，不能保持以前的谨慎了？那种谦虚谨慎，体现在这个"黄裳"里，裳是下装，是黄色的，黄色是土色，土色为本色，连穿的裤子还保持本色，当然是"元吉"

黄裳元吉。

坤卦

了。当初你就是吉利的，而且是大吉，像开始一样，保持当初那种作风和心态，"飞龙在天"就不会有"亢龙有悔"之忧了。

改过与补过

最后看乾卦上九爻和坤卦的上六爻。

"上九，亢龙有悔。" "亢"是飞得过高。"亢龙有悔"的这个"悔"字我要讲一讲。乾卦是代表天，代表父亲，而且是以龙为象征，但是整个卦里面没有一个"吉"字，只有最后一个"悔"。后悔了？"悔"是凶吗？不是。是咎吗？不是。有悔是好事，因为《易经》里有一句话："无咎者善补过也。"对这个"补"字我又琢磨：为什么讲"善补过"，而不用"善改过"呢？我们经常说改过，改没改？改了，为什么还再犯呢？因为你没"补"，"补"是关键，要补上一课。我2004年到柏林禅寺参加三十五天"禅七"就是为了"补"。我有很多"过"想改，改不过来，平时的旧习，不好的习惯，改不过来，改了吗？今天改，明天又犯，那就要"补"，补上一个好的心态，这才叫"悔"，"悔"了不"补"是不行的，还要"善"补。

```
上九 ━━━━━━    亢龙有悔。
九五 ━━━━━━
九四 ━━━━━━
九三 ━━━━━━
九二 ━━━━━━
初九 ━━━━━━
       乾卦
```

古人用字比现代人严谨，但有人整理古人经典时，这里删一个字，那里改一个字；其实一个字都不能改，多一个不行，少一个也不行，古代经典之所以称为经典，那就是妙。

所以这个"补"字、这个"善"字很重要。"亢龙有悔"，飞得太高了。2004年有人邀请我去给国家科委老干部讲课，我给他们讲，你们现在虽然像是"亢龙"，"贵而无位，高而无名"，你们是"亢龙有悔"吗？不是。应该是"亢龙无悔"，你应该把"亢龙有悔"改成"亢龙无悔"，因为你们已经为国家、为人民做出了自己的贡献，所以"无悔"。同时又可以改为"亢龙无为"，清静无为地休养，不要按照以前的观念去指手画脚，去怨天尤人，还想做"飞龙"。是不是？所以这个东西要会变，不会变不行，你老是"亢龙有悔"，到了八九十岁以后，你还是"有悔"，还不知道"悔"是什么东西。

上六爻是什么？"龙战于野，其血玄黄。"六个阴爻完了该是阳爻来了，龙要来了。那么这个时候，是不是外面的龙来了？我太委屈了，我做柔者，憋得太慌了，我忍耐太有限了，这个时候我要去展示我的刚强。其实违背了自然规律你就会失败，在这种情况下，"其血玄黄"，玄为黑色；黑色和黄色都为本色，但两种本色相混就成为混沌了，天地分不开了，阴阳分不开了。到了这个时候迷惑了，那就是"亢龙有悔"。亢龙有悔，你知道有悔吗？"中"在哪里？"和"在哪里？迷惑了。这是事物发展的规律，旧的过程与新的过程之间为转型期，难免"龙战于野"，"于野"说明不规范。开始规范了，说明新的过程又开始了，说明又进入新一轮发展的过程中了。

今天只能这么讲，时间有限。今天主要讲的是"和谐"，我没有具体去讲和谐，但是这里讲了和谐，我想大家应该感受到一种和谐，阴阳向背是和谐，刚柔相济是和谐，用刚、用柔也是和谐。和谐不是指相安无事、太平无事，而是相互协作，相互宽容，相互补充，在对立中求统一，在异中求同。

最后我想给下次课提一个问题。下次讲"以人为本"，第一个问题：国以人为本，人以什么为本？第二个问题：以什么样的人为本？

今天我祝大家有一个和谐的心态，进入美妙的梦乡。谢谢大家！

龙战于野，其血玄黄。

坤卦

第十二讲 以人为本，齐家治国平天下

和谐是文化的大背景

提到人以和谐为本，确实，和谐是文化的大背景。国家以"社会精英"为本，这确确实实，我深有感触。因为我经历了很多，经历过"大跃进"，经历过"大炼钢铁"，特别是"文化大革命"，每个时期都有社会的"精英"，但是每个时期的"社会精英"确确实实有不同的标准，"文化大革命"的"精英"是会造反的人，"大跃进"年代的"精英"是会喊口号的人。我们这个时代应该看得很清楚，用科学发展观构建和谐社会，以人为本，这就是一个本分，什么本分？守自然的本分，守事物发展规律的本分。我认为我们的传统文化，特别是佛教，都是叫人守本分的，没有鼓励你去杀人放火。

这里我顺便谈一下，今天有人向我咨询一个问题，他想皈依佛教，可是担心皈依了以后还有好多事要做。我皈依十几年了不也是有很多事在做吗？我照样做事，照样吃饭。他明白了。实际上，无论你信什么宗教，有一点是共同的——都在我们这个社会里生存。今天在座的了然大法师讲过，佛教有一个东西，寺院对出家的有几个"不留"：要去参学、传学的不留，要去其他寺庙的不留，要还俗的也不留。我认为其他宗教做不到，要还俗会受到惩罚的。我这样说可能有人不会认可，但是这是事实。我的师父上人给我的第一句话，我一直还在研究，这是非常神圣的一句话，他说："佛教不是迷信喏！"我当然知道，我一直在体会这句话，我在拜佛的时候不是求我身体健康、家里发财、孩子升学、当官，不是。有一位法师讲过，你带几斤水果、带几块钱、带几炷香，又要求这求那的，你这几斤水果能值那么多钱吗？能求这么大的福报吗？

人以"回归"为本，这个是很深刻的东西，非常深邃。等一下我要讲到"回归",这个"回归"就是我到甘南地区寻找的"回归"。作为"回归"我得了一个不可思议的东西,待会儿要给大家放幻灯片。

要以自强不息的人为社会之本,我认为这也是对的,大家确确实实要自强不息。

另外,人以生命为本,当然要有生命,实际上应该说以生存为本。以众人为本,这个提得好。"见龙在田"、"飞龙在天",都是利见大人。有人把"大人"理解为大人物、贵人。给他占上一卦,啊,你马上要遇到贵人了。等了好长时间还没有遇到贵人,结果白等了。这个"大人"还是众人,离开了众人就离开了你生存的基本环境。人是社会化的人,没有人认可你,你肯定是一事无成的。讲实话,我在改革开放以后,走了很大一段弯路。因为那个时候我父亲平反离休,我想把多年的压抑展示一下,结果展示的是栽跟头、失败,这种失败很有含金量,因为我在失败中做人的标准没有降低,所以我的失败有含金量,而且含金量很大。因此,近几年我一直坚持的是一个东西,我在后面讲个人修行的时候再讲。

报本反始

"报本反始",这是《礼记》里面的一个词。古代春天祭祀叫春祭,秋天祭祀叫秋祭。春祭是求一年的风调雨顺、五谷丰登。秋祭是到郊外祭祀,所以又叫郊祭。古人郊祭时,用当年收成的第一碗米饭,第一个馒头,第一批水果,第一碗米酒答谢天地万物,不仅仅是祭天,还要祭万物。当年我们所有的收成,凡是帮助我们取得丰收的都要感谢,包括昆虫、蛇、青蛙等等,这叫"报本"。祭拜以后,把这些供品都撒在地上,表示谢天谢地,先敬天地万物。这些在农村里我也经历过,农村还保留着这个习惯,什么习惯呢?叫"吃新",就是新粮登场的时候,农家要到外面祭拜天地,形式与郊祭相似,非常朴实的。

"反始"很关键,意思是我们下一年还要天地万物帮忙。上次,有一位年轻人,我当时在他家,正好有人从很遥远的地方给他寄来了东西,速

古代祭祀

递公司送到他家了。他收下了以后，陪着我坐，我说你赶紧给人家打电话，他说："不急。"我讲："不可以。"你今后还要求人办事，你要先"报本"，你等一会儿，等到明天、后天就不像话了，你这个时间就要及时打电话，过了这个时间，人家会想：怎么连个电话也不打？人家在惦记着呢：是不是还没有送到呀？朋友之间，人家惦记你这个事嘛，你何必让人惦记着呢？要讲"报本"嘛，他认为你这个人讲信用，你也讲信用，他也讲信用，下次办事就容易了。你三天以后才打电话，下一次办事，你懒洋洋的，他也来一个懒洋洋。在生活中就是这样，我们理解"报本反始"，落实在生活中是处处都要做好人，这就是本分。

周恩来总理办事就细致入微。当年有一位非洲的大使，出行时车子出了事故，他们国家要把他召回去。周总理听说他第二天要启程，连夜给外交部打电话要把他留下来。留下来干什么？因为那位大使为两国友好做了大量的工作，把他夫妇俩都留下来，全国好的地方让他们去旅游一趟，了解一下中国。以后这位大使做了联合国的秘书长，周总理逝世的时候，他主持降半旗致哀。联合国的其他官员、各国大使都感到莫名其妙，这是什么时候改的章程？哪国元首逝世都不降半旗，周总理逝世为什么要降半旗？这位秘书长走上台阶说，这是我的主意。他讲：中国是一个珠宝最多的国家，但是周恩来没有一分钱的存款；中国是世界上人口最多的国家，但是周恩来没有一个子女。以后，有哪一位国家元首，能做到其中之一，我同样给他降半旗。大家服了，为什么？这是"报本反始"呀！这个东西是很厉害的。

为什么有的人人际关系好，办事的效率特别高？我认为，冥冥之中隐藏着一个"潜龙勿用"，潜藏的力量相当大，这个"潜龙"特别大，这就是最大的存款，比任何一笔大存款都要大，这就是"报本反始"。这个"报本反始"的典故，我给许多人都讲过，每次听者没有不感动的。几千年过去了，我们祖先的东西，今天还这样感动人，这种感染力就是文化力。

自然崇拜

有些人一讲崇拜就过敏。昨天有一位同学给我提了一个意见：请老师放开讲吧！我确实有一点不敢放开，太敏感了。最关键一个是我历来坚守本分，另外在北京大学也应该规范一些，但是该放还是要放。"崇拜"我还要讲，"崇拜"不是贬义词，不是政治术语，也谈不上什么政治问题，更不是反科学。我认为我们祖先的自然崇拜，还要继承，还要弘扬。我只讲一件事。

山东泰山脚下有大汶口文化遗址，那里出土了很多彩陶。有一位文物工作者，面对那么多漂亮的彩陶，突发奇想，想仿制彩陶作为旅游礼品。于是他自己去制作，然后描彩，因为他会美术，做得很好。以后就烧制，但一次一次都不能成功。于是他去请教一位烧制彩陶的师傅，这位师傅问他拜窑神了吗，他说没有。师傅教他怎么拜、怎么拜。回来以后，他当然不会信这一套，但

大汶口彩陶

是他想窑神是怎么回事，不是没有道理。有人把负面的东西认为是后人演绎的，是不是这里面含有它原始的东西？他认为这里的窑神是神话的，神话源于神秘、神奇的原始思维。由此他推想到当初，我们原始人开始在泥土里摸爬滚打，发现泥晒干了能盛水，以后发现烧过的泥块更结实，就这样慢慢摸索以后，描上彩。烧制也是一次一次地试验，这不是所有人都能掌握的技术，这个技术经过一代代人的摸索，总结出一套成功的程式和经验，当事人非常认真，分工各执其事，让每一个人都有一种神秘感、神圣感，就先拜窑神。每一个人心静下来以后，十分虔诚，绝对按照规则，按照要领操作，一点都不能错。时间、火候要把握准确，要尽职尽责，这样，窑神被神化了。这个窑神是你的心理作用，你的心虔诚下来就是窑神，就能把握好火候。

《易经》说："阴阳不测谓之神。""神"的本义是自然的崇拜心理。如果你把握火候的时候心里还想游戏机房，或者是网上游戏，火候过了，还在那里异想天开，行吗？首先是自己的心，窑神在心里，非常清楚这个东西，这是一种自然崇拜。我们应该这样去理解。我当然非常佩服这位文物工作者，他懂得规律，这就是科学发展观。他认为是自己的方法不对头，于是一遍一遍去摸索，一遍一遍去试验，经过多少次后成功了。他这种执着的精神就是窑神。中央电视台4频道播放过他的事迹，我看了很受启发。

我再顺便讲一个故事。最近南极科考队有一位科学工作者在南极的冰雪里发现一只企鹅在鸣叫，原来小企鹅掉到冰坑里了，老企鹅站在坑口叫，就是救不了小企鹅。这位科学家在旁边观察，要救小企鹅只是举手之劳的事，但几个

南极企鹅

小时他都没有伸手,直到傍晚回到营地前也没有伸出援救之手。一个晚上他睡不着觉,第二天再去看,发现老企鹅在悲哀地啼叫,小企鹅已经死了。他伤心得啜泣不已,非常悲伤,但是他不后悔,为什么呢?作为一名科技工作者,他心里明白,南极从来没有受到外界干扰,企鹅的遗传基因里面没有依赖思维,你要救了它,从此这个企鹅的遗传基因里就有依赖思维的基因了。这是一个科学家遵循自然规律,对自然的敬畏心理、敬畏心态。这位科学家回家后给他家里人讲,讲一次哭一次,但他说不后悔,因为他没有去干扰自然生态。这是一般人很难理解的心态,这是矛盾的心态、两难的心态,然而却又是一种科学的态度,也就是余秋雨先生讲的"两难"。我希望在我们的生活中,遇到种种的"两难"也能够保持一种和谐心态,能够把握住其中的分寸,能够保持一个"中",不要"过",也就是一种严谨的科学态度。

金丝猴的"父母心"

讲到"可怜天下父母心",大家可能都会想到自己的父母、自己的孩子。我这里讲一个故事,这是一位女作家讲的,发生在陕西省周至县原始森林那一带的故事:新中国成立初,原始森林里面有很多金丝猴。村民们认为金丝猴的皮毛非常值钱,于是几个村子的民兵集中起来围剿这片山林里的金丝猴,使得金丝猴无处躲藏。我们古人围猎是要网开一面的,把四周围起来,开一个大口,然后摇旗呐喊冲进去,碰上任何野兽,它自己能跑掉的绝对不追杀,能跑就让它跑,那些实在跑不掉的,就捕捉殆尽,这叫"网开一面"。

我们看看现代人,他们把金丝猴围住后,一顿锄头、棒子、枪,人猴奋战。其中一只母猴带着自己的孩子,背上还带着其他的孩子冲出重围。两个民兵紧追其后,毫不放过。这只母猴无处躲藏,逃到一棵半枯的大树上,两个民兵端起了枪,这时母猴把手一摆做了一个手势,意思是说我要喂奶。在这种情况下,两个民兵还是通情达理的,枪放下了。你喂奶可以,我们等一下。母猴给两只幼猴喂奶，但是两只小猴受了惊吓，吃得并不多。母猴竟然用树叶，把奶挤在里面包好，并示意小猴子，然后面对两个民兵双眼一闭，意思是我的责任尽到了，我的义务尽到了，你们开枪吧！这时，两个民兵的枪再也举不起来了。为什么？面对枪口的不是猴子，而是一位伟大的母亲啊！什么是"本"呢？猴子以责任、义务为本，它要尽它的责任，尽它的义务啊！

台湾著名国学大师耕云先生有一句名言，他讲人要"生活在责任和义务里"，楼宇烈教授非常欣赏这句话，所以给他的《安祥禅》这本书写前言时强调这一句话。我认为，人活在责任和义务里，以责任和义务为本，这是说得过去的。上次我跟几

母子情深

个同学也谈了，水龙头上一滴水在那里浪费，水在那里哗哗地流，水有没有父母呢？有！氢原子和氧原子就是水的父母。你不要以为氢原子、氧原子比比皆是，但是真正要化合成一滴水也要经历千辛万苦哇，不是那么容易的，如果一碰即活的话，地球就变成水沼了。浪费了，首先伤害的是它的父母心，所以我们处处都要有这种心态——可怜天下父母心！

野林关的"落后"

甘南地区，与青海接壤，以前那个地区被称为青藏地区的门户。那里有一个关隘叫野林关，历史上就叫野林关，新中国成立以后认为这个名字不好，改了，叫冶力关。他们省里邀请我去看看，写点什么，要搞旅游开发。他们虽然有十几个旅游景点，观赏性和游览性都是很有价值的，但那里的交通近些年才有改善，旅游方面的宣传也是近几年才开始，与许多成熟的旅游景点相比，没有什么优势，那么，宣传点在哪里呢？它的优势在哪里呢？以与时俱进的战略眼光看，这里有它独有的优势，什么优势？我认为，优势在"落后"上，因为交通落后而导致开发落后，因为开发落后而免遭破坏和污染，保持了原始生态，这就是优势，这就是21世纪旅游的热点——问璞追真。

殷昂与藏民一起跳舞

所以我认为野林关最精彩、最值钱、最能吸引游客的是"落后"。他们的县长不能理解。我们回到兰州以后,甘肃省人大常委会副主任亲自接见我们,问我的感想,我的第一句话是:"落后文化。"我把我的想法一说,她认为我的观点很有新意,但是他们的县长不能接受。上次打电话来,说他们县长现在明白了。那次一起去考察的有香港《文汇报》的记者,有敦煌研究院副院长,还有以"中华狂草第一龙"而著名的王国文书记(地委书记),还有我女儿、我太太。

当天晚上一起参加了一个招待会。招待会在一个大厅里举行,还与藏族男女一起跳舞。我不会跳,但也跳得非常开心。还有一个仪式,都围着桌子坐好,州委书记、县委书记、县长都来陪酒,桌子上有糖果、花生,喝酒后给我们献哈达。每天吃饭的时候,有一些什么菜呢?狼肚菌,只有海拔三千米以上才有。还有很多我现在也叫不出名字的野菜,非常好吃,还有糌粑、青稞酒这些东西。到了海拔三千米以上一望,有两种感觉:一种感觉,四围的平川尽在眼底;第二种感觉,那个草原就像一个馒头。哦,我感觉到地球是圆的,有弧度了。

生长在大自然中是一种福分

草原上还有一些藏民在干什么呢?采冬虫夏草。这种草大家都听说过,好多药店都有卖的,它在冬天是虫,在夏天是草,是一种滋补品。让我最感兴趣的是一个小孩,这小孩在母亲的背上,我对这个孩子有一番感慨。为什么呢?我联想到城里孩子,这里那么冷,他却很自在。我当时的采访稿里有这么几句话:"其中一位中年妇女背着一个刚满周岁的小孩,小孩看着我们不笑也不闹,他适应了高海拔的气候,也适应了我们这些来自低海拔的陌生人。我想这里的孩子们长大了,可以不知道城里的高楼大厦,可城里的孩子们却不可以不知道蓝天白云和青山绿水，因为这里是人类的家园。远祖先民的文明和智慧，从来都不是源于高楼林立的都市，而是源于原始森林、河谷和蓝天白云。"（发表于《自然之友》）

我当时为什么有这种感慨呢？我确实看着这个孩子就想到城里的孩子、好多朋友家的孩子，我们每次见面时，有喊伯伯、

殷昆与藏民合影

喊爷爷的。他们幸福吗？幸福。但是有一个非常大的遗憾：他们几乎常年见不到真正的蓝天白云，看不到青山绿水，特别是不知道鸟语花香，这个很重要。不知道鸟语花香意味着什么？离开了自然。几岁以后，比如长到十岁才到农村去看，简直就是刘姥姥进大观园了。

当时我们给藏民们照相，他们还羞羞答答的。我们到了一个藏民家里，那家的青年妇女长得很漂亮，可她的脸是黑的，要她出来照相，记者看着她，她偷偷拿一点什么东西搽了搽，那肯定是假货，为什么呢？她肯定是舍不得买高档的化妆品，她偷着搽一搽，不搽好她不敢照相。香港《文汇报》的记者是女的，她特别留心，上次"两会"她来北京采访，跟我们又谈起了这件事，她留心观察了那位藏族妇女，她说这个很有意思。

我当时对他们家那个门特别有感触，那个门不挡风，也不挡野兽，更不挡盗贼，那么，对比我们城里的防盗门，它只是一个象征而已。哪种门最安全？可想而知。一位少年围棋运动员读了我的初稿说，这

藏民的藤条门

长在石头上的大树

是一种福分。我把这句话写进稿子中:"这是一种福分。"

还有一处山坡,山上长满了参天大树,树林中满坡的乱石堆,一块块有几吨重,好像人搬运来堆在那个地方。大树就长在上面。奇怪的是这些参天大树竟然长在石头上,而石头上只有青苔。我特地带了一大包青苔回来,今天带来一点,只是这个东西而已。它很轻,就是这么厚厚一层青苔,像一层海绵体,那么粗的树根扎在上面。我们震撼了,大自然竟然这么神,青苔有什么力量能承载大树的重量而使它挺拔呢?它本身又有多大力量呢?那参天大树你去推都推不动,大风也吹不倒,几百年的大树长得那么婀娜多姿,那么挺拔。是什么力量支撑的呢?这个"本"就立得好。孔子说:"君子固本,本立而道生。"这里是"本立而树生"。这个"本"是什么"本"?我不知道它是什么东西固的"本",根就是"本",是什么固的根?你们有机会去看看这个。

我认为,旅游不仅走马观花看那些表面的东西,更应该看看那些微妙的东西,那些东西太震撼人了。我们为了这一自然景观,连看了两次。在这里我简单讲一下,因为时间的关系,确实对不起大家。

以什么样的人为本

第一个讲黄金分割律。这个大家都知道,我就不多讲具体内容了。就是说,以什么样的人为本?很多人说,西方人真聪明,西方科学技术非常先进。黄金分割律,它能分出什么最美,在一个线段里哪一点是最美的能计算出来。当然,我们不否认,我们是要学习西方的精华,但在学习他人东西的时候,别忘了自己也有好东西呀!

《易经》里面有颐卦,这个"颐"就是讲颐养、滋养。初爻和四爻的爻辞就像一个对话,非常有意思。初爻讲食物非常丰富,而四爻是可怜兮兮的,但是初爻看着四爻还流口水。四爻说我这么可怜,吃的东西又少又这么低劣,我是维持生命而已,你有那么多好吃的,还总是盯着我流口水。这是《易经》里面的,你们去看看。就是说,我们在学习人家精华的时候,别忘了自己的精华。

在欣赏美的时候,我们的美学观点是什么呢?线条里面的美还有结构美,美不仅仅是对称美,还有它的曲折,还有它的圆韵,还有它的弹性,还有它的内涵。有这么多东西,特别讲的是韵味,这个韵味是一般人很难体会到的。你看李清照的词:"才下眉头,却上心头。"妙!这就是味道。中国书法很有味道,等一下我要讲。

第二个讲,2005年台湾有一个所谓"武器效益指标法",量化两岸海空主战兵力"战力比",依"3:1定律",攻防战力比在3倍的时候,进攻方必胜。这个指标一看是军事上的东西,西方总是用这种军事观点来部署,来指挥作战。我们应该学习他们的经验,这是他们在很多战役中总结出来的经验,这也是精华。但是我们别忘了,那是以前的战争总结出来的,以前经验过了的。他们这些经验到今天是不是百分之百地有效呢?所以,我们在学习他们、参考他们的时候,别忘了自己的精华。我们有"以少胜多"、"以弱胜强",有"背水一战",还有"置之死地而后生"的战例。当然,最好的精华是"不战而屈人之兵"、"以柔克刚"这些古代的兵法经典。我们学了人家的东西,把自己的好东西全丢了,这太可惜了。我们要学人家的东西,虚心地学,但是我们自己的东西要好好地珍视、发挥和弘扬。所以这里我想再讲一句。在这次"两会"结束以后,在记者招待会上,美国记者竟然提出一个问题,认为台湾如果发生战争,那么美国干预怎么办?我们大家都知道温总理的两句话,你们记得吧?谁讲一下?温总理讲:"我们不希望外国干预,但是我们也不怕外国干预。"为什么不怕?我们有自己的东西,你有你的,我有我的,我把你的东西学来了,我的东西你学不到。同学们,再给我们温总理一次掌声好不好?(热烈的掌声)

在美国的洛杉矶有

殷昂与著名易学者江忠长在一起

位九十一岁的老教授，我在电话里与他讲了这件事，他说好呀，他听了深有感触。所以，以什么样的人为本，大家思考。我们以什么样的人为本？你是以完全西化的人为本吗？完全保守自己的东西也不行，只讲我这个东西，我的《易经》怎么样伟大，我的中华传统文化源远流长，而对西方的东西一概排斥，这也不行。我认为东西方都要兼顾，人家的好东西要学，自己的精华和传统不要放弃，都要好好地珍视、弘扬，那我们就强大无比，也就是季老讲的，他们对我们就没有办法了。为什么？我们"拿来主义"，他们不会拿，我们拿来了，拿来了以后，自己的东西还没有丢掉，这就好了。

重赏之下必有勇夫

我相信这里每一位同学走向工作岗位以后都是领导，无论你是做政治领导还是经济领导，都是做领导的，都是建设国家的、管理国家的、治理国家的精英。所以，我认为你们肯定对这句话要深思。在你们的领导下，你们需要什么样的勇夫？你们要用什么样的重赏？因为奖惩历来是管理方法的一个杠杆。

我这里只讲一个实例。解放战争中的孟良崮战役是非常难打的，所以粟裕将军报给中央，毛泽东同志相信他能打赢。但当时各种条件并不成熟，只有粟裕敢打这个仗。战斗进行中，第二梯队要跟上去，但是要过一条河，桥被炸了，而部队马上要过河。时间就是命令，时间就是生命，时间就是胜利。在这种情况下，村子里只有妇女在家里，怎么办？妇女们一个个扛来了门板、楼板，要架桥已经来不及了，她们竟然一个个跳下冰冷的河水中，扛着楼板、门板搭起了人桥，让千军万马从人桥上跑步前进。战士们泪流满面，一个个英勇冲杀，仗打赢了。从古到今，哪有这样的勇夫？这是什么重赏？给她们重赏了吗？给一个大厦了吗？当时的重赏是什么？是给了一个新中国。以什么样的人为本？如果我们每一个中国人都是这种勇夫的话，那我们这个固本那还得了，我们不去侵犯人家，人家也不敢侵犯我们。我们所以不怕，我们十三亿人都是这样的勇夫。也就是说："军民团结如一人，试看天下谁能敌？"我认为有些东西，我们实际就是讲"本"。我就讲这些小故事，我们能体会到，很震撼人心，很感动人。

龙墨神韵

兰州黄河边上有一个龙源，是一个集书法、雕刻和园林于一体的景点。一个狂草的"龙"字雕柱耸立在一座24.6米多高的大雕塑上。开始我认为"龙源"人造的景点没什么好看的，但这个"龙"字是一位书法家写的，很远望见这个"龙"字，我就被震撼了。当时心想，申奥的那个标志为什么不用这个呢？你们看看这个"龙"字，怎么写出来的？这是一位人称"太守书法家"

龙源夜景

写的。什么叫太守？相当于地委书记。他就是甘肃省武威地委书记王国文先生，是你们北大的老校友，1965年政治系毕业的，以后到了陕西和甘肃，历任县委书记、地委书记、省纪委副书记、第九届全国人大代表。

他的书法是怎样练出来的呢？当年他来到甘肃最艰苦的地方，人称"苦甲天下"的定西。"桂林山水甲天下"，定西是"苦甲天下"，那个地方非常艰苦，艰苦到什么程度？他们那里没有水，挑一担水要走八十里路，吃几天，非常艰难。有一位大学生在兰州工作，把母亲和妹妹接到兰州住下来，他母亲第一次打开水龙头，水哗哗地流，他母亲对着水龙头大哭，为什么？因为她一生没有见过这么流的水，她感动了。

我们这位王书记，无论是在哪个岗位上，都做到了清廉，在市区都是骑车，开会不吃会议工作餐，自己回来让秘书烧。办公室里的空调、彩电、沙发自己掏钱买。如果有老百姓来上访，一个一个地接待，而且他能解决的一个一个解决，谁要挡着他就发火。他做地委书记十年，省委书记的办公室只去过一次，省委书记的家里从没去过。

那是1995年1月21日中午，身为武威地委书记的王国文上午开会，中午回到办公室，像往常一样挥毫练字。当他的大笔再次蘸墨提起的时候，秘书叫道："王书记，吃饭吧！"他大笔一挥，无意中滴下一滴墨，没有顾它，三秒钟一挥而就。吃完饭回来一看，大吃一惊，发现这个不得了，这是天赐良缘，他认为这个字不是一般的字。后来在省委、省政府的支持下，建成了这座"龙源"。你们有机会不妨去看一下。

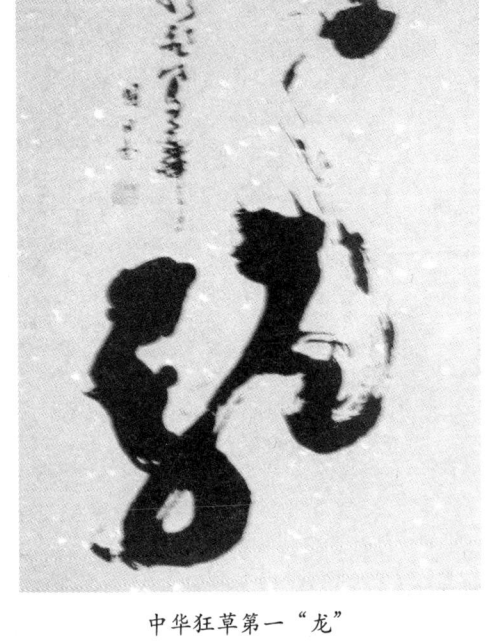

中华狂草第一"龙"

这以后，很多人请他赐墨宝，很多大企业家都请他题字，他用这些钱资助孩子上学，到 2004 年为止，已经资助 380 多个孩子上学。这就是一位老人的爱心，我认为这就是"本"。我今天上午还与他通了电话，我说："我在你母校讲课，你的事迹是不是可以讲一讲？"他说："不讲，不值得讲。"他讲话非常朴实。我说："以后有机会请你到北大来讲课。"他说："我不讲，我不会讲课。"他是非常朴实的一个老人。老百姓喊他"王青天"，还叫他"救命恩人"，他每次都说不提不提，只是笑一笑。

我为他写了一篇稿子，题目是《龙墨神韵》，发表在我们《中国民族》英文版 1994 年第 4 期上。有一家公司为他出版了一本《王国文书法集》（宋平题写书名），书名就是《龙墨神韵》，其中还收集了我的一首《七律》，诗是这样写的：

兰州自古锁晴川，华夏龙脉黄河湾。
千载地灵知时节，一龙狂草上云端。
龙墨才点丝绸路，春风已度玉门关。
寻根问祖何处有？母抱婴儿在龙源。

守住自己的本分

这里，再给你们引用一段古文："子曰：事君可贵可贱，可富可贫，可生可杀，而不可使为乱。"这是《礼记·表记》中的一段话。

我刚才讲了本分，现在总结自己。我的朋友中有许多都是"文化大革命"中过来的人，像这里的摄像大师任洪清先生，他是从"北大荒"回城的，他的绘画在北京市市政书画展上获得二等奖，他是《围棋报》的摄影记者，他的摄影技术是得到一致好评的。他是我的好朋友，我的很多朋友中，包括王国文先生，这么多朋友，都有一个共同特点，就是恪守本分。我们守什么本分呢？就是刚才读的《礼记》中的这段话。

"不可使为乱"是一个关键。乱来乱去，乱了自己，乱了国家，也就是乱了百姓，要遭大罪。为什么？任何动乱，百姓遭殃。俄罗斯动乱以后，叶利钦也好，戈尔巴乔夫也好，他们的生活依然，可是他们的百姓遭殃。所以我们要从大众利益出发，从更多底层的百姓出发。我们治理国家要使其稳，除非像日本的铁蹄来侵略，这样的情况下，我们要揭竿而起。我们要的是社会的稳定，社会稳定才是富国强国之本。所以我们要守本分，这是我的观点。只有稳定才能发展，我相信大家能认可，不认可没有问题。

天时、地利、人和

这里虽然还是前天那个图，你们不要认为这个没有什么价值，这个是有价值的。为什么？因为很多易学专家都认可这个东西，这里面有一个什么东西呢？社会和谐还要"构建"两个字。既然要构建，就要有一个社会结构，什么社会结构呢？我们总要有一个模式，这是我们老祖宗留下的一个模式，仅供大家参考、借鉴。最关键是人道在中间，天道在上，地道在下，中间"人"顶天立地，天尊地卑，这就是天道、人道、地道，这三个"道"合起来称为大道，所以说"大道之行也，天下为公"。这是中国人的传统观念。孟子讲："天时不如地利，地利不如人和。"天时、地利、人和，达到"中和"。《中庸》说："中也者，天下之大本也；和也者，天下之达道也。"

乾卦

这些话真是左右逢源呀，哪一种语言都没有中国语言这么丰富，这么精彩。这边讲"天下之达道也"，达到大道了，天道、地道、人道，天时、地利、人和，怎么说怎么好。怎么精妙？这个"中"在哪儿呢？这是上下两个八卦（八卦是三爻），这八个本卦组成六十四卦，二爻是下卦之中，五爻是上卦之中，两个"中"，两卦中间有一个像楚河汉界那样的"中行线"。我们把这个图再运用到人生中：初爻表示人生的起步阶段；二爻表示初出茅庐、展露才华的时候；三爻表示继续努力阶段；四爻表示可进可退的阶段；五爻、上爻表示"飞龙在天"的鼎盛时期，这个时候就要防止"亢龙有悔"、盛极必衰了。它们都是阶段性的。所以这个东西如果再回顾一下，这个又好记，又简便，而且这么简单的东西，竟然有这么丰富的内涵。

我记得有人讲，清华大学的学生问一位教授，我们中华传统文化到底是一些什么内容？如何回答？我们不要记得太多，借用一个架构来记，这里面有很多东西，有儒家、道家、墨家，还有法家、阴阳家、名家等都在里面。佛教跟它是一拍即合，连马克思的东西与它也一拍即合，为什么？对立统一，辩证唯物呀。

昨天有一位杨晓帆教授的学生给我递了一份资料，晚上拜读，今天一大早我起来再读，非常好。这就是一种新的思维，现在就是要解决我们的思维问题。为什么呢？特别是我们读书的心态。过去我们读书的时候，哪怕读一首唐诗，老师讲解完了，还要补上一句带批判的话，要注意它有封建的思想，有糟粕的地方。就这样一代一代传下来，我们思想已经僵化，创新的意识早已缺失了。我们要有突破，没有突破就没有创新，就没有发展。古代经典本身没有限制我们的思维，是启发我们的思维，是启发人的悟性，是启发人的反归，反归到原始心态，这就是自然的规律。

天道、地道、人道

我这里再讲一个东西，我们离不开天道，为什么呢？天道已经给我们定了一个亘古不变的作息时间表，这个作息时间表非常简单，两句话："日出而作，日入而息。"千古不变的作息时间表能违背？而且这个时间表还不仅是人类所共遵的，植物、动物也要遵守这个作息时间表。这个不是老天制定的，是天道里面的，这就是"道"，"日出而作，日入而息"，这是道，这是规律。

再看地道，地道有地气，还有地磁力。有人就发现，地球有很多的信息。汪忠长老教授，他已经九十多岁了，但是他身体非常棒，上次，他教我们健身时把鞋脱掉，指着脚底凹处说，有一个涌泉穴，是上接

汪忠长教授讲养生

天气下接地气的。如果脚是平板，一踩地气跟涌泉穴接不通，不能通呀，凹进去就通了，所以征兵体检时要检查脚板有没有凹。不能把这个当绝对的东西，这个东西有道理，我们借鉴一下，我们对其他东西就可以触类旁通了。我们的工作、我们的为人处世、我们的事业、我们的经营、我们的营销、我们的教学、我们的学习就可以左右逢源、得心应手了，那就事半功倍了。为什么？你的方法是融通的，是博采众家的。所以我给大家提供一个借鉴。

"道"本来是有形的，但是"大象无形"，没有形象，形不仅仅指形，还有色。有声音吗？它有声音，"大音希声"，但地球的声音也听不到。看得见的用规来定形，规定形是定什么？就是衡量、测量。规是一个仪器，大家从小学就开始学定形的，能规范。律是定音的，是由十二支竹管来定音的。上次讲过，这里不再重复。这个律里面有数，数里面有律，所以我在讲《〈易经〉与汉字的草创历程》的时候，讲到了这个规与律。我们讲这个"道"，我不能说我这个东西是一个什么标准的东西，大家可以多提意见，跟我共同来完善它。

生活中多一些默契

再看下面"和音"，这里面有四个阶段。"声"，声音，只知其声而不知其音，是禽兽；能知其音不能得其乐，是一般平民；真正的君子能得其乐（yuè）；至人得其乐。这个"乐"不是一般的乐，这个有层次、境界之分。这个境界我们在生活中好好去品味。我们的生活要变得丰富多彩，就要多一点韵味，没有韵味的生活，不是丰富的生活。

有一次，我们几个人一起到承德去，坐在车上沿途看到的是什么？是干涸的河、池塘，而且是白沙一片。好不容易看到一片水，但是有一位老教授说，可惜那是死水——不动。大家感到很遗憾、很沮丧，我随口来了一句，"那是懒水"。死水不动，懒水可以浇树，它暂时懒，环境好了它不懒了。我

一潭"懒水"

当时讲这个是为了把车上的气氛调节起来，大家笑了。下车以后那位老教授对我说："老兄，你生活得真滋润。"这个"滋润"从哪里来的？来自心里。我在家里历来反对讲累呀、难呀之类的话，老是讲一些沮丧的话、讲一些丧气的话、讲一些灰心的话，我不这样，我老是向好的方向想，想得好才能做得好。

我的一个学生跟我做事，他说，老师这个很难。我说"办法总是会有的"。真的办法就来了。就是这样。我说，你向我学，仅这一句"办法总是会有的"就行了。还有一个学生，由长春法律学校毕业，他有一个最大特点：你每次跟他交代什么，他就讲"我明白了"；你讲一句，他要讲三个"明白"。这件事我也跟戏剧作家说过，这回他说一定要写一个剧本，就写"明白了，明白了"。我们一见面就是"明白了吗？""明白了，明白了。"打电话也是，"喂！明白了吗？""明白了。"一发问就说"你明白了没有？""我明白了。"非常有意思。这就是韵味，生活中的韵味。在相互之间有这么一种默契，培养成我们的人生心态，你就少了很多的烦恼。

休闲是怎么休闲？我的休闲没有其他的诀窍，我每天要找机会笑，放声地笑。我看电视，好笑就笑，像个小孩子一样尽情地笑。有人不懂，你乐什么？我就找乐，乐是什么？这是内心的体操。你总是跑步，做运动，我不去健身，我内心在运动，每一个细胞都焕发出精神来了，每一根神经都调动起来了，五脏六腑在跑步。特别是人生最困难的时候，在遇到艰难的时候，精神上更要有这么一个东西。人有一个共同的特点，什么特点？人在肉体痛苦的时候，一定喊"妈呀"；但在精神上痛苦的时候、精神绝望的时候，一定喊"天哪"。这时绝对不会喊妈，为什么？肉体是妈给的，精神是天给的。这个东西我们没有想到，所以我们精神上的东西要多去锻炼，不要老是练身体，把身体练得棒棒的，结果打人有劲，但精神空虚了，一上街就惹事生非。

《大学》里有个词叫"心宽体胖"，"胖"读"pán"，心宽时身体不是发胖，而是显得气宇轩昂。所以，精神不振时老是烦恼，夫妻之间也烦恼，为什么？身体一旺盛，其他的欲望也旺盛，欲望旺盛也会惹祸，所以不行。心态没有调节好，要达到一种和谐——心态的和谐是很难的。

流泪也是心灵的和谐

总是笑也不行，阴阳要向背，刚柔要相摩，所以我还喜欢流泪，这个流泪是由衷的。上次看电视《感动中国》节目，武汉一个老医生，到河南第一个发现艾滋病村,第一个向中央汇报。汇报以后,他经常自费到那里救助病人。有一次竟然把五位艾滋病人带到武汉,租了房子。刚刚租下来,麻烦来了,邻居都来了,强调赶紧搬走。我们不能指责那些邻居,在那个年代对艾滋病不了解,换了我们不恐慌吗?对那些邻居我们一定不能指责,要将心比心。但是这位老教授说:"你们给我几分钟。"回家以后,跟家里人一商量,家里人一致同意,把五位艾滋病人接到家里。看到这里我流泪了。为什么要流泪呢?流泪也是一种心理体操,也是达到身体的和谐、心灵的和谐的心理整合方式。我们要培养感情,感情要心心相印。

上次我对禅学社的郭利同学讲过,我以后从稿费里拿一部分出来,做什么?我要做一件事,我开始是想我直接去,为艾滋病患者的孤儿做一点事,后来我想靠我们这么做意义不大,拿一点钱能让几个孩子上学?但是,我想真正的意义,想让你们组织同学,十位、二十位、三十位,甚至更多,亲自带一些他们需要的东西,不仅仅是金钱,还有精神,一种温暖、一片爱心去看那些艾滋病患者的孤儿。你们是国家未来的管理者、建设者,你们亲身去感受,一感受就会改变你们,也许会改变你们的人生。一旦你们走向领导岗位的时候,你们知道国家的"本"是什么,该怎么做!你们心里装着的是老百姓,不是去想美女、金钱、车子、房子,而是能多想一些老百姓,我想可能意义会更大。这是我说的。

我不仅仅是这样想的,也是这样做的。我生活很简朴,为什么?我历来遵守有事做、有饭吃就行了。能为大众做一点事,绝对不会没饭吃。我今天还跟我们老家的村长讲,讲什么呢?我们老家的人有存款的也不少,十几万、几十万也好,都是在外面打工存的。我就问他们的金钱做什么,他们家里孩子培养得怎么样?村长说不怎么样。人家找他们借钱能借到吗?借不到。他们生活怎么样?他们比我们生活得还艰苦。这是什么味道?什么生活?我只要有金钱我就拿出来,我们家孩子都很赞成。有多少本事做多少事,做一点心安理得的事,到时候海啸来了,死而无憾。(掌声)

入处、出处、用处

人以什么为本?我们需要什么样的和谐?所以我提这些问题,从内心讲,从古到今都是以人为本,西方也提以人为本。但是,我们内含的东西是人以什么为本,以什么样的人为本。我们要多问几个为什么,然后问我们自身,我们能够成为国之本吗?我们能成为人之本吗?我们能成为治国、平天下之本吗?

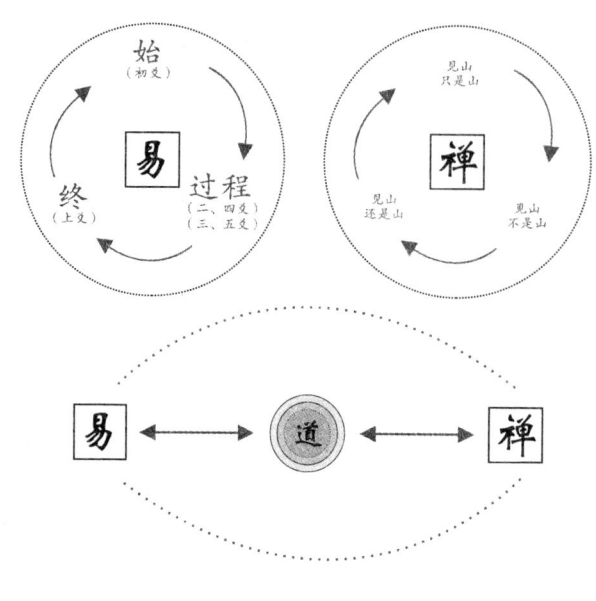

我也可能是坐而论道，也可能是自己说说而已，以后向大家多学习。

我这里有三幅图，这里我不讲，我想留给大家讨论。第一是道，道是自然规律，易和禅都是自然规律。一个是物质世界，一个是精神世界。《易经》是讲过程，禅是讲境界。一个是讲"见山只是山，见水只是水"，"见山不是山，见水不是水"。最好的境界是"见山还是山，见水还是水"。当然还有一个出处，还有一个入处，还有一个用处。我在《老子为道》中有一章专门讲的是这个。

道、宇宙、规律、社会、人生，从人生发展来说，这个发展离不开"中"，社会必须和谐，社会和谐、家庭和谐离不开宇宙和谐，家庭和谐离不开每一个人的心态和谐，这些达到了和谐，就达到了大道。"和也者，天下之达道也。"所以把我这三幅图提供给大家，是不是等一下大家来一个互动？我也有个向大家学习的过程。

这次感谢大家给我这么好的机会，跟大家一起交流。我昨天回家想，若讲累，确实有好多同学几天都是站着，我真正感谢你们。

他们都问我，第一句话问："老师，你辛苦了！"我想我学了很多东西，因为我来这里是向你们学习的。你们的思维怎么样？你们的想法怎么样？你们的思想境界怎么样？我接受你们的考试。我激励自己，我要对得住你们，所以我今后的学习、今后的修行，只能精进。为什么？要对得起大家给我这个机会。我这里最后送大家几句话：

心量有多大，福报一定会有多大。

心量，是社会大众共修的心量；

福报，是社会大众共享的福报。